Reconocimient...
jugamos con fuego

«Este libro es una exploración sobria, bíblica y fascinante de las fuerzas demoníacas, con el que el periodista Billy Hallowell responde a las preguntas que tanta gente hace. Al incursionar en un tema a menudo descuidado y que merece más atención de la que normalmente recibe, Hallowell es provocativo, perspicaz y esclarecedor. Si usted anda buscando una perspectiva bíblica sólida, en *Cuando jugamos con fuego* la encontrará».

—LEE STROBEL, AUTOR DE *EL CASO DE CRISTO*,
UN *BEST SELLER* DEL *NEW YORK TIMES*

«¿Le intriga el tema de los fantasmas, demonios y otros enemigos invisibles? El periodista de investigación Billy Hallowell desentierra una tonelada de información sobre la guerra espiritual. Sus historias de terror y perspectivas bíblicas sobre lo que vigoriza al mal en el mundo pueden cambiar su opinión de las cosas que le hacen temblar por las noches».

—KIRK CAMERON, ACTOR Y DIRECTOR

«*Cuando jugamos con fuego* incursiona en un tema intensamente difícil, pero lo hace de una manera comprensible y sencilla. El periodista Billy Hallowell analiza y contesta algunas de las preguntas bíblicas más desafiantes, y sus respuestas, en el frente de la guerra espiritual, dejan a los lectores con mucho para reflexionar».

—JASON ROMANO, AUTOR DE *THE UNIFORM OF LEADERSHIP*,
EXPRODUCTOR DE ESPN, Y PRESENTADOR DEL
PROGRAMA DE DEPORTES PODCAST SPECTRUM

«¡Fascinante! A través de increíbles historias de la vida real y entrevistas francas y provocativas con líderes religiosos, Billy aborda los complejos elementos de fe que sustentan nuestra lucha bíblica esencial contra el mal, y los relaciona con nuestra cultura y nuestra vida cotidiana».

—KEVIN Y SAM SORBO, ACTORES Y AUTORES DE *TRUE FAITH*

«Billy Hallowell ha producido un libro que responde de manera inteligente a una antigua pregunta: ¿existen los demonios y, de ser así, qué o quiénes son? Su intrigante combinación de estudios de casos bien documentados de actividad demoníaca, entrevistas con expertos y estudios bíblicos sólidos elimina la mística y las caricaturas de Hollywood para presentar una evaluación reflexiva y bien documentada de la realidad del bien y del mal. Si estaba esperando algo que le ayudara a entender este tema, lea el libro de Billy y encontrará muchas de las respuestas que busca».

—JOE BATTAGLIA, HOMBRE DE RADIO, PRODUCTOR Y AUTOR DE *THE POLITICALLY INCORRECT JESUS* Y *UNFRIENDED*

«Comprender el mal es esencial, pero gran parte de nuestra cultura ignora o tergiversa las luchas espirituales. En *Cuando jugamos con fuego*, Billy Hallowell se sumerge profundamente en un escenario que a menudo se pasa por alto, ofreciendo a sus lectores pruebas convincentes, testimonios, afirmaciones conmovedoras y reflexiones bíblicas que tienen el poder de despertar a los lectores, inspirar su fe y guiarlos en un camino hacia la sanidad. *Cuando jugamos con fuego* es una lectura obligada».

—SAMUEL RODRÍGUEZ, PASTOR Y AUTOR DE *YOU ARE NEXT*

«El periodista de investigación Billy Hallowell no es del tipo promedio. No va a lo seguro ni se queda en temas poco profundos. Billy es un periodista que no teme sumergirse en pesadillas para ver qué tesoros escondidos puede encontrar en las sombras. Sus sueños son de un tipo diferente. Hoy día, el Sueño Americano es 40/40/40: trabaje 40 horas a la semana durante 40 años para jubilarse con el 40 % de sus ingresos, obtenga su plan de pensión, consígase un tiempo compartido en Palm Springs, dé unas cuantas vueltas en un carrito de golf y luego reclame su lugar en el cementerio. Pero mi amigo Billy no tiene miedo de llevar su vida en una dirección diferente. Él quiere explorar el mundo angelical, tanto el lado claro como el oscuro. Es el tipo de persona que profundiza en la demonología, en los fundamentos teológicos de la guerra psicoespiritual y transracional, y cuenta sus ideas a un mundo que espera escuchar su fascinante visión de todas las cosas etéreas. Prepárese para que su cerebro aproveche las penetrantes ideas de Billy en *Cuando jugamos con fuego*».

—BEN COURSON, PRESENTADOR DE TELEVISIÓN
Y AUTOR DE *OPTIMISFITS*

«Billy Hallowell es un pararrayos. Es la varilla metálica proverbial montada en la estructura de nuestra sociedad moderna, destinada a protegerla de una descarga. Hallowell está de pie en medio de una brecha cultural gritando la Verdad a todo pulmón. Para algunos, esto hace de Hallowell un alborotador; para otros, es la voz solitaria y sensata en la caótica cámara de eco que es nuestro escenario político y de las redes sociales. En este, su último libro, Billy Hallowell lo vuelve a hacer, explicando un lado del cristianismo que a Hollywood le encanta explotar y que la mayoría de nosotros elige ignorar, ya sea porque da demasiado miedo o porque es demasiado extraño. Tenemos el registro de al menos treinta milagros que Jesús realizó, incluyendo sanar enfermos, resucitar muertos, alimentar a las masas, controlar la naturaleza y, en varias ocasiones, expulsar demonios. Si el Hijo del Hombre toma en serio la posesión demoníaca, quizás nosotros también deberíamos hacerlo».

—KRISTOFFER POLAHA, ACTOR EN JURASSIC WORLD 3
Y WONDER WOMAN, 1984

CUANDO JUGAMOS CON FUEGO

BILLY HALLOWELL

CUANDO JUGAMOS CON FUEGO

UNA **INVESTIGACIÓN** ACTUAL

SOBRE LOS DEMONIOS, EL EXORCISMO

Y LOS ESPÍRITUS

GRUPO NELSON
Desde 1798

Editora en Jefe: *Graciela Lelli*
Traducción: *Eugenio Orellana*
Adaptación del diseño al español: *Mauricio Díaz*

CONTENIDO

CONTENIDO

INTRODUCCIÓN
La cultura pop obsesionada con lo demoníaco

Cabezas que giran en redondo. Cuerpos que se elevan solos. Fuerzas de otro mundo. Comportamientos alocados. Violencia gratuita. Voces espeluznantes que gritan virulencias y amenazas. Estos son solo algunos de los temas que rodean la posesión demoníaca que para Hollywood resultan una veta de nunca acabar. Año tras año, produce una tanda de películas y programas de televisión que explotan el mal y lo oculto, mostrando cómo las fuerzas oscuras pueden alterar la vida de personas desprevenidas.

La fascinación de Hollywood con el tema es comprensible si se tiene en cuenta la vieja lucha contra el mal que ha persistido durante milenios. Este ha sido un fenómeno que los seres humanos han enfrentado universalmente desde el principio de los tiempos.

Como lo ha señalado el psiquiatra Richard Gallagher: «Los antropólogos están de acuerdo en que en casi todas las culturas se ha creído en los espíritus, y que la gran mayoría de las sociedades (incluida la nuestra) han registrado historias dramáticas de posesión de espíritus».[1]

Eso es lo que hace tan intrigantes las muchas tramas sobre la posesión, la infestación y la maldad. A un nivel base, hay una atemporalidad ante estos fenómenos, una relación que ha permeado tanto la cultura como la historia. Y cuando se mezcla esa realidad con la inclinación de algunas personas a entretenerse a través de historias emocionantes y aterradoras, es posible entender por qué Hollywood no dejará de producir este tipo de material, incluso mientras la cultura continúe secularizándose y aparentemente alejándose de Dios.

Pero mientras que a la gente le gusta aterrorizarse con este tipo de entretenimiento, persiste una pregunta en el centro de atracción: ¿están algunos de estos temas basados en la realidad? ¿Tienden las películas del cine y la televisión a exagerar situaciones extrañas que ocurren en el campo de la maldad? Como ha sostenido Gallagher y muchos otros, con cine o con televisión, esto ocurre desde los albores de los tiempos.

Gallagher, un respetado psiquiatra que trabaja con la Iglesia católica ayudando a detectar casos de posesión demoníaca, dice que aunque las diversas interpretaciones se originan debido a la variedad de culturas, «las múltiples referencias a fenómenos idénticos ofrecen evidencia acumulativa de su credibilidad».[2] Esta es una afirmación sorprendente de un respetado profesional médico. Y las observaciones de Gallagher no son exclusivas de él, ya que hay otros científicos en el ámbito de la ciencia y la medicina que ven una intersección innegable entre la fe y la espiritualidad.

Estas dinámicas y la multitud de historias personales que las acompañan nos dejan con una serie de opciones sobre cómo procesar esta información.

Como individuos, tenemos la libertad de descartar historias que involucran espíritus y demonios si nos parecen meros productos comerciales salidos de la imaginación de la humanidad y de Hollywood. Podemos ignorar su supuesta presencia en el mundo real, descartándolos como resultado de desvaríos de lunáticos. También podemos elegir la apatía, o podemos comenzar a buscar respuestas a las preguntas implícitas que rodean el mal.

Esta última opción es cada vez más difícil en nuestro mundo tan materializado, ya que los cambios culturales en el frente de la fe y la religión tienen un impacto directo en cómo la gente ve la importancia y relevancia de los asuntos espirituales. En Estados Unidos se está produciendo un cambio social profundo en lo que tiene que ver con la lealtad a la fe y a Dios. El Pew Research Center (Centro de Investigación Pew) ha detallado estos cambios sorprendentes en un estudio extenso que revela que la proporción de estadounidenses que se identifican como cristianos continúa disminuyendo significativamente.[3]

En efecto, los datos muestran que actualmente el 65 % de los estadounidenses se considera cristiano, en comparación con el 71 % en 2014 y el 78 % en 2007. A la vez, la proporción de personas que dicen ser gnósticas, ateas o «que no creen en nada» (conocidas como los *nones*) ha aumentado del 17 % en 2009 al 26 % en 2020.

La concurrencia a la iglesia también está disminuyendo. Un 45 % de los estadounidenses dice que asiste al menos una vez por semana, en comparación con el 54 % en 2009. Los cambios son multifacéticos, especialmente cuando se trata de los *nones*, pero Pew desglosa algunos de los detalles más finos:

En los Estados Unidos, tanto el protestantismo como el catolicismo están experimentando pérdidas en sus membresías. Hoy por hoy, en el protestantismo, el 43 % de los adultos se identifican como tales, frente al 51 % en 2009. En cuanto a los católicos adultos, uno de cada cinco (el 20 %) se declaran católicos frente al 23 % en 2009. Por su parte, los subconjuntos de la población no afiliada a la religión, incluyendo al grupo conocido como *nones* han visto crecer sus membresías. Los que se declaran ateos representan el 4 % de los adultos, un aumento más bien moderado aunque significativo frente al 2 % en 2009; los agnósticos constituyen el 5 % de los adultos en comparación con el 3 % de hace una década;

y el 17 % ahora describen su religión como «nada en particular», frente al 12 % en 2009.[4]

A medida que la gente se aleja del cristianismo y de la iglesia, y se acerca más a la apatía, el materialismo y el laicismo, existe una suposición implícita de que el enfoque y la exploración de los asuntos espirituales serán cada vez más silenciosos. Si alguien niega la existencia de Dios o simplemente no está interesado en asuntos espirituales, se supone que no tiene interés en creer o incluso en encontrar divertidas las supuestas raíces del mal. Hasta cierto punto, esto es así.

Sin embargo, y a pesar de o motivadas por estos cambios, parece que las personas todavía siguen atraídas por las exploraciones cinematográficas de lo demoníaco. Hablando del género de terror en general, la revista *Variety* ha dicho que «el horror es bueno para el negocio del cine», ya que las películas terroríficas atraen magnéticamente a una gran variedad de audiencias.[5]

Impulsada potencialmente por la generación del milenio (un grupo que tras una investigación se ha encontrado menos afiliado a la religión que cualquier generación anterior), la industria del cine de terror ha recaudado por primera vez en 2017 más de mil millones de dólares en boletería.[6] Los amantes de estas películas tienden a ser también espectadores frecuentes; un informe encontró que el 44 % de los fanáticos a los que les gustan las películas de terror paranormales va al cine más de doce veces al año.[7]

Por supuesto, no todas las películas de terror contienen el elemento demoníaco; sin embargo hay una relación evidente entre el aumento de la sed por este tipo de material cinematográfico y la disminución del interés por el cristianismo. El doctor Michael Heiser, erudito bíblico, cree que hay una razón más profunda por la que esta dinámica se está desarrollando, y tiene que ver con las insatisfacciones íntimas del alma humana.

«Ya sea que nuestros amigos ateos intelectuales o los ateos comunes y corrientes quieran o no admitirlo, la mayoría de la gente —incluso en la sociedad occidental tecnológico-cultural posterior a la Iluminación— encuentra completamente insatisfactorio y por lo tanto insuficiente que la única cosa real con que se cuenta sea lo que sus cinco sentidos puedan detectar», dice.

Heiser cree que las personas están buscando algo «más grande» que ellas mismas, una explicación que responda a las preguntas más profundas sobre la «justificación de la vida» y el sentido de lo humano. ¿El argumento condensado? Aun cuando una sociedad abandone o ignore las verdades trascendentales, la gente sigue teniendo sed de ellas.

«Teológicamente» sigue diciendo Heiser, «yo creo que estamos programados para tener hambre de algo trascendente, una realidad fuera de nosotros mismos. La frase pop, supongo, es el "el diseño de Dios anulado en todos nosotros". Pero yo creo que estamos programados para eso, por lo que la gente va a tratar de llenar eso con algo, y encuentran que la cosmovisión occidental dominante realmente no le da ese algo».

Donde están los estadounidenses en relación con lo demoníaco

¿Cuál es la actitud de la gente cuando se trata de la existencia de lo demoníaco? Créalo o no, se han realizado algunas investigaciones básicas en esta área, así como algunas investigaciones recientes y originales que hemos adoptado para enriquecer el peso específico de este libro.

Aun cuando una sociedad abandone o ignore las verdades trascendentales, la gente sigue teniendo sed de ellas.

Por ahora, veamos lo que revela una encuesta reciente. La realizó, en octubre del año 2019, la firma internacional de investigación de mercado YouGov. La encuesta reveló que el 22 % de los estadounidenses cree que los demonios «definitivamente existen». Un 24 % adicional dice creer que estas entidades «es probable que existan». Esto da como resultado que casi la mitad de los encuestados (45 %) cree que es probable que las entidades demoníacas sean reales al menos en alguna forma.[8] En relación con los fantasmas, los resultados fueron muy parecidos, con un 20 % que asume una posición definitiva de que existen y un 25 % de que «es probable que existan».

Pero el estudio fue un poco más a fondo. También preguntó sobre experiencias personales en el ámbito espiritual. El 36 % de los encuestados dijo «haber sentido personalmente la presencia de un espíritu o un fantasma», y el 13 % que «se han comunicado directamente con un fantasma o con el espíritu de alguien que había muerto». [9]

La estadística final que arroja luz sobre la creencia en la infestación (los espíritus que permanecen en un sitio en particular en lugar de dentro de una persona), señaló que el 43 % de los estadounidenses cree que los fantasmas pueden regresar a lugares frecuentados o incluso a alguna otra persona.[10]

Yendo un poco más profundo, la creencia de que existe Satanás ha sido tradicionalmente predominante entre los estadounidenses. Una encuesta de CBS News de 1998 reveló que el 64 % creía en el diablo en ese momento, y la mayoría (59 %) que la mente o el cuerpo podrían ser tomados por Satanás o un demonio.[11] Esta dinámica de posesión, dijeron, simplemente no podría ser explicada por la ciencia o la medicina.[12]

Quince años más tarde, en 2013, YouGov hizo algunas preguntas similares, descubriendo que la mayoría de los estadounidenses (57 %) todavía creía en el diablo, y el 28 % que no creía en Satanás.[13] Mientras tanto, más de la mitad (el 51 %), dijo que creía que una persona podría ser poseída por un demonio o un espíritu maligno, pero de ese 51 %, un 45 % dijo que, en su opinión, eso rara vez ocurría. (Solo el 15 % de ellos señaló que ocurre «con frecuencia» o «muy frecuentemente»).[14]

Después de echarle un vistazo a todas estas estadísticas, diríamos que está claro que si bien la sociedad se ha estado secularizando, por lo que es posible que menos personas expresen su creencia en estas experiencias a medida que pasa el tiempo, una parte considerable del público estadounidense reconoce estos sentimientos, incluidos más de cuatro de cada diez que todavía expresan la creencia de que los demonios existen.[15]

Dónde están los líderes de la iglesia en esta batalla espiritual

¿Cuál es la posición, específicamente, de los líderes cristianos en relación con esto? Como parte del proceso de preparación de *Cuando jugamos con fuego*, se encargó a través de Consumer Insights de HarperCollins una encuesta para discernir lo que los cristianos en puestos de liderazgo de la iglesia creen sobre demonios, fantasmas y una letanía de temas relacionados.

La encuesta incluyó a personal de las oficinas de administración de las iglesias, ancianos, diáconos, fideicomisarios, miembros de la junta, líderes ministeriales, coordinadores, voluntarios, pastores, sacerdotes, clérigos, líderes de grupos pequeños y líderes de estudio bíblico, y maestros de escuela dominical. Un grupo amplio, sin duda, pero todas eran personas que comparten un hilo común: ejercen, de una forma u otra, algún tipo de liderazgo en la iglesia, y participan guiando y atendiendo a las necesidades de los feligreses.

En general, los hallazgos resultaron bastante reveladores. La gran mayoría toma la Biblia al pie de la letra; el 82 % de las 1.187 personas encuestadas cree que las fuerzas demoníacas tienen la capacidad de atrapar la mente o el cuerpo de una persona, y el 85 % que los demonios son espíritus activos en la era moderna que pueden dañar a los seres humanos.

Considerando la prevalencia de estas historias en la narración bíblica, esto no es del todo sorprendente. El 4 % cree que los demonios están activos hoy pero que no pueden dañar a los seres humanos, y solo el 1 % cree que ya no pueden dañarlos; el 9 % no respondieron.

Un número importante de teólogos y pastores entrevistados para este libro dijo creer que la posesión total es muy rara; tres de cada diez (28 %) afirmaron haber visto de primera mano casos de posesión demoníaca total, en tanto que más de la mitad (53 %) dijo no haberlos visto nunca.

Mientras tanto, a la vez que una proporción similar, el 31 %, señaló tener un amigo o un familiar cercano y confiable que ha afirmado haber experimentado posesión u opresión demoníaca, la mayoría de los líderes respondió no tener ni amigos ni familiares que hubiesen tenido esa experiencia.

¿Y qué hay de la causa de tales supuestas aflicciones? En cuanto a esto, los encuestados llegaron a algunas conclusiones intrigantes. A la luz de la importancia de las advertencias bíblicas sobre incursionar en lo oculto (es decir, psíquicos y adivinación), el 76 % cree que tales actividades podrían abrir a una persona a una posesión demoníaca completa.

Y más de seis de cada diez (61 %) dijeron que el uso de objetos como la güija también podría causar aflicciones similares, con un 52 % que cita el «pecado no arrepentido» como un catalizador potencial para manifestaciones demoníacas en la vida de alguien, en tanto que un pequeño porcentaje (4 %) afirmó no creer en la posesión total (más adelante seremos más específicos con estas definiciones).

En cuanto al «tratamiento» para la posesión demoníaca, las creencias fueron bastante fascinantes. Solo el 1 % dijo que creía que la medicina moderna podría explicar la posesión; el 80 % señaló que no y el 20 % declaró no tener opinión al respecto.

Sobre la efectividad de un exorcismo se notó bastante incertidumbre. Casi cuatro de cada diez (39 %) no estaban seguros de si el exorcismo pudiera ayudar, y el 47 % respondió que este tipo de remedio está justificado.

Una de las preguntas más acuciantes que contenía la encuesta era si los cristianos que realmente han aceptado al Espíritu Santo pueden experimentar la posesión plena. La mayoría de los encuestados estuvo de acuerdo con la opinión más frecuente de los expertos y que el lector encontrará en este libro según la cual los cristianos no pueden ser poseídos por completo. El 59 % dijo que no pueden, el 16 % señaló que sí y el 25 % afirmó no tener opinión al respecto.

La encuesta también incluía algunas preguntas sobre la naturaleza y las acciones de Satanás y los demonios. La gran mayoría (el 75 %) dijo creer que el diablo está presente y activo en el mundo de hoy contra un 25 % que piensa que el diablo es representativo del mal general en el mundo.

El 87 % de los encuestados está de acuerdo —al menos un poco— en que Satanás y las fuerzas demoníacas tienen el poder de impactar negativamente la cultura en general.

Y si este es el caso, es importante destacar que la mayoría de los encuestados (78 %) también está de acuerdo en que, al menos un poco, demasiados pastores e iglesias ignoran los problemas relacionados con la guerra espiritual y los demonios; solo el 17 % dijo que su casa de culto tiene un ministerio de liberación. Si este es un problema tan amplio, ¿por qué tantos perciben a sus iglesias inapropiadamente silenciosas?

También hubo una creencia generalizada (87 %) de que los demonios son ángeles caídos, con solo el 3 % seleccionando a los *nefilim* (gigantes) como los descriptores principales de estos espíritus. De forma curiosa, el 1 % dijo que los demonios son los espíritus de los seres humanos fallecidos.

Cuando jugamos con fuego también tocará las afirmaciones que rodean la existencia de fantasmas, ya que hay un debate en algunos círculos cristianos sobre si los humanos fallecidos pueden quedarse para frecuentar personas y lugares. La mayoría niega la noción de que una persona pueda morir y volver, con un 78 % que rechaza esa posibilidad y un 6 % que cree que las personas pueden morir y regresar o permanecer como fantasmas.

Exploraremos cada uno de estos temas en detalle, pero por ahora volvamos para examinar la prevalencia de posesión y de demonios a lo largo de la historia humana.

Relatos universales de posesión

La mayoría de los cristianos de hoy cree que los demonios están presentes y activos en nuestro mundo; sin embargo, esta creencia ha tenido un aspecto casi universal en casi todas las culturas desde los albores del tiempo.

Al igual que Gallagher, el doctor Craig S. Keener, profesor de estudios bíblicos en el Seminario Teológico de Asbury, cree que estas experiencias son bastante comunes. En 2010 escribió que «los antropólogos han documentado posesión espiritual o experiencias análogas en la mayoría de las culturas, aunque las interpretaciones de las experiencias varían».[16]

El estudio de Keener, titulado «Posesión espiritual como experiencia intercultural», se centró en revisiones antropológicas y relatos de posesión de primera mano, y exploró si las afirmaciones bíblicas de la posesión podrían reflejar «material de testigos oculares genuinos».[17] La conclusión principal es que la posesión espiritual atraviesa culturas y, aunque podría manifestarse en formas específicas de cada cultura, su existencia está ampliamente atestiguada. Keener escribió:

> Mientras que la disponibilidad de fuentes antiguas concretas con respecto a las costumbres (mi propio enfoque académico habitual) a veces relativiza el valor de los enfoques antropológicos más

abstractos del NT, las creencias en el control de un espíritu extraño son tan comunes entre las culturas no relacionadas que parecen reflejar una experiencia humana común de algún tipo en lugar de una simple costumbre.[18]

Keener dijo que la antropóloga Erika Bourguignon una vez tomó muestras de 488 sociedades y descubrió que la mayoría, el 74 %, tenía creencias en posesión, aunque, una vez más, las creencias sobre cómo se manifestaba variaban entre sí. Al final afirmó que la investigación de Bourguignon apuntaba a «algún tipo de experiencia común».[19]

Otros encontraron fenómenos transculturales similares en estos encuentros espirituales, señalando la prevalencia de cambios en la voz y el comportamiento. Y, como detalló Keener, también era común observar que una persona afectada no recordaba lo que se había desarrollado una vez que había abandonado el supuesto estado de posesión.[20]

Keener también citó al antropólogo Raymond Firth, que dijo haber visto cambios «sorprendentes» de personalidad y comportamientos. Estos cambios incluían «temblar, sudar, gemir, hablar con voces extrañas, asumir una identidad diferente, pretender ser un espíritu en lugar de un ser humano, dar órdenes o predecir el futuro en una manera autoritaria».[21]

Para cualquiera que haya leído el Nuevo Testamento, estas afirmaciones probablemente no sean extrañas, ya que algunas de estas características se ven en las Escrituras entre aquellas personas descritas como poseídas por demonios. Más adelante exploraremos lo que la Biblia dice sobre la posesión, pero el punto más amplio que vale la pena reafirmar ahora es que a pesar de que a lo largo de miles de años se ha reconocido la existencia de demonios y las posesiones, la gente continúa refiriéndose a estas luchas en la era moderna.

Algunos supuestos casos de presunta posesión han sido bien documentados a través del tiempo. Ya hemos mencionado los relatos bíblicos. También hay muchos otros como el exorcismo en 1778 de George Lukins, un sastre inglés que, según los informes, comenzó a actuar de una manera extraña. Se decía que Lukins había hablado con una voz desconocida, emitía sonidos extraños e incluso cantaba himnos al revés.[22]

Luego está el caso moderno de posesión de los Ammons, cubierto en el año 2014 por el periódico *Indy Star* de circulación popular y que despertó la curiosidad de la nación entera. El relato, que con rapidez se hizo viral, daba cuenta de una madre y sus hijos supuestamente poseídos.

Y teniendo en cuenta las afirmaciones incluidas en él: que funcionarios del gobierno vieron a un niño de nueve años subir por una pared, que un sheriff escuchó una voz demoníaca por su radio y que los médicos vieron a un niño exhibir una fuerza extrahumana, no sorprende por qué los medios acogieron la noticia en sus páginas.[23] Sin embargo, una vez que la polvareda se hubo asentado, el tema desapareció del interés general o se mantuvo con muy poca exploración de lo que, si acaso, había sido un suceso de característica espiritual.

Es comprensible que casos como el de Lukins y el de los Ammons hayan sido puestos en duda en cuanto a su veracidad, ya que los hechos y los detalles son importantes. Pero, por otro lado, el manejo despectivo de estas circunstancias por parte de algunos críticos también puede tener un impacto desalentador para dar a conocer futuras experiencias de este tipo. En este sentido, a menudo las personas que han visto, escuchado o sentido algo similar guardan silencio por miedo a ser etiquetadas como «locas», «chifladas» o tener una fascinación debilitante por lo hiperespiritual.

Incluso mientras escribía este libro, hubo quienes rechazaron ser entrevistados optando por el silencio en lugar de contar lo que afirmaban haber enfrentado. Y aunque eso dice mucho, ¿quién podría culparlos? La incertidumbre y lo extraño de estos temas a menudo relega el estudio de los demonios, la demonología y las discusiones sobre la influencia satánica a los rincones silenciosos de la experiencia humana.

Pero surge una serie de preguntas teológicas importantes, especialmente para quienes afirman tener una cosmovisión bíblica: ¿son reales los demonios? Si es así, ¿qué son? ¿Pueden los demonios infestar ubicaciones o controlar a seres humanos? ¿Cómo, en todo caso, pueden verse afectados los cristianos? Si es cierto que existen estos seres espirituales malignos, ¿qué se puede hacer para detenerlos?

Y la lista continúa.

Este libro se basa en una cantidad variada de entrevistas con cristianos expertos que nos llevarán colectivamente a través de las diversas opiniones y perspectivas relacionadas con cada una de estas rarezas. También exploraremos historias de personas que creen que fueron afectadas por lo demoníaco mientras navegamos por el supuesto impacto de jugar con fuego.

Es este concepto de «cuando jugamos con fuego» —el título de este libro—, lo que podemos ver directamente en las Escrituras, ya que la Biblia advierte repetidamente a los seres humanos que no deben incursionar en lo oculto. Sin embargo, miles de años después, los psíquicos, médiums, la güija y otros intentos de entrar en el reino espiritual siguen siendo muy populares.

Para algunos, estas cosas no son más que juegos de salón inofensivos, aunque otros las califican decididamente como algo siniestro, y advierten que participar en tales jueguitos es como encender un fuego y no poder contener el incendio que sigue.

Las Escrituras imploran específicamente a las personas que «resistan al diablo» (Santiago 4:7), pero también hay advertencias evidentes en todo el texto que nos dicen de manera abierta que no «practiquemos la adivinación o busquemos presagios» (Levítico 19:26), ni «recurramos a médiums o busquemos espiritistas» (ver Levítico 19:31), y no consultemos a los muertos. Estos versículos advierten que quienes lo hagan serán «contaminados» por tales prácticas.

Y en el Nuevo Testamento, específicamente, vemos numerosos ejemplos de posesión que son conmovedores, traumáticos y difíciles de imaginar, ejemplos que muchos expertos creen que nos muestran los ardientes efectos que pueden venir cuando decidimos incursionar en el fuego, y encontrar nuestras almas y vidas arrasadas por las consecuencias.

Y si bien estos ejemplos son esenciales para comprender la teología cristiana, con demasiada frecuencia nuestro enfoque cultural está en el *impacto del mal*. Las discusiones en torno a los demonios, Satanás y la guerra espiritual tienden a centrarse en los elementos más impactantes y explosivos, pero muchas personas buscan respuestas: información para satisfacer preguntas cada vez más apremiantes sobre cómo se manifiesta el mal y cómo las personas pueden superarlo y encontrar la curación a través de Cristo. Comencemos nuestro viaje explorando algunas bien conocidas afirmaciones de posesión e infestación.

PARTE UNO

HISTORIAS DE LA VIDA REAL

1

El exorcista

No se podría enfatizar más el impacto monumental que *El exorcista* ha tenido en la cultura estadounidense. La nación quedó cautivada cuando en 1973 la película irrumpió en la pantalla grande, aterrorizando a los cinéfilos con la historia de otro mundo de una niña que estaba «poseída por una entidad misteriosa», enviando a su madre desesperada en busca de sacerdotes que pudieran liberarla.[1]

El exorcista, como la cantidad de películas de terror que han seguido en su camino, se aprovechó de la intriga y el miedo que experimenta la gente cuando considera que los acontecimientos supuestamente se desarrollan al difuminarse las líneas entre lo material y lo espiritual.

Pero *El exorcista* es en verdad única por varias razones importantes. En primer lugar, la película fue entendiblemente acreditada en el momento de su lanzamiento por el doctor Arnoldo T. Blumberg, quien al explicar su impacto cultural radical en forma concisa e inteligente, transformó las formas en que las personas procesan la posesión demoníaca. Dijo:

> *El exorcista* arroja una sombra sustancial sobre la historia del cine, pero quizás lo más importante sea que plantea un mundo en el

CUANDO JUGAMOS CON FUEGO

que Dios está definitivamente vivo y claro... si no siempre está cerca para salvar a los inocentes del tormento. A pesar de llevar a los espectadores a una montaña rusa de proporciones demoníacas, la película logra transmitir un mensaje extremadamente positivo para aquellos con convicciones espirituales. Después de todo, la idea misma de que el rito católico del exorcismo podría funcionar contra un demonio real que intenta obtener el control del alma de una niña, confirma que estas cosas son ciertas; por lo tanto, Dios también debe ser real. El resultado es una película que, aunque horrible, les dice a los fieles que tienen razón.[2]

El éxito y el impacto inmediato de *El exorcista* fueron tales que llamó la atención de medios como el *New York Times*, el que con reportes y noticias de los años setenta destacaba no solo la popularidad de la película, sino que al mismo tiempo señalaba algunos de los problemas generalizados de la Iglesia católica. Un artículo del *Times* de 1974 advirtió sobre «adolescentes y sacerdotes aterrorizados» que estaban perdiendo el sueño, e hizo referencia a una «ola de preguntas» de personas preocupadas de que ellos o sus seres queridos estuvieran poseídos.

«He recibido docenas de llamadas de personas que están terriblemente asustadas o tan confundidas que han comenzado a perder el control de la realidad», dijo al *Times* el reverendo Richard Woods, por entonces sacerdote de la Universidad de Loyola. «También sé de dos niños que salieron del cine pensando que estaban poseídos y que han tenido que ser hospitalizados» agregó.[3]

El impacto de *El exorcista* fue instantáneo, generalizado y palpable; pero, curiosamente, después de décadas, la película sigue siendo muy popular y continúa petrificando a los espectadores de todo el mundo. Cualquiera puede debatir y opinar sobre las posibles razones por las que la película ha aterrorizado a tanta gente y ha conservado su vigencia durante décadas, pero quizás la explicación más obvia de la intriga interminable y el exceso de atención se derive de la historia que inspiró su trama.

Resulta que *El exorcista* se inspiró en lo extraño —supuestamente hechos de la vida real— que rodea la existencia de un jovencito llamado Robbie Mannheim (un alias utilizado para proteger su identidad real). Según se afirma, los hechos tuvieron lugar en 1949 en el campus de la Universidad de Saint Louis (SLU, por sus siglas en inglés) en Saint Louis, Missouri.

El exorcismo de Robbie durante semanas se convirtió en la base de *El exorcista*, el libro que escribió William Peter Blatty en 1971, proyecto literario que inspiró la película atemporal de 1973 con el mismo nombre. De forma irónica, Blatty, que murió en 2017, dijo: «Cuando estaba escribiendo la novela, pensé que estaba escribiendo una historia sobrenatural de detectives que estaba llena de suspenso con connotaciones teológicas. Hasta el día de hoy, tengo cero recuerdos de incluso un momento en que estuviera escribiendo algo que asustaría a la gente».[4]

No obstante, la novela de Blatty encendió un festival de terror multigeneracional, y cuando uno mira más a fondo el material de la vida real en el que lo basa, es fácil entender por qué.

Al profundizar en los supuestos detalles de la historia de Robbie, uno se encuentra rápidamente en una amalgama de fascinación misteriosa y circunstancias extrañas. En enero de 1949, cuando comenzó a experimentar problemas verdaderamente preocupantes en su vida y en su hogar, Robbie era un niño de catorce años de Mount Rainier, Maryland.

La familia de Robbie comenzó a preocuparse cuando empezaron a oírse arañazos en las paredes, en el piso de la habitación del niño y en el colchón. Otras cosas empezaron a moverse solas de una manera inexplicable. Un resumen de estos acontecimientos publicado en 1988 en el *St. Louis Dispatch* da una idea de algunas de las otras afirmaciones y comportamientos terroríficos:

En estos episodios nocturnos, el comportamiento extraño del niño (ocurría más bien de noche) supuestamente adquiría una fuerza extraordinaria; su cuerpo se distorsionaba y transformaba, con sus talones se tocaba la parte posterior de la cabeza, el cuerpo formaba un arco, y todo estos episodios respaldados por sacerdotes que habían sido testigos oculares.

Curiosamente, durante las convulsiones que le sobrevenían al niño, los médicos que lo atendían no pudieron encontrar ningún cambio en su pulso o presión arterial. La cama se sacudía violentamente. Pronunciaba palabras obscenas e imágenes igualmente obscenas aparecían en su cuerpo con verdugones enrojecidos en alto relieve.[5]

Hay algunas teorías en torno al catalizador espiritual para estos supuestos problemas y manifestaciones. Se decía, por ejemplo, que Tillie, una tía de Robbie de St. Louis, miembro de la familia y cercana al adolescente, era aficionada al ocultismo.[6] Según los informes, antes de su fallecimiento, la tía Tillie introdujo a Robbie en el juego de la güija. Y, según una versión de la historia surgida en la Universidad de St. Louis, el caos estalló después de que Robbie intentara comunicarse con su tía en el más allá utilizando para ello la güija.[7]

Esto, por supuesto, será increíble para algunos, ya que pareciera haberse sacado de un guion de Hollywood. Pero, así va la narrativa que rodea la fascinante historia de Robbie. Aun así, es importante tener en cuenta que todos estos detalles se han transmitido desde varias fuentes y no precisamente de la propia experiencia de Robbie, ya que el niño, que ahora es un anciano, nunca ha hablado en público sobre lo que supuestamente le sucedió.

Con independencia de la verdadera causa de estos problemas, se dice que la familia de Robbie buscó la ayuda de un médico, de un psiquiatra y de un psicólogo; también la de un ministro luterano, el reverendo Luther Miles Schulze con la esperanza de que le ayudaran a detener el caos.[8]

Schulze, que aparentemente no fue capaz de bregar con el problema, los envió a un sacerdote llamado Padre E. Albert Hughes. Algunos creen que este sacerdote intentó sin éxito realizar un exorcismo y resultó herido cuando, según se dice, el niño rompió un resorte de su catre y con el pedazo le cortó el brazo. En relación con este incidente, la historia se pone un poco turbia, pero al parecer Hughes estaba, por lo menos, profundamente conmocionado por la aflicción de Robbie.[9]

Continuando con su búsqueda desesperada de curación espiritual, la familia decidió llevar a Robbie a St. Louis, y fue entonces cuando los padres del niño se conectaron con la St. Louis University. Lo que siguió —según reportó el *Washington Post* en 1949—fue «una de las experiencias más notables de este tipo en la historia religiosa reciente».[10]

Robbie y su familia se quedaron con una parienta vinculada con la universidad, que los puso en contacto con el Padre Raymond Bishop, uno de sus antiguos profesores. Después de consultas con otros líderes y sacerdotes de la universidad, incluido el Padre William Bowdern, se tomó la decisión de someter a Robbie a un exorcismo, proceso que les llevó más de un mes.

Algunas fuentes aseguran que la decisión de realizar el exorcismo y buscar la tan deseada cura en el mundo «sobrenatural» no se tomó sino hasta después de que Robbie hubo sido llevado a los hospitales, donde profesionales médicos se declararon incompetentes para curarlo con sus recursos científicos.[11]

A Bowdern, que dirigió el exorcismo, se le unió Bishop, que llevaba un diario de todo lo que ocurría en la prueba.[12] También hubo otros sacerdotes que participaron en el intento. Los relatos que rodean el caso son tan impactantes como los que que uno esperaría ver en una película de terror de Hollywood.

El diario de veintiséis páginas de Bishop ha sido de gran interés a lo largo de los años, ya que detalla lo que los sacerdotes que estuvieron presentes durante el exorcismo afirmaron haber visto y experimentado y, considerando la popularidad de *El exorcista*, los supuestos hechos reales que recoge.

«Los detalles que describe son horribles, si esa es la palabra», dijo en 2017 al *Springfield News-Leader* John Waide, un archivero retirado de la biblioteca de SLU. «No sé cuál sería la palabra correcta. Es muy detallado y bastante gráfico. Te golpea en la cara» afirmó.[13]

En efecto, algunas de las notas son bastante perturbadoras. Quizás lo más extraño sea lo que Bishop escribió sobre imágenes que supuestamente aparecieron en el cuerpo de Robbie, incluida una figura del diablo en su pierna y la palabra *infierno* en el pecho.[14] Una cita del 18 de marzo de 1949, se refiere a los sucesos que se iban desarrollando a medida que las oraciones se pronunciaban en torno al muchacho:

> Las oraciones del exorcismo no cesaban. De pronto, R se vio asido violentamente, por lo que comenzó a luchar con su almohada y la ropa de cama. Sus brazos, piernas y cabeza tenían que ser sujetados fuertemente por tres hombres. Las contorsiones que hacía con el cuerpo demostraban una fuerza física más allá de su capacidad natural. Escupió a los rostros de quienes lo sostenían y a quienes rezaban por él; escupió las reliquias y las manos de los sacerdotes; se retorció bajo la aspersión de agua bendita y luchó y gritó con una voz aguda y diabólica.[15]

Años después, el reverendo Walter H. Halloran, uno de los sacerdotes involucrados en la ayuda con el exorcismo, reveló algunos de los sucesos de los que fue testigo, corroborando la afirmación de que había visto la palabra *infierno* emerger en la piel del niño, algo que habría sucedido «varias veces».

«No era como tatuarse la palabra» decía, «sino que simplemente aparecía, y con bastante dolor».[16] También confirmó los informes de que el niño le había roto la nariz a uno de los sacerdotes durante estos ataques. Este había sido otro de los relatos desconcertantes que causaba dudas; sin embargo, quizás lo más notable del caso es que la historia de Robbie casi no salió a la luz pública.

De no haber sido por el informe del *Washington Post*, su caso probablemente habría permanecido olvidado e ignorado, sin hacer olas y tal vez no hubiera sido el foco de una novela y un largometraje. Pero de alguna manera, el *Post* se enteró del exorcismo, y publicó el 20 de agosto de 1949 una historia de primera plana titulada: «Sacerdote libera a un niño de Mt. Rainier que había estado poseído por el diablo».[17]

En la introducción del artículo, el periodista Bill Brinkley afirmaba que un niño había sido «liberado de posesión demoníaca por un sacerdote católico» y citaba «fuentes católicas» como la base de esta noticia. A la vez, señalaba que supuestamente el exorcismo tomó entre veinte y treinta intentos para asegurarse de que la expulsión fuera exitosa.[18]

El artículo no nombra al niño ni cita su alias, Robbie, pero sí cuenta las supuestas afirmaciones del exorcismo, incluidas las proclamaciones de las fuentes de que el niño había «prorrumpido en un berrinche violento de gritos, maldiciones y frases en latín». Brinkley apuntaba que este era un idioma que el niño no había estudiado.

En mayo de 1949, los informes aseguraban que Robbie se había liberado de los problemas que lo aquejaban, con un *Post* que terminaba su reporte diciendo: «Finalmente, en la última ejecución del ritual, el niño se mantuvo callado. Desde entonces, se informó, todas las manifestaciones han cesado».[19]

Blatty descubrió la historia de Robbie en el reporte del *Washington Post*; fue un relato que se quedó con él, y le pareció que si la gente escuchaba la intensa aflicción y la conclusión experimentaría un fortalecimiento de su fe. En una entrevista con IGN llevada a cabo en el año 2000 explicó que no solo había leído la historia, sino que también había escuchado detalles sobre el exorcismo durante un curso del Nuevo Testamento que había tomado en Georgetown.

«Como tantos católicos, en el transcurso de mi vida yo también he tenido muchas pequeñas batallas de fe. Cuando escuché sobre este caso y leí los detalles, estaba pasando por uno de esos momentos; de modo que me dije: "Dios mío, si alguien pudiera investigar esto y lo autenticara, sería un enorme impulso para la fe. Me gustaría que eso ocurra algún día. A mí me gustaría hacerlo"».[20]

En cuanto al famoso diario del asunto del exorcismo, Blatty le dijo a IGN que había pedido una copia, pero que el Cardenal en St. Louis se la había negado aduciendo que la Iglesia había decidido mantener en secreto la identidad de Robbie y no quería publicidad en torno a su historia. No fue sino hasta después de que se escribió la novela que Blatty recibió una copia de manos de uno de los monjes involucrados en el exorcismo.[21] La renuencia oficial de la Iglesia a discutir el caso llevó a Blatty a creer que todo era una historia legítima.

Dijo que Bowdern, el exorcista principal, una vez le escribió confirmando que este era en realidad el caso (un hecho notable, considerando que, según los informes, Bowdern nunca admitió públicamente que él había sido el exorcista involucrado).[22] Sin embargo, le dijo: «Te puedo asegurar una cosa… El caso en el que estuve involucrado era real. No tenía ninguna duda al respecto entonces. No tengo ninguna duda al respecto ahora. Buena suerte con tus actividades apostólicas».[23]

En apariencia, la historia del *Washington Post* de 1949 fue para Bowdern y otros involucrados en el caso una fuente de conflicto, ya que sentían que la situación debería haber permanecido en secreto. De hecho, el reverendo William Van Roo, que participó en el exorcismo, le dijo al *St. Louis Post-Dispatch* en 1988 que habría deseado que todo hubiese quedado en secreto.[24]

«Todo lo que se filtró al *Washington Post*» dijo, «debió de haberse mantenido en secreto. El joven ha sufrido mucho; esa publicación le causó aún más dolor y resentimiento, porque se violó su confidencialidad».

Hasta el día de hoy, la identidad real de Robbie es muy poco conocida, y la Iglesia católica ha cumplido su promesa de sellar los archivos relevantes. Múltiples fuentes han informado que Robbie llevó una vida normal; se casó y tuvo hijos. No hay fuentes que den cuenta de su muerte, y la mayoría señala que todavía vive, manteniendo su identidad lejos de la fascinación cultural que surgió de su terrible experiencia.

Como veremos, la historia de Robbie no es la única que ha tenido un impacto internacional.

2

El caso de Indiana

«**S**ubió por la pared, se dio la vuelta... y se quedó allí». Y si eso no es lo suficientemente extraño, otra descripción de un testigo ocular aseguró que un niño de Indiana «caminando hacia atrás anduvo por el piso, subió por una pared y por el cielorraso».[1]

Recuerdo haber leído eso en un extraño estado de asombro. ¿Cómo podría un niño pequeño subir por una pared? ¿Y hacerlo caminando para atrás? ¿Y por qué un medio tan serio como el *Indianapolis Star* publicaría una historia tan extraña?

Tuve de inmediato una gran cantidad de preguntas sobre aquella historia que se originó en Gary, Indiana, en el año 2014. Se hablaba de una supuesta casa embrujada que estaba llena de historias aterradoras, pero la afirmación de que un niño pequeño subiera por una pared a gatas y caminando hacia atrás aventajaba a toda la gran cantidad de fenómenos extraños que rodeaban a Latoya Ammons y su familia.[2]

Al igual que la terrible experiencia de Robbie, la historia de Ammons se hizo pública a través de un importante medio de comunicación. Sin embargo, la diferencia en este caso fue que algunos de los protagonistas, en forma totalmente voluntaria, hablaron y dieron a conocer los supuestos detalles.

La por entonces periodista de *Indy Star* Marisa Kwiatkowski fue la autora, en 2014, de un artículo que se hizo famoso sobre el caso de Ammons. Se titulaba: «Los exorcismos de Latoya Ammons». En él se informaba que Latoya Ammons y sus tres hijos «aseguraban haber sido poseídos por demonios».

El párrafo introductorio era todo menos tímido, ya que incluía muchos elementos que distinguían audazmente la historia de otras afirmaciones paranormales. Entre las facetas intrigantes estaba la serie de personas prominentes, incluido un administrador de casos familiares, una enfermera y capitanes de policía veteranos, lo que parecía corroborar varias piezas del extraño rompecabezas.

Entonces, ¿qué fue lo que ocurrió exactamente en la casa de Ammons en Gary, Indiana? Según su propia historia contada a los medios, ella y su familia comenzaron a experimentar fenómenos extraños solo un mes después de haberse mudado a esa casa.

Dijo que en diciembre de 2011, grandes moscas negras empezaron a aparecer en el porche. Aunque las mataban, las moscas seguían llegando. Ammons y su madre, Rosa Campbell, contaron a *Indy Star* que a la misma vez comenzaron a escuchar, durante las noches, pasos que venían del sótano, y que se producían ruidos como de puertas que se abrían repetidamente.[3]

Para marzo de 2012, solo cuatro meses después de haberse mudado, los hechos extraños fueron en aumento. La mamá de Latoya le contó a la periodista Kwiatkowski que una noche encontraron a uno de los niños inconsciente y levitando. Abrumados por los acontecimientos que se desarrollaban en la casa, la familia buscó la ayuda de clarividentes y de iglesias locales. En un esfuerzo por librarse de aquellas fuerzas sobrenaturales que creían que los estaban infestando, quemaron salvia, dibujaron cruces en las manos y los pies de los niños usando aceite de oliva, e intentaron varias otras cosas que les recomendaron.

Sin embargo, nada de esto funcionó; más bien los problemas se hicieron mayores. Ammons y sus tres hijos (en ese momento de siete, nueve y doce años) informaron haber experimentado lo que describieron como «posesión», con los mismos efectos que se encuentran en cualquiera novela de terror.

Según los informes, Ammons y Campbell le dijeron a Kwiatkowski que «a los niños se les hinchaban los ojos, en sus rostros aparecían esbozadas expresiones horribles, y sus voces adquirían tonalidades sobrecogedoras».[4] Además, el niño de siete años hablaba con otro niño al que nadie podía ver .

Ammons buscó ayuda en el médico de sus hijos. El comportamiento extraño de los niños mientras estaban en el consultorio, unido a los relatos de actividad paranormal provocaron que los médicos llamaran a los servicios de emergencia. «En veinte años, nunca había escuchado algo así», dijo el doctor Geoffrey Onyeukwu, el médico involucrado en el incidente. «Estaba asustado cuando entré en la habitación».[5]

Un informe oficial detalla lo que algunos profesionales médicos afirmaron haber presenciado. El documento dice, en parte: «El personal médico informó que mientras los niños estaban en el consultorio de su médico principal, observaron que [uno de ellos] era levantado y arrojado contra la pared sin que nadie lo tocara».

Aun así, no todos estaban convencidos de que algo sobrenatural estuviera ocurriendo. En medio de ese caos, una persona escéptica llamó al Department of Child Services (Departamento de Servicios para niños, DCS, por sus siglas en inglés) para presentar una queja, lo que provocó una investigación sobre el estado mental de Ammons (una evaluación realizada por un psicólogo del hospital encontró que «no había preocupación sobre su estabilidad mental en ese momento»).[6]

Fue entonces cuando la administradora de casos del DCS, Valerie Washington, entró en escena y, según los informes, vio por sí misma gran parte de aquellos extraños comportamientos.

El propio relato de la señora Washington sobre su interacción con la familia incluyó que había visto los ojos del niño de siete años girando en sus órbitas mientras gruñía. Según los informes, en un momento el niño, hablando con una voz grave que no era la suya, dijo a su hermano: «Es hora de que mueras. Te mataré».[7]

Esto nos lleva a ese punto crucial de la historia: la afirmación de que el niño subió por una pared. El informe de la señora Washington, respaldado por Willie Lee Walker, una enfermera registrada que estaba en la habitación, dice lo siguiente sobre el encuentro con la familia: «El niño se volvió agresivo y subió por la pared como si caminara por el suelo e hizo una voltereta por encima de su abuela. El episodio fue presenciado por Washington, la consejera psicológica del DCS y trabajadora del FCM».[8]

Esta experiencia es algo que no se incluye regularmente en una documentación del gobierno, pero es algo que la enfermera Willie Walker más tarde relató a Kwiatkowski. Le dijo a la periodista que el niño «caminó por la pared, se inclinó y se detuvo allí». Y agregó a modo de comentario: «No hay forma de que haya podido hacer eso».[9]

En otro punto del documento, el informe del DCS ofrece detalles adicionales sobre el supuesto incidente del muro:

[NOMBRE ELIMINADO] tenía una sonrisa extraña en el rostro y comenzó a caminar hacia atrás mientras la abuela sostenía su mano y él subió por la pared caminando hacia atrás mientras sostenía la mano de la abuela y nunca la soltó. Se dio la vuelta y aterrizó de pie frente a la abuela y se sentó en la silla. Unos minutos después levantó la vista como si hubiese vuelto a ser él mismo.

El informe indica que Washington y al menos otro profesional abandonaron la sala de inmediato para informar de lo sucedido a un médico «quien no les creyó».[10] El médico, entonces, fue a la habitación donde estaba el niño y le pidió que caminara por la pared, pero el niño le dijo que eso era algo que él no podía hacer. Y no lo hizo de nuevo.

En otro punto, el informe se refiere a extrañas conductas que fueron observadas en los niños cuando escucharon a su madre describir los esfuerzos que había hecho para eliminar los supuestos espíritus demoníacos de sus hijos.[11] Del gruñido y la ira de uno de los niños, y la necesidad de que varias personas se involucraran para tratar de controlarlo, los supuestos detalles son, para decir lo menos, perturbadores:

> La señora Ammons estaba explicando los hechos que la llevaron a ella y a su familia al hospital esa tarde; cuando empezó a hablar sobre las diferentes iglesias que había estado visitando en busca de ayuda por los espíritus demoníacos que tenían sus hijos, su hijo de 7 años [NOMBRE ELIMINADO] comenzó a hacer ruidos como gruñidos. El niño estaba en otra habitación separada por una cortina por lo que ella podía escuchar claramente sus gruñidos. A medida que la señora Ammons se refería a las iglesias y al consejo que le habían dado para acabar con los espíritus de su hijo, el niño gruñía más y más fuerte hasta que el ruido fue tanto que [NOMBRE ELIMINADO] llamó gritando para que su madre acudiera en su ayuda.
>
> FCM y la Sra. Ammons corrieron a la otra habitación para encontrar que [NOMBRE ELIMINADO] tenía a [NOMBRE ELIMINADO], de 9 años, agarrado de la cabeza y trataba de asfixiarlo. Los ojos de [NOMBRE ELIMINADO] se revolvían en sus órbitas y no dejaba de gruñir mientras tenía una mano en la garganta de su hermano. Se necesitaron varios miembros del personal para dominar a [NOMBRE ELIMINADO] y quitárselo.

Este incidente obligó a los servicios infantiles a sacar a los niños temporalmente de su casa hasta que pudieran evaluar lo que en realidad les estaba ocurriendo. Fueron devueltos a los seis meses.[12]

A lo largo del proceso, la señora Ammons mantuvo su historia de que algo sobrenatural estaba ocurriendo, y que no era la única en hacer tales afirmaciones. Valerie Washington dijo que la situación la había impactado profundamente. «Me tomó un tiempo superar eso», dijo, al referirse al momento en que vio al niño caminando por la pared. «Creo que algo sucedía allí que estaba fuera del ámbito de una persona normal» dijo.[13]

Otros que inicialmente se habían mostrado escépticos también llegaron a la conclusión de que estaban enredados en medio de algo en realidad inexplicable. El excapitán de la policía de Gary, Charles Austin, le dijo al *Star* que en un principio no había creído la historia de Ammons.[14] Después de todo, por entonces tenía de policía casi cuatro décadas, probablemente había visto una buena cantidad de situaciones extrañas, además de estafadores y mentirosos. Pero después de pasar tiempo en la casa de los Ammons y entrevistar a personas involucradas, se había transformado en un «creyente».

Austin tenía, entre otros sucesos extraños y aparentemente inexplicables, una variedad de versiones propias sobre la casa; por ejemplo, haber visto «siluetas extrañas» en fotos tomadas con su iPhone y ver cómo el asiento del conductor de su automóvil se movía solo hacia adelante y hacia atrás. [15] Pero es su testimonio sobre lo que sucedió un día después de que dejó la casa de los Ammons lo que quizás sea más inquietante. Le contó al *Daily Mail* que estaba en una estación de servicio cuando la radio de su auto policial comenzó a funcionar por sí sola.[16]

«Tenía mi radio de la policía, mi radio AM/FM del tablero de mi auto, mi celular de la policía y mi iPhone.[17] Estaba mirando las fotos que había tomado en mi iPhone cuando de repente, una voz gruñona provino de mi radio AM/FM que decía: "VÁYASE DE AQUÍ", y luego otras cosas confusas y mucha estática».

Brian Miller, que era el jefe de policía del cercano Departamento de Policía de Hammond en el momento de estos extraños sucesos, estuvo en la casa de los Ammons varias veces e incluso se encontró presente durante los exorcismos que se llevaron a cabo. Él también describió hechos que no son fácilmente explicables. Dijo, por ejemplo, que debido a los extraños sucesos, él y un compañero policía visitaron la casa por primera vez cuando la familia ya se había mudado. El jefe Miller y su compañero se mostraron escépticos al principio cuando Ammons y su madre, la señora Campbell, les contaron lo que estaba ocurriendo.

«Al principio... realmente no les creíamos», dijo Miller, y añadió que Ammons se negaba a entrar a la casa durante la investigación. Durante la primera visita que hicieron, Campbell sí entró y los llevó en un *tour* explicándoles todo lo que supuestamente se había desarrollado allí. «La entrevistamos y nos fuimos», dijo Miller. «Cuando estábamos en el auto, dijimos: "Es una gran historia, pero no es verdad. No hay nada de cierto en eso"».

Pero entonces, Miller se acordó del padre Michael Maginot, el sacerdote que había estado a cargo de los exorcismos posteriores. Asumiendo que Maginot estaría de acuerdo con él y que coincidiría con su escepticismo sobre aquellas afirmaciones fantásticas, decidió llamarlo, con lo que daría por cerrado el caso.

«Pensé. Bueno, para terminar la investigación, debería hablar con él porque no va a poder corroborar nada de esto; entonces voy a decir, todo esto es pura imaginación», recordó Miller. «Así que lo llamé y me dijo... que él realmente sintió que algo raro había en esa casa».

Después de que Maginot comenzó a contar fenómenos extraños que había observado, Miller lo pensó dos veces y comenzó a juntar aquellas piezas tan extrañas. En ese momento, tenía las afirmaciones de Campbell, las palabras del sacerdote y el sorprendente informe de Valerie Washington sobre el niño que caminaba por la pared. Pero la proverbial guinda del pastel llegó cuando Miller y su compañero volvieron a sus oficinas para escuchar grabaciones de audio de su entrevista con Campbell y Washington, las que se habían hecho dentro de la casa.

«Me encontraba en el piso superior. Hablaba con Valerie Washington y [Campbell]. Estaba entrevistando a Valerie y [mi compañero] estaba abajo. Llegó el capitán Austin del Departamento de Policía de Gary y los dos bajaron al sótano» dijo. «Están caminando y hablando, cuando de repente escuchan una voz en su grabadora, tan clara como el día que dice "¡Hey!"».

Fue algo que dejó a los oficiales «fríos» considerando que ese «Hey» había sobresalido nítidamente por sobre las voces de los demás que en ese momento hablaban, y que parecía totalmente desconectado de las conversaciones en la grabación. Después de eso, Maginot les dijo a los oficiales que quería regresar para bendecir la casa, por lo que el grupo acordó regresar. Fue entonces cuando Miller vio algo más.

«Me dirigí escaleras arriba y entré en la habitación del centro; las persianas estaban chorreando aceite». "El aceite no corría desde lo alto de las persianas sino desde el medio". Miller se sorprendió por lo que vio y se preguntó si alguien habría rociado aceite intencionalmente. Así que limpió las persianas y secretamente puso un hisopo en la puerta antes de cerrarla. La idea era que el hisopo caería si alguien volvía a entrar para verter más aceite en las persianas. Y mantuvo un ojo en la puerta mientras el sacerdote continuaba bendiciendo. «Cuando terminamos, entré y me encontré con que las persianas estaban chorreando aceite de nuevo, desde por la mitad». Los oficiales, entonces, se dieron a la tarea de revisar los alrededores de la ventana tanto por dentro como por fuera y no pudieron encontrar nada que pareciera una fuente desde donde salía la misteriosa sustancia.

«En ese punto, estábamos realmente asustados», admitió Miller.

Maginot, por su parte, no ha guardado silencio sobre lo que se desarrolló durante estos esfuerzos, dando a varios medios de comunicación entrevistas que corroboraron esos detalles. A una pregunta que le formuló Bill O'Reilly, el expresentador de televisión de Fox News, sobre si creía que la familia Ammons había experimentado «algo no mundano» dentro de la casa, Maginot respondió afirmativamente.[18]

Y en una entrevista para este libro, volvió a confirmar muchos de esos detalles, explicando los problemas que experimentó en esa casa y describiendo en detalle los exorcismos que realizó en un esfuerzo por liberar a Ammons de los demonios que él creía que la estaban afligiendo.

Cuando lo llamaron por primera vez a la casa de Ammons, Maginot dijo que Ammons y su madre le contaron los detalles de lo que supuestamente se estaba desarrollando, y que él, al igual que Miller, observó personalmente varios sucesos dentro de la casa. «La luz en el baño comenzó a encenderse y apagarse y a hacer [un] ruido electrónico», dijo, señalando que el fenómeno se había detenido en el momento en que él se acercó para mirar más de cerca.

Sin embargo, más extraña era su afirmación de que las barras de las persianas venecianas se balanceaban de un lado a otro. Al no haber viento ni razón aparente para esas ondulaciones, estaba perplejo, y su perplejidad aumentó cuando notó que lo mismo estaba ocurriendo en todas las habitaciones de la casa. «Parecían moverse casi al unísono, como oscilaciones coordinadas», dijo. «Me sorprendió que se balancearan juntas».

A medida que pasó el tiempo y la investigación persistió, Maginot dijo que acompañado por oficiales de policía, incluido Miller y trabajadores de Protección Infantil, habían estado en la casa y en la iglesia, donde se habían desarrollado algunos de los exorcismos.

En la historia relatada por la periodista Marisa Kwiatkowski se incluye un incidente dentro de la casa y de la que fue protagonista una administradora de casos familiares. Se dice que la funcionaria tocó una sustancia extraña y aceitosa.[19] No deja de ser intrigante la explicación de lo que sucedió a continuación:

[Ella] tocó un líquido extraño que vio que goteaba en el sótano y dijo que lo sintió resbaladizo y al mismo tiempo pegajoso entre sus dedos. [...]
[Ella] dijo que más tarde estaba parada en la sala de estar con el resto del grupo cuando su dedo meñique izquierdo le comenzó

a hormiguear y a ponerse blanco. Empezó a sentirlo como si estuviera quebrado.

Menos de 10 minutos después, [ella] dijo que sentía que estaba teniendo un ataque de pánico. No podía respirar, así que salió de la casa a esperar al grupo afuera.

Sin prisas, Maginot me contó esta misma historia, y me explicó que la trabajadora social «tocó el aceite que estaba goteando con su dedo meñique y que de un momento a otro el dedo se le puso blanco». Dijo que había sentido dolor y que estaba «muy perturbada». Miller también recordó el incidente y dijo que el dedo se había puesto, repentinamente, «extremadamente frío, como si hubiese acabado de sumergirlo en agua con hielo». También dijo que «ella estaba asustada».

Maginot, que nunca había llevado a cabo ningún ritual espiritual con niños, explicó que sí llevó a cabo numerosos exorcismos con Ammons. Sobre las experiencias opresivas, dijo que «parecía que el problema era con ella y que de ella pasaba a los niños. Nunca se daban los fenómenos en dos personas al mismo tiempo». Y que su primer esfuerzo, un exorcismo menor, consistente en una oración destinada a romper las malas influencias,[20] dio como resultado que Ammons convulsionara cada vez que colocaba un crucifijo sobre ella, y dejaba de hacerlo si se lo quitaba. Hubo momentos en que Ammons también convulsionaba si se le daba una cruz o algo con un tema religioso. Maginot señaló que durante el exorcismo final, ella incluso se había quedado dormida y que al despertar descubrió que lo que la estaba afligiendo finalmente se había ido.

Miller, que estuvo presente en algunos de estos ritos, corroboró las descripciones de Maginot, pero señaló que con frecuencia no sabe qué decir cuando la gente le pide su opinión sobre esos ritos religiosos; después de todo, no tenía un punto de referencia para comparar. «Había visto El exorcista donde las cabezas giran… sin embargo, esto no tenía nada que ver con eso» dijo. «Pero ella solo especuló, y estaba produciendo algunos sonidos guturales».

Maginot piensa que todos esos esfuerzos fueron positivos, pues nunca más volvió a saber de Ammons y cree que ella sanó. Más tarde, Miller le dijo que la familia estaba bien. Todos estos detalles son impactantes y hacen que uno se pregunte qué realmente estaba ocurriendo en esa casa.

Y aunque todos los detalles son ciertamente curiosos, uno de los elementos más interesantes de la historia fue la atención nacional e internacional que concitó. En efecto, la historia de *Indianapolis Star* despertó de inmediato el interés en todo el mundo. Las afirmaciones extravagantes pero bien fundamentadas hicieron que los periodistas pidieran entrevistas y despertaron el interés del público en general.

Ammons misma se sorprendió por la reacción tan abrumadora, y le dijo a *Star* en una entrevista posterior: «Pensé que crearía algún alboroto en mi pueblo, pero nunca me imaginé que se volvería viral».[21] También reconoció que había habido muchas reacciones violentas y que estaba «harta» de todo eso.

Al igual que la historia de Robbie, este supuesto calvario casi nunca salió a la luz, ya que Miller y su compañero permanecieron en silencio durante dos años después de los exorcismos, negándose a hablar abiertamente de su experiencia. Pero cuando su buena amiga Marisa Kwiatkowski se enteró de lo sucedido, la periodista quiso contar toda la historia a través de *Indy Star*. Al principio, Miller se había negado, pero finalmente cedió, con la condición de que Kwiatkowski no incluyera los nombres de los oficiales. Así fue como la impactante historia finalmente se hizo realidad.

Si bien Miller, Maginot y otros aún no tienen una explicación natural de lo que vieron y experimentaron, no todos están tan seguros. Algunos psicólogos que examinaron a los niños de Ammons creían que los adultos a su alrededor estaban influenciando a los niños.

Stacy Wright, una psicóloga clínica que habló con el hijo menor de Ammons, escribió en su evaluación que este era «un caso desafortunado y triste de un niño que ha sido inducido a un sistema delirante perpetuado por su madre y potencialmente reforzado» por otros adultos.[22]

Joel Schwartz, otro psicólogo que pasó tiempo hablando con los otros dos hijos de Ammons, creía que la hija de Ammons estaba «siendo influenciada indebidamente por las preocupaciones de su madre» en cuanto a los problemas paranormales dentro de la familia.[23]

Pero Maginot tiene un mensaje para los críticos: los acontecimientos están bien documentados y fueron reales. «Esto en realidad está documentado por personas que son profesionales que no tienen nada que ver entre sí... los testigos de caminar por la pared hacia atrás, los testigos en el consultorio del médico», dijo. «Y luego los oficiales de policía que se involucraron en esto y que fueron testigos de cosas inexplicables que les sucedieron a ellos».

Dejando de lado las críticas, había algo sobre la historia de Ammons y la información que la rodeaba que generó una curiosidad pública única y auténtica. Esa curiosidad fue tan intensa que en el año 2014 el presentador de televisión Zak Bagans compró la casa, hizo un documental sobre ella y luego la demolió filmando todo el espectáculo para su película.[24] A pesar del hecho de que algunos psicólogos y escépticos supuestamente sintieron que la historia no era auténtica y tenía raíces más racionales, los detalles convincentes y el testimonio inquebrantable de los testigos tenían suficiente credibilidad como para que medios de comunicación importantes y el público en general les dieran créditos aunque fuera para entretener. Y eso es notable.[25]

3

Afirmaciones de Cranmer

«Una columna oscura que se desliza por la casa. Sombras misteriosas. Un hedor rancio. Relojes que se detienen. Una misteriosa sustancia parecida a la sangre que recubre las paredes. Crucifijos rotos... Niños que muestran signos de posible posesión».

Recuerdo haber escrito estas palabras después de una entrevista extrañamente inquietante que hice en 2014 a Bob Cranmer, un hombre de negocios y excomisionado en el condado de Allegheny, Pensilvania.[1] A decir verdad, no fue Cranmer quien me dejó cavilante, sino los detalles intensamente inquietantes y aparentemente de otro mundo que me contó.[2]

Como editor de fe y cultura de *The Blaze* en aquel tiempo, recibía con cierta frecuencia datos sobre historias, algunas de las cuales se centraban en afirmaciones de posesión o infestación demoníaca. Aunque este no era un tema que cubriera de manera obsesiva, de vez en cuando surgía, específicamente en torno a películas tales como *The Conjuring* (*El conjuro*), que se estrenó en 2013 y despertó una plétora de atención al afirmarse que estaba basada en una historia real.

Apenas unos meses después de haber escrito sobre esa película y debido al profundo debate teológico que provocó en torno a su supuesta inspiración basada en un hecho real, mi jefe me «sugirió» que buscara a Cranmer y lo entrevistara. Lo hice, y lo que me dijo fue, por decir lo mínimo, escalofriante. Y me dejó con un tesoro de preguntas que superaron con creces las respuestas que podía proporcionarme.

Por aquellos tiempos, los temas relacionados con posesiones e infestaciones demoníacas me eran relativamente ajenos; por lo que me encontré dedicando la mayor parte de mi tiempo a tratar de comprender los problemas subyacentes y las posibles explicaciones materiales del asunto.

Debo señalar que siempre he entrado a entrevistas sobre estos temas con bastante escepticismo. Después de todo, está dentro de los confines del corazón humano la tendencia a manipular o evocar historias fantasmales en un esfuerzo por sacarles algún provecho monetario. Porque cuanto más traumática y aterradora sea la supuesta experiencia, mayor será la posibilidad de una buena recompensa económica.

En efecto, existen aquellos que, afirmando haber sido bombardeados por lo demoníaco, han convertido sus supuestas experiencias de apariciones y posesiones en lucrativas ofertas de libros, películas y otros medios que tienen potencialmente el poder de producir grandes cantidades de dinero, a costa de paralizar y dejar perplejo a un determinado sector del público. Sin embargo, para ser justos sobre esto que acabo de señalar, habría que decir que hacer dinero en sí mismo no es necesariamente un problema, el problema surge cuando en el afán por hacer dinero se añaden adornos, inexactitudes, o se hacen historias fabricadas. Con independencia de la motivación, una vez que alguien convierte su historia en un libro o una película, es seguro que algunos críticos se mostrarán inmediatamente escépticos ante las afirmaciones de esa persona.

Por estas razones, entre otras, siempre he cubierto esas historias con extrema precaución, tratándolas como lo que son: afirmaciones y experiencias personales. El papel de un periodista es descubrir y transmitir historias, no imbuirlas con los propios puntos de vista o inducir a los lectores a aceptar o negar los relatos.

Se trata de arrojar luz sobre historias atractivas de personas que afirman haberse enfrentado a algo inesperado y poco común y, en el proceso, examinar sus experiencias con tanta diligencia como sea posible. Y ahí es donde historias como la de Cranmer adquieren especial interés. En el proceso, hablé con otros que estaban familiarizados con su supuesta prueba demoníaca, y lo que supe fue fascinante.

Después de varias conversaciones, no encontré a nadie que disputara las afirmaciones de Cranmer; por el contrario, las personas con las que hablé corroboraron todo lo que dijo sobre la supuesta infestación; este fue otro elemento de la historia que me dejó bastante conmocionado. Entonces, ¿qué era, exactamente, lo que Cranmer decía haber experimentado? El expolítico de Pensilvania afirmaba que él y su familia habían sido víctimas de algo que algunos cristianos llaman «infestación».

La definición básica de infestación nos da una idea de su naturaleza. Si traducimos el término del diccionario Merriam-Webster, vemos que infestación significa «propagarse o formar enjambre de una manera problemática», con una definición secundaria que dice «vivir en o como un parásito».[3] Por lo tanto, bien se podría usar la definición de infestación para describir una situación en la que una persona, o un lugar están siendo atacados o inundados por fuerzas demoníacas.

Y así es, exactamente, como lo interpreta Cranmer; para él, el caos familiar estalló después de que él, su esposa y sus hijos se mudaron a la casa de sus sueños de toda la vida. El *Pittsburgh Post-Gazette* lo describe de la siguiente manera:

> Dijeron que vieron sangre correr por las paredes y escucharon golpes en las paredes y pasos misteriosos en los pasillos. Los miembros de la familia se han despertado con misteriosos rasguños en las piernas o han dicho que el demonio los ha empujado o los ha hecho tropezar.[4]

Según los informes, la experiencia se volvió tan horrible que la familia acudió a los líderes religiosos y comenzaron a realizar servicios de liberación dentro de la casa.

El elemento más curioso del caso, aparte de las afirmaciones de actividad demoníaca sobrenatural, ha sido la disposición de Cranmer para hablar públicamente, sobre todo tomando en consideración su calidad de político conocido y líder empresarial.

El riesgo al que se exponía al abordar abiertamente su experiencia no me pasó desapercibido en ese momento y sigue siendo un elemento interesante de su historia.

«Todo este asunto es extraño. Es una locura», me dijo Cranmer en una entrevista que le hice para este libro, «pero a los escépticos, a los incrédulos, y a quienesquiera que sean, les digo que esto sucedió y que todo es verdad. ¿Quiere creerlo? ¿No quiere creerlo? Eso depende de usted. Pero es verdad».

Cranmer se sumergió profundamente en las raíces de su aterradora experiencia, la que dijo haber comenzado décadas atrás cuando se enteró de que la casa en Brownsville Road, Pittsburgh, estaba a la venta. Él, que había crecido en ese sector, siempre había admirado aquella casa. Un día, cuando salió al mercado, su madre, una corredora de bienes raíces jubilada, se lo hizo saber. Él se puso eufórico y comenzó los trámites para comprarla.

Sin embargo, algo extraño sucedió cuando él y su esposa fueron a ver la casa. «Teníamos a dos de nuestros hijos con nosotros. Mi hija tenía cuatro años y mi hijo, tres. Estábamos en el sótano y nuestro hijo de tres años desapareció. Mi esposa notó que no estaba con nosotros. Inmediatamente subió y encontró al niño parado a la mitad de la escalera. Estaba temblando».

Uno de los dueños de la casa que se las estaba mostrando, se dirigió al niño con una pregunta muy extraña: «Oh, cariño, ¿qué pasa? ¿Viste algo?». A Cranmer y a su esposa la pregunta les pareció sumamente extraña. «¿Viste algo?». ¿Qué podría haber visto el niño?

A pesar del extraño incidente, la compraron. Era el año 1988. Tiempo después, Cranmer recordó haberle preguntado al dueño si había algún problema con la casa. «Su respuesta fue extraña, porque no hizo referencia a mi pregunta sobre si había algún *problema*. Me dijo: "Oh, no. Hemos celebrado misa en la sala de estar dos veces. La casa está bien"».

Para Cranmer celebrar misa católica en la sala de estar de una casa era algo extraño. Pero se encogió de hombros y no le dio mayor importancia. La familia procedió a mudarse a la casa de sus sueños.

Dijo que, desafortunadamente, pasaron pocas semanas antes de que comenzaran a ocurrir cosas extrañas. Lo primero, que fue algo relativamente insignificante, tuvo que ver con una cadenita de esas que cuelgan junto a un bombillo, y que sirven para encenderlo y apagarlo, que había en un vestidor debajo de una escalera.

«Cuando entré y quise encender la luz, no pude dar con la cadenita. La encontré enroscada en el bombillo. Pensé que a mi esposa se le habría quedado así, pero cuando se lo comenté me dijo que ella no había entrado a ese vestidor. Al salir, dejé la cadenita en su posición correcta. Y más tarde volví al vestidor para verificar su posición y la encontré, nuevamente, enroscada en el bombillo». El problema persistió hasta que Cranmer la ató a un cordón y este a un perchero.

«Así fue como comenzó una serie de acontecimientos aparentemente inofensivos que sucederían de forma regular y que no parecían amenazadores», dijo. «No obstante, sabíamos que había un espíritu en la casa».

Poco después de haberla comprado, Cranmer dijo que habían llevado a un sacerdote a la casa para que la bendijera, y algo extraño sucedió cuando el sacerdote se acercó a la habitación de su hijo de tres años.

«El niño no dejó entrar al sacerdote. No le dimos mayor importancia al incidente. El sacerdote roció agua bendita en la puerta y seguimos hacia otro lugar de la casa. Años después, me enteré de que [un] médico había usado esa habitación para practicar abortos... había mucha muerte en esa habitación; y los dueños anteriores nunca la habían usado como dormitorio».

A medida que pasaba el tiempo, Cranmer dijo que lo que fuera que había en la casa comenzó a impactar profundamente a la familia, con crisis nerviosas y disfunción abundante. La bendición inicial no había podido detener la marea de hechos extraños que vendría en los años siguientes.

Alrededor del año 2000, la situación alcanzó un punto álgido. «Las cosas volaban por el aire», dijo. «Todos estábamos afectados y esta cosa llegó a un punto en que los muebles de la casa empezaron a deslizarse sin ton ni son. Era una locura».

Cranmer apuntó que no está seguro de qué cambió dentro de la casa, pero que la intensidad de la situación lo hizo salir a buscar ayuda. Por desgracia, su pastor bautista en ese tiempo no quiso tener nada que ver con la situación. «Le dije: "Estoy lidiando con algunas cosas muy malas en mi casa. Necesito ayuda"». Pero el pastor no le creyó; así que acudió a su amigo, el entonces alcalde de Pittsburgh para que le ayudara a conectarse con la Diócesis de Pittsburgh. Con eso, se dio inicio a un largo esfuerzo por limpiar la casa.

«Por ese entonces ya todo estaba trastornado», dijo Cranmer. «Absolutamente todo».

Él no tiene dudas de que las fuerzas demoníacas en su casa afectaron profundamente la salud mental de su familia, con dos de sus hijos entrando y saliendo de hospitales psiquiátricos. Mientras tanto, los fenómenos físicos los aterrorizaban. «[Había] cosas locas todos los días: muebles que cambiaban de lugar, cuadros en las paredes vueltos al revés».

«Me despertaba por la mañana y en la cómoda encontraba todo cambiado: las cosas alineadas y puestas al revés, lo que había dejado en un lugar aparecía en otro. Era como si estuviéramos viviendo con el hombre invisible».

Dijo que la familia quiso ver la película *La pasión de Cristo*, de Mel Gibson, para tratar de expulsar de la casa las fuerzas espirituales. Cuando quisieron echar a andar el reproductor, encontraron que estaba desconectado y el DVD afuera. Y los problemas no terminan ahí. Cranmer agregó que la entidad espiritual que habitaba la casa producía un hedor terrible; además, uno de los hijos dijo haber visto una figura en forma corporal, describiéndola como «una mujer con cabello largo y negro y un vestido negro como una monja». También había una misteriosa sustancia roja que aparecía en charcos en el piso de la casa y en las paredes, reflejando el lanzamiento de agua bendita.

Sin embargo, quizás la parte más extraña de la historia sea la que está relacionada con un área debajo de los escalones de la casa, un lugar que Cranmer describió como completamente cerrado con paneles de yeso, con «ni siquiera una grieta» en el espacio de la abertura. Dijo que el lugar había sido amurallado en 1909.

Esta área, en el medio de la casa, se creía que era un centro de enfoque para la entidad demoníaca. Un equipo especializado abrió un agujero en el panel de yeso; dentro del área previamente cerrada encontraron varias cosas.

«Había varias piezas de lego de mi hijo y también unas cartas bastante extrañas. Había el esqueleto de un pájaro y un trozo de ámbar». La forma en que estos artículos encontraron su camino a través de una pared cerrada dejó a Cranmer y su familia absolutamente perplejos. Estos problemas cada vez más intensos persistieron durante más de dos años, desde finales de 2003 hasta 2006. Cada siete a diez días, sacerdotes fueron a la casa en un intento por detener el caos. Pero después del primer año, la situación empeoró.

Cranmer dijo que su enfoque comenzó a cambiar y que él y su familia optaron por empezar a burlarse de aquella entidad, diciéndole, «en el nombre de Jesús», que tenía que irse porque ellos, es decir, la familia no pensaba dar marcha atrás. Con el tiempo, aquel poder pareció disminuir; sin embargo, no fue hasta 2006 que la Iglesia católica supuestamente llevó a un exorcista, y se desarrolló el enfrentamiento final y la expulsión. La familia celebró una misa en el sótano de la casa, donde la entidad parecía estar confinada.

A partir de ahí, Cranmer dijo que los problemas disminuyeron, aunque en los años siguientes hubo algunos acontecimientos aleatorios que estuvieron apareciendo aquí o allá. Cada vez, él luchó y se estresó, temiendo que la entidad demoníaca regresara. «El exorcista dijo que durante un tiempo andarían todavía por ahí, tratando de volver. Algunas cosas sucedieron durante varios años, pero cada vez eran menos».

Cranmer, que todavía vive en esa casa, cree que ya está limpia. Con independencia de la reacción de la gente ante esta historia, hay una cuestión importante que vale la pena considerar. Si estos detalles son ciertos y una fuerza demoníaca estaba dentro de la casa, ¿cómo llegó allí? ¿Qué le otorgó a ese demonio los derechos legales para hacer lo que estaba haciendo dentro de la casa? Cranmer tiene algunas teorías.

Mientras exploraba la historia de la casa, dijo que encontró una plétora de detalles extraños sobre acontecimientos pasados y habitantes, historias siniestras que él cree que podrían haber sido un catalizador de todo lo que él y su familia experimentaron; en su búsqueda se había topado con información sobre el médico abortista mencionado que, según los informes, realizó procedimientos dentro de la casa. Además, se enteró de otra historia relacionada con el asesinato allí, a finales del siglo XVIII, de una madre y sus tres hijas.

Comenzó a investigar en los Archivos Nacionales y descubrió que en la era posterior a la Guerra Revolucionaria hubo importantes disputas y sublevaciones entre los nuevos estadounidenses y los estadounidenses nativos. En una carta que encontró escrita por el comandante Isaac Craig al Secretario de Guerra Henry Knox, fechada el 31 de marzo de 1792, le decía lo que estaba pasando;[5] que los indios estaban al otro lado del río y que necesitaba más tropas y más hombres. Y para enfatizar lo mal que estaban las cosas, en las últimas dos oraciones le decía que a solo unos kilómetros del Fuerte, una madre y sus tres hijos habían sido asesinados por los indios.

Según cuenta la historia, la mujer y sus tres hijas fueron enterradas en la propiedad donde se encuentra actualmente su casa. Así que Cranmer se dispuso a tratar de encontrar pruebas físicas, para lo cual contrató a la Ground Penetrating Radar Systems Inc., una empresa de radares que se dedica a la penetración terrestre, y los resultados lo dejaron atónito.

Cranmer dice: «Efectivamente, a dos metros de profundidad, me mostraron que hay los contornos de cuatro cuerpos, uno grande y tres más pequeños». Cree que se trata de la madre y sus tres hijos a que hace referencia el comandante Craig en su carta. [6]

Cranmer ahora cree que aquellos supuestos asesinatos, además de los abortos que se dice tuvieron lugar dentro de la casa entre los años 1920 y 1930, atrajeron el mal.

Es posible que las afirmaciones de Cranmer parezcan extrañas e increíbles para algunas personas, lo que nuevamente hace que uno se pregunte por qué decidió relatar todas estas cosas, en especial a la luz de su estatura como un conocido político de Pensilvania. Él dice que, en un principio, dudó en hacerlo pero que luego sintió que era importante contar su experiencia.

«Simplemente respiré hondo y dije: "Dios, si esto es lo que quieres que haga, lo haré"», dijo.

El costo de hablar sobre algo así es ciertamente elevado, a pesar del valor monetario que pudiera generar cuando la historia produce libros y películas. Además del daño general a la reputación, existe el riesgo de ser difamado públicamente, que se cuestione su cordura o que se ponga en duda la veracidad de su historia.

En torno a esto, resulta interesante que algunas personas que habían vivido en esa casa antes de que los Cranmer la compraran han declarado públicamente que cuando vivieron allí no experimentaron ningún problema sobrenatural. Dos familias le dijeron al *Pittsburgh Post-Gazette* que las afirmaciones de Cranmer sobre las experiencias paranormales que supuestamente habían enfrentado familias que habían vivido allí antes que ellos se basaban en supuestas conversaciones con sus padres ya fallecidos.[7]

Karen Dwyer, por ejemplo, vivió allí durante siete años en las décadas de 1950 y 1960 después de que su madre se divorciara y se mudaran con los padres de esta, pero que nunca nadie de su familia había hecho referencia a actividades paranormales; otros miembros de la familia de Dwyer corroboraron sus declaraciones. En declaraciones a la *Gazette*, Karen dijo: «Mi madre nunca dijo nada sobre la casa embrujada. Mi abuela nunca dijo nada sobre la casa embrujada. Y mi abuelo nunca dijo nada sobre la casa embrujada».[8]

Michael Joyce, que vivió en la casa desde los cinco años hasta los catorce, cuando sus padres la vendieron a los Cranmer, dijo que él tampoco tenía «evidencia de algo como lo que el señor Cranmer afirmaba que había sucedido en la casa».[9] Por supuesto, las afirmaciones de Karen Dwyer y de Michael Joyce afectan la credibilidad de los relatos de Cranmer. Con independencia del debate en torno a las supuestas infestaciones de Cranmer, algunos expertos, como el pastor Chad Norris, afirman que lugares físicos, no necesariamente personas, pueden ser profundamente afectados por lo demoníaco.

«Lo que sucede es que hay personas que colaboran con lo demoníaco en la Tierra [y] que eso lo atrae a lugares específicos», dijo Norris. Cuando se le preguntó si casos similares al de Cranmer, en que personas han desarrollado una intensa actividad maligna, pueden hacer que los demonios permanezcan en ese lugar, Norris respondió afirmativamente.

Otros, como el reverendo Benjamin McEntire, también se refirieron a la prevalencia de la infestación, algo que, dijo él, es «extraordinariamente común» y más frecuente que la posesión total. «He hablado con varios exorcistas con carreras muy largas... y todos dijeron que era algo rutinario ocuparse de lugares infestados», señaló, «pero solo hablaron de un puñado de casos que podían cumplir con los estándares de posesión en el transcurso de sus carreras como exorcistas».

Por supuesto, uno puede preguntarse qué podría predisponer un sitio en particular a situaciones como la relatada por Cranmer. El caso de Cranmer, en cuanto catalizador, pareciera centrarse en el supuesto trabajo de un médico especialista en abortos y en el asesinato de una familia . Para McEntire el ocultismo es una causa muy común de infestación.

«Un sitio que se haya utilizado para un culto pagano es otro catalizador», dijo. «Y en un sitio dedicado en forma regular, digamos, al tráfico de drogas, esperaría que haya una infestación persistente». Añadió que es una buena idea «orar» en lugares como habitaciones de hotel, ya que las actividades que pudiesen desarrollarse allí podrían abrir puertas a infestaciones que permanezcan en el lugar afectando a nuevos huéspedes.

En cuanto a formas para enfrentar problemas espirituales provenientes de supuestas infestaciones, McEntire cree que hay soluciones que van desde pronunciar simples bendiciones y oraciones específicas, hasta tácticas que son más profundas. «Para aquellos de trasfondos sacramentales, como anglicanos y ortodoxos, celebrar la Eucaristía en esos lugares también puede tener un efecto positivo contra la presencia demoníaca en ese lugar», apuntó.

Muchos pastores y teólogos están de acuerdo en que uno de los errores comunes que cometen las personas cuando sospechan que existen problemas espirituales en sus hogares es recurrir a cazadores de fantasmas, psíquicos y otros supuestos expertos espirituales. McEntire advierte directamente contra esta práctica. «Muchas de las personas que se involucran en esta actividad en realidad tienen trasfondo ocultista y lo que hacen es fortalecer la presencia de los espíritus malignos que habitan en esos lugares».

Las opiniones de McEntire son ciertamente motivo de reflexión, y hay innumerables historias que reflejan la supuesta experiencia de Cranmer.

Las historias de Robbie, la de la familia Ammons y la de Cranmer son tres historias de lo demoníaco entre un mar de otras experiencias similares, y garantizan una comprensión más profunda de cómo son realmente los exorcismos, la liberación y los recursos espirituales.

Con independencia de la posición de cada uno frente a estas hipotéticas luchas espirituales, deben plantearse algunas preguntas importantes: ¿cómo se tratan estos fenómenos en nuestro mundo moderno y quiénes son las personas que participan en tales actividades?

Pero antes de que lleguemos allí, tal vez haya una curiosidad más apremiante. ¿Qué dice la Biblia sobre estos temas espirituales?

PARTE DOS

LO QUE DICE LA BIBLIA

4

Naturaleza e impacto de Satanás

«Satanás, al igual que sus secuaces, es una fuerza poderosa y potente...». El maestro de la Biblia Hank Hanegraaff no se anduvo con rodeos cuando expuso sus puntos de vista sobre el impacto del diablo en nuestras vidas, y señaló que la guerra espiritual es realmente «la batalla por la mente».

Dijo que es como si Satanás se sentara sobre nuestro hombro y nos susurrara al oído, tratando de modificar o transformar nuestros pensamientos.

«El susurro no se puede escuchar con los oídos físicos, pero sí puede penetrar en el oído de la mente», señaló. «Y, por lo tanto, la batalla por la mente es una batalla contra los pensamientos intrusivos, las preocupaciones ansiosas y ociosas que Satanás nos impone».

Estas ideas no son meras invenciones o caprichos humanos, y Hanegraaff no es el primero en sostenerlas. De hecho, la Biblia tiene mucho que decir sobre la naturaleza de Satanás y sobre su impacto en nuestro mundo.

A pesar de la inclinación de la cultura contemporánea a rehuir el tema sobre la influencia demoníaca en el mundo, las Escrituras dejan en claro que desde la caída de Satanás se ha venido librando soterradamente una batalla espiritual entre el bien y el mal.

La Biblia lo enmarca como una lucha diabólica que no puede ser vista por el ojo humano, pero que, en ocasiones, puede sentirse y experimentarse de manera palpable a través de los desgarradores acontecimientos que se desarrollan en nuestras vidas individuales y colectivas. Pero ¿qué podemos saber sobre esta lucha? Para el cristiano, la Biblia sirve como punto de partida, ofreciendo verdades destinadas a ayudar a los creyentes a comprender los elementos esenciales de la vida y la práctica espiritual.

> Las Escrituras dejan en claro que desde la caída de Satanás se ha venido librando soterradamente una batalla espiritual entre el bien y el mal.

Es allí, en las Escrituras, donde se puede comprender la naturaleza de estos males. Efesios 6 ofrece algunas descripciones sorprendentes de lo que la Biblia afirma que se está desarrollando en el ámbito espiritual, ya que el texto anima a los seres humanos a ponerse «toda la armadura de Dios» para que podamos «hacer frente a las artimañas del diablo» (v.11).

Estas referencias son reveladoras en el sentido de que tocan algunos puntos importantes sobre la cosmovisión cristiana: hay un enemigo astuto que tiene la capacidad de engañarnos, pero Dios nos da el poder de rechazar las fuerzas diabólicas del maligno.

«La Biblia nos dice que estamos en una batalla con el mismo Satanás», afirmó el doctor Michael Brown en una entrevista que le hice para este libro. Y agregó: «La Biblia nos dice que no estamos luchando contra carne y sangre, sino contra poderes demoníacos que operan de manera sistemática y coordinada. Ser sobrio, por lo tanto, significa reconocer la realidad del reino espiritual».

Vemos esta dinámica explicada en el texto bíblico, en la forma de una descripción conmovedora de la oscuridad que se desarrolla debajo de la superficie, una dinámica que a menudo fluye hacia el mundo que nos rodea y que debería, desde un sentido bíblico, acercarnos más a Dios.

Efesios 6:12 dice: «Porque nuestra lucha no es contra seres humanos, sino contra poderes, contra autoridades, contra potestades que dominan este mundo de tinieblas, contra fuerzas espirituales malignas en las regiones celestiales». Y el versículo 13 añade: «Por lo tanto, pónganse toda la armadura de Dios, para que cuando llegue el día malo puedan resistir hasta el fin con firmeza».

Es con el «escudo de la fe» que podemos «apagar todas las flechas encendidas del maligno» (v. 16). En estos versículos habría mucho que analizar, pero incluso el crítico más ardiente haría bien en tratar de comprender lo que, desde una perspectiva cristiana, afirma la Biblia. La idea de que las fuerzas demoníacas y diabólicas están activas, aunque no podamos verlas, no es nada nuevo, influyen en todo y tienen un impacto directo en nuestras decisiones personales y en nuestros movimientos sociales y políticos. Efesios 6 parece capturar esa dinámica y al mismo tiempo ofrece una advertencia a toda persona que diga creer en el Todopoderoso: que esté en guardia.

Todo esto se reduce a la necesidad de comprender, desde una perspectiva bíblica, el carácter de Satanás y su papel, no solo en la historia humana, sino también en los asuntos contemporáneos. Como me dijo Brown, la Biblia describe a Satanás como «asesino y mentiroso» que está en total rebelión contra Dios. Esa descripción por sí sola es increíblemente instructiva.

Siempre citando a Brown: «En él no hay nada bueno... su objetivo es destruir a los seres humanos. Su objetivo es contaminar el nombre de Dios. Su objetivo es presentarnos algo que se ve tan bien, pero al final es la muerte más absoluta. Está asociado con todo en el lado equivocado, con la oscuridad, con la muerte, con el mal, con el odio, con la mentira, con la violencia. Este es quien es. Eso es lo que lo motiva y lo mueve».

Brown, que resume a Satanás como «diabólico y extremo», agrega que él cree que este es el método más penetrante del diablo porque atacar a Dios es apuntar a los seres humanos para tratar de separarnos del Señor. «Diabólico es la palabra de la que obtenemos diablo», señala. «Y él es inteligente y es astuto y es implacable con un ejército de demonios dispuestos a destruir».

Para comprender mejor lo que el cristianismo enseña sobre el diablo, podemos mirar la narrativa de la Biblia que está llena de afirmaciones centenarias sobre Satanás y su naturaleza.

Los orígenes de Satanás

A través de las Escrituras, a Satanás se le describe comportándose de varias maneras, con historias y descripciones que ofrecen una lente humana a su naturaleza diabólica. Algunos biblistas ven diferencias notables en las formas en que se presenta a Satanás en el Antiguo y el Nuevo Testamento. Para el doctor Shane Wood no hay suficiente información sobre el diablo en el Antiguo Testamento, al menos no tanto como cabría esperar. En su opinión, en el Antiguo Testamento la satanología está «sorprendentemente ausente».

«No es constante; es decir, se le ve… a borbotones, a veces dramáticamente, como en Job, donde los capítulos 1 y 2 ofrecen un momento único en el que Satanás incluso dialoga con Dios», dijo. «Pero en el Antiguo Testamento, simplemente no se obtienen muchas referencias a él».

Wood dijo que durante los aproximadamente cuatrocientos años que constituyen la brecha entre Malaquías y Mateo hay algunas referencias clave para la comprensión de Satanás. Durante este tiempo, la literatura judía (intertestamentaria) pareció sumergirse más profundamente en estos temas. Y lo dice de esta manera: «En el lapso intertestamentario de los cuatrocientos años que es la brecha entre el Antiguo y el Nuevo Testamento, la literatura judía tiene algunos desarrollos bastante claros de angelología, e incluso de demonología y satanología. Una vez que llegamos al Nuevo Testamento, sin embargo, la figura de Satanás se hace mucho más sólida».

Wood tiene cuidado en advertir que esta diferencia entre el Antiguo y el Nuevo Testamento no tiene nada que ver con algún tipo de evolución de la verdad o fabricación de la realidad, sino que, en cambio, indica que la verdad fue revelada y comprendida cada vez más por los seres humanos a medida que pasaba el tiempo. «No creo que esto sea nada más que mitología convertida en una forma más lúcida en el Nuevo Testamento. Es una revelación».

El pastor y autor Lucas Miles de Indiana se hizo eco de estos sentimientos señalando una dinámica importante que la gente debe considerar al intentar comprender el cristianismo: la fuente de algunos de los detalles más populares que rodean a Satanás. «Primero, tenemos que reconocer que la mayoría de lo que creemos saber sobre Satanás y lo demoníaco, como de la opresión demoníaca, proviene más de la historia de la iglesia, y de libros como *El paraíso perdido* de Milton o *Infierno*, de Dante Alighieri, que de las Escrituras», dijo. Y agregó: «Mucho de lo que se propaga no es más que tradición, en lugar de erudición bíblica, o incluso de estudios bíblicos a nivel devocional».

Desde un punto de vista integral y sobre la base de datos fidedignos, la información que circula debería ser importante para cristianos y no cristianos por igual, en especial si se quiere llegar a tener una descripción del mal teológicamente precisa. En lugar de recurrir a los libros de ficción, a las películas y a la cultura imperante, estos expertos señalan que debemos sumergirnos en las Escrituras para comprender lo que definitivamente debemos saber sobre el diablo.

Para empezar, la Biblia nos dice que Satanás es un engañador y mentiroso que habitualmente crea, provoca y perpetúa la confusión. Apocalipsis 12:9 afirma que Satanás «engaña al mundo entero », y 1 Juan 3:8 dice que «el diablo ha estado pecando desde el principio», y que Jesús vino a «destruir las obras del diablo».

Estos son algunos de los otros lugares donde encontramos una idea del carácter diabólico de Satanás:

- El diablo es un «enemigo» que «ronda como león rugiente» (1 Pedro 5:8).
- Satanás trama «artimañas» (Efesios 6:11).
- Es un «tentador» (Mateo 4:3 y 1 Tesalonicenses 3:5).
- Satanás es el «príncipe de este mundo» (Juan 12:31).
- El diablo es un engañador que «cegó el entendimiento de los incrédulos» (2 Corintios 4:4, RVR1960).
- Ejerce su poder «en los que viven en desobediencia» (Efesios 2:2).
- Satanás es un «acusador» (Apocalipsis 12:10).

Es interesante que Juan nos dice que los planes del diablo comenzaron desde el «principio», y solo se necesitan tres capítulos al comienzo de Génesis para que veamos al diablo engañando, provocando confusión e influyendo negativamente en la humanidad. En Génesis 2 leemos que Dios puso a Adán y Eva en el jardín del Edén, les dijo que podían comer de cualquier árbol siempre y cuando no comieran del árbol del conocimiento del bien y del mal, y les advirtió que si lo hacían, ambos «ciertamente morirían» (v. 17).

Se sabe que Adán y Eva fueron engañados por el diablo, que se les presentó como una serpiente (curiosamente, Apocalipsis 12 también se refiere a Satanás como «aquella serpiente antigua que se llama Diablo y Satanás» (v. 9). Fue la serpiente la que los llevó a la tentación y, a su vez, catapultó a la humanidad al pecado.

Génesis 3 describe a la serpiente como «más astuta que todos los animales del campo que Dios el Señor había hecho» (v. 1). El diálogo entre Satanás y Eva antes de la caída también es bastante revelador, ya que vemos al diablo poniendo en duda la orden de Dios de que ella y Adán debían abstenerse de comer del fruto prohibido. «¿Realmente Dios dijo: "No deben comer de ningún árbol del jardín"?», preguntó Satanás.

La pregunta era deliberadamente engañosa, con trampas incrustadas en su misma formación. A modo de respuesta, Eva explicó que ella y Adán eran libres de comer de los árboles del huerto, pero que no les era permitido comer del árbol del conocimiento del bien y del mal.

Es aquí donde la manipulación de Satanás se revela por completo. Esto ocurre cuando le dice a Eva que no morirían y procedió acto seguido a meter una idea en su cabeza: que ella y Adán más bien llegarían a ser como Dios. De manera irónica, es esta misma idea: la noción de que las personas son las árbitras y controladoras de sus propias vidas y destinos, y que pueden decidir qué es correcto, incorrecto y permisible, lo que ha plagado a la humanidad desde los albores de la creación. Esta inclinación por querer ser como Dios es algo de lo que Satanás se aprovechó, mientras manipulaba la verdad para dar a luz una amalgama de intriga y desconcierto.

«Dios sabe muy bien que, cuando coman de ese árbol, se les abrirán los ojos y llegarán a ser como Dios, conocedores del bien y del mal», respondió la serpiente (Génesis 3:5). Y eso fue todo lo que hizo falta. Eva de pronto vio la comida intocable como agradable y «deseable para adquirir sabiduría» (v. 6), así que la comió y le dio a su esposo, que también comió.

La Biblia nos dice que este acto, creado y arraigado en el engaño de Satanás, transformó a la raza humana y puso a la creación en camino de necesitar un redentor.

Con independencia de lo que la gente crea sobre el incidente antes mencionado, la historia describe la primera interacción de la humanidad con Satanás y expone cómo las personas tienden a actuar cuando son sorprendidas haciendo algo desagradable o pecaminoso. Al leer el texto, podemos ver un pequeño juego de culpas que se desarrolla en el jardín una vez que Dios se hubo enterado de que Adán y Eva no habían hecho caso de su mandato. Adán le echó la culpa a Eva y Eva se la echó a la serpiente. «La serpiente me engañó», dijo (v. 13).

A partir de ahí, el resto es historia. Adán y Eva fueron desterrados del jardín, y la trayectoria de la experiencia humana cambió drásticamente. Esta es solo una de las historias bíblicas más esenciales que podemos leer para comprender mejor la naturaleza diabólica de Satanás.

Satanás acusa a Job

Juan llamó a Satanás un «acusador» (Apocalipsis 12:10), que es un concepto descriptor notable, especialmente cuando nos detenemos en la historia de Job en el Antiguo Testamento. Esta es una de las historias más conocidas de la Biblia, con gran parte de la atención centrada en las reacciones de Job ante los horribles sucesos que le sucedieron a él y a su familia.

También es, observada superficialmente, una historia confusa que genera una plétora de preguntas sobre Dios, la bondad, el dolor, el sufrimiento y el papel que juegan el poder del bien y el mal en nuestras vidas. Bible Project (el Proyecto Bíblico) quizás resume con mayor astucia el libro de Job cuando lo describe como «una de las obras literarias más sofisticadas y alucinantes de la Biblia».[1]

Entre los muchos temas y sucesos que encontramos en el libro de Job, el papel de Satanás en la historia es digno de mención, con el diablo apareciendo a solo seis versículos del comienzo del primer capítulo. Antes de la aparición de Satanás, nos enteramos de que Job vivía en un lugar llamado Uz y era «recto e intachable». Y que, además, «temía a Dios y vivía apartado del mal» por todo lo cual, según el texto bíblico, se convirtió en un blanco para que Satanás lo acusara ante Dios (Job 1:1).

Job 1:6–7 ofrece un escenario fascinante en el que los ángeles se presentan ante Dios y Satanás entre ellos. Dios le pregunta al diablo: «¿De dónde vienes?», a lo que Satanás responde: «Vengo de rondar la tierra, y de recorrerla de un extremo a otro».

En ese punto, Dios menciona a Job y destaca su bondad, fidelidad y naturaleza única, afirmando que no había nadie como él en la tierra. A partir de ahí, Satanás comenzó a desarrollar su plan acusatorio, usando preguntas retóricas sobre Job, asegurando que Job maldeciría a Dios si se veía despojado de las cosas buenas de su vida (v. 11).

«¿Y acaso Job te honra sin recibir nada a cambio? ¿Acaso no están bajo tu protección él y su familia y todas sus posesiones? De tal modo has bendecido la obra de sus manos que sus rebaños y ganados llenan toda la tierra. Pero extiende la mano y quítale todo lo que posee, ¡a ver si no te maldice en tu propia cara!». (vv. 9-11)

Bible Project resume las proclamaciones de Satanás de la siguiente manera:

> ¿No será posible que el comportamiento virtuoso de Job esté motivado por el egoísmo? Si Job sabe que el buen comportamiento trae bendición divina y abundancia, entonces podría tener todo tipo de razones para ser «irreprensible y recto». Si ese fuera el caso, entonces lo bueno de él no sería realmente tan bueno y, lo que es más importante, pone en duda la política básica de Dios de recompensar a quienes lo honran y lo siguen.[2]

Estas acusaciones tienen bastante profundidad. No está claro por qué, pero Dios le dio a Satanás autoridad sobre todas las posesiones de Job, aunque le prohibió que le pusiera la mano encima (v. 12).

Se sabe lo que pasó después. Job perdió a sus siervos y ovejas en un ataque de salteadores y en un incendio; se llevaron sus camellos y sus hijos e hijas murieron en un vendaval. Pero aunque Satanás lo acusó ante Dios, la Biblia nos dice que «Job no pecó ni le echó la culpa a Dios» (v. 22).

Satanás, al ser un acusador diabólico, no quedó satisfecho con la reacción de Job, así que lo vemos volviendo a Dios para encontrarse con el Señor alabando la integridad de Job a pesar de todo lo que le había sucedido. El diablo entonces le dijo que Job lo maldeciría si permitía que sufriera físicamente, más allá de las pérdidas materiales y familiares.

«¡Una cosa por la otra!», replicó Satanás. «Con tal de salvar la vida, el hombre da todo lo que tiene. Pero extiende la mano y hiérelo, ¡a ver si no te maldice en tu propia cara!» (Job 2:4-5).

Dios permitió que Satanás probara su teoría, pero que no le tocara la vida. Satanás, entonces, se apresuró en afligir a Job con «dolorosas llagas desde las plantas de los pies hasta la coronilla» (v. 7). Como resultado, Job cuestionó al Señor y aprendió una gran cantidad de lecciones. A pesar de su sufrimiento, reconoció «su necesidad de confiar totalmente» en Dios y fue «restaurado a la salud, a la felicidad y a la prosperidad más allá de su estado anterior», como lo señala GotQuestions.org.[3]

Una de las conclusiones más fascinantes de esta historia es que el pecado no siempre es el catalizador de nuestras luchas y que Dios siempre está ahí para nosotros, sin importar lo que suceda.

Los intentos de Satanás por influir en Cristo

Otra historia bíblica clave que nos ofrece una verdadera lente de los planes del diablo ocurre cuando lo vemos confrontando y probando repetidamente a Jesús en el desierto, una narración que se menciona y explica en Marcos, Lucas y Mateo.

Marcos 1 nos dice que Jesús fue bautizado por Juan el Bautista en Galilea y que «en seguida el Espíritu lo impulsó a ir al desierto» (v. 12). El texto dice que «allí fue tentado por Satanás durante cuarenta días» (v. 13).

Según los relatos que hacen Mateo y Lucas, Satanás una vez más intenta influir en alguien, solo que esta vez está tratando con la única persona verdaderamente sin pecado de la historia, como lo afirma la Biblia en Colosenses 2:9: «Toda la plenitud de la divinidad habita en forma corporal en Cristo». Es importante poner atención a este detalle: Satanás se presentó cuando Jesús había estado ayunando durante cuarenta días y cuarenta noches, tiempo en el cual no había comido nada (Lucas 4:2).

No es difícil imaginarse el nivel de hambre que Jesús debe de haber estado experimentando en esos momentos. Es algo que debe tenerse presente al considerar este pasaje en la vida de Jesús.

Sin lugar a dudas, el diablo maliciosamente quiso aprovecharse de esta circunstancia, un estado de debilidad, para intentar sacar provecho de la vulnerabilidad de Jesús. Así es que comenzó a decirle que convirtiera las piedras del desierto en pan. «Si eres el Hijo de Dios, ordena a estas piedras que se conviertan en pan» (Mateo 4:3). Jesús respondió de inmediato: «Escrito está: "No solo de pan vive el hombre, sino de toda palabra que sale de la boca de Dios"» (v. 4).

Jesús citó Deuteronomio 8:3 para repeler contundentemente la insinuación. Pero Satanás no había terminado aún porque entonces llevó a Jesús al punto más alto del templo en Jerusalén. Aquí es donde cita el salmo 91:11-12, lo que demuestra el conocimiento que el diablo tiene de la narrativa bíblica.

«Si eres el Hijo de Dios, tírate abajo. Porque escrito está: "Ordenará que sus ángeles te sostengan en sus manos, para que no tropieces con piedra alguna" (Mateo 4:6).

Jesús responde nuevamente a Satanás con las Escrituras, citando lo que dice la Biblia en Deuteronomio 6:16: «También está escrito: "No pongas a prueba al Señor tu Dios"» (Mateo 4:7). Este ir y venir culmina con Satanás llevando a Jesús a un «monte muy alto» desde donde le muestra «todos los reinos del mundo y su esplendor» (v. 8).

Es aquí donde Satanás intenta directamente que Jesús lo adore, prometiéndole la autoridad sobre todo lo que estaban viendo. «Todo esto te daré, si te postras y me adoras» le dice (v. 9).

Jesús, por supuesto, responde con una reprimenda basada en las Escrituras (ver Deuteronomio 6:13): «¡Vete, Satanás! Porque escrito está: "Adora al Señor tu Dios y sírvele solamente a él"» (Mateo 4:10).

Después de este tercer intento, la Biblia nos dice que Satanás se fue y que los ángeles vinieron a atender a Jesús. Cualquiera que comprenda el alcance y la trayectoria de las Escrituras entenderá por qué Jesús nunca cayó en la estratagema de Satanás, aunque la lección aquí es profunda: nosotros, como seres humanos, somos vulnerables y debemos estar en guardia.

Satanás en los evangelios: resumen

Las referencias a Satanás en los Evangelios arrojan luz sobre su naturaleza. En otros puntos de las Escrituras, se cita a Jesús ofreciendo detalles adicionales sobre el diablo, incluido el relato de Lucas 10 donde dice: «Yo veía a Satanás caer del cielo como un rayo» (v. 18).

Esta afirmación de Jesús llega después de que los setenta y dos discípulos que había enviado de dos en dos regresaran gozosos, diciendo: «Hasta los demonios se nos someten en tu nombre» (Lucas 10:17). Y la reacción de Jesús queda registrada en los vv. 18 al 20: «Yo veía a Satanás caer del cielo como un rayo. Sí, les he dado autoridad a ustedes para pisotear serpientes y escorpiones y vencer todo el poder del enemigo; nada les podrá hacer daño. Sin embargo, no se alegren de que puedan someter a los espíritus, sino alégrense de que sus nombres están escritos en el cielo».

El área de enfoque de Jesús aquí invita a la reflexión, ya que hace notar su autoridad y a la vez el poder que les ha dado a los discípulos. Pero les dice que en lugar de sentirse satisfechos con ese poder, los anima a que se regocijen en su salvación. Esto coincide con la anterior desestimación que hace del diablo y confirma su poder para evitar y disuadir el mal; desde una perspectiva bíblica, esa es una función también disponible para los cristianos.

La negativa de Jesús de escuchar a Satanás, así como su demanda de que el diablo lo deje, ofrece para los seres humanos ejemplos colectivos y poderosos, a la vez que conocimientos profundos. Vemos estos temas en otras áreas de la Escritura, como es el caso de Santiago, el hermano de Jesús, que recomienda a los cristianos que se sometan a Dios.

«Resistan al diablo», escribió, «y él huirá de ustedes» (Santiago 4:7).

Hay un lenguaje similar en 1 Pedro 5. Advierte que los cristianos deben proteger sus corazones y mentes, y presenta al diablo como un animal voraz que busca aprovechar los momentos más débiles de las personas.

«Practiquen el dominio propio y manténganse alerta. Su enemigo el diablo ronda como león rugiente, buscando a quién devorar», dice el versículo 8. Y el 9: «Resístanlo, manteniéndose firmes en la fe, sabiendo que sus hermanos en todo el mundo están soportando la misma clase de sufrimientos».

Las Escrituras prometen en otras áreas que Dios protegerá a aquellos que buscan rechazar a Satanás o evitar sus ataques; en 2 Tesalonicenses 3:3 proclaman que Dios es «fiel» y «él los fortalecerá y los protegerá del maligno».

Todo el arco argumental de la existencia humana y la decisión de Dios de enviar un Salvador coinciden con esta protección prometida que se ve en las Escrituras.

«En lugar de descargar su ira contra nosotros, Dios se hizo hombre y luego echó su ira contra Lucifer y contra la humanidad sobre la persona de Jesús en la cruz, de modo que pudiéramos tener autoridad sobre la opresión del enemigo...», apunta el pastor Lucas Miles. Y agrega: «... y poder caminar en autoridad como creyentes, ver que la curación se lleve a cabo y opere en el Espíritu y en todas estas cosas que suceden».

Esto nos lleva de regreso a Efesios 6:10-17, donde, de nuevo, se hace referencia al poder que se puede encontrar al ponerse «toda la armadura de Dios» en un esfuerzo por «hacer frente a las artimañas del diablo» (v. 11). Los versículos 12-17 ofrecen algunas palabras verdaderamente profundas que vale la pena traer a colación aquí:

> Porque nuestra lucha no es contra seres humanos, sino contra poderes, contra autoridades, contra potestades que dominan este mundo de tinieblas, contra fuerzas espirituales malignas en las regiones celestiales. Por lo tanto, pónganse toda la armadura de Dios, para que cuando llegue el día malo puedan resistir hasta el fin con firmeza. Manténganse firmes, ceñidos con el cinturón de la verdad, protegidos por la coraza de justicia, y calzados con la disposición de proclamar el evangelio de la paz. Además de todo esto, tomen el escudo de la fe, con el cual pueden apagar todas las flechas encendidas del maligno. Tomen el casco de la salvación y la espada del Espíritu, que es la palabra de Dios.

Parte de la comprensión de lo que dice la Biblia sobre estos temas es reconocer el impacto del mal en nuestros corazones y en nuestro mundo.

Hanegraaff afirma que Satanás y sus secuaces tratan de «confundirnos con pensamientos», poniendo en nuestras mentes ideas y fantasías que tal vez ni siquiera nos demos cuenta de que no son nuestras.

Si bien Satanás no puede leer nuestras mentes, puede influir en nuestros pensamientos.

Por lo tanto, la Biblia nos instruye que «nos pongamos toda la armadura de Dios para que podamos oponernos a los planes del diablo». Sin esa armadura, seremos víctimas garantizadas en la guerra invisible; con ella, seremos invencibles. Si abrimos la puerta a Satanás al no ponernos toda la armadura de Dios, él se sienta, por así decirlo, sobre nuestros hombros y susurra en nuestros oídos. El susurro no se puede discernir con el oído físico; sin embargo, puede penetrar a través «del oído» de la mente.

Habrá pastores y teólogos cristianos que digan que es peligroso poner demasiado énfasis en culpar a Satanás de todo, y no de manera suficiente al libre albedrío humano; sin embargo, quienes así piensen tendrían también que reconocer que descartar al diablo no encaja bien con lo que vemos en las Escrituras.

«Sí», dice el doctor Michael Brown, «tenemos que reconocer que los seres humanos somos responsables de nuestros actos. Pero cuando vemos que ocurren ciertas cosas tan horribles, tan tenebrosas, tan enfermizas, tan demenciales, tan increíbles, y escuchamos decir a las personas que las ejecutan que simplemente estaban bajo el control de algún otro ser o que hicieron lo que hicieron sin imaginarse que lo harían, habría que reconocer la mano de Satanás en todo esto».

Brown dice que da miedo ver «lo fácil que, como seres humanos, nos sentimos atraídos por las cosas oscuras», de ahí la importancia de buscar sanación y protección poderosa. «Por eso necesitamos gracia», dijo. «Por eso necesitamos al Señor Jesucristo».

Por su parte, Hanegraaff ha dicho que podemos rechazar a Satanás autoentrenándonos para «bloquear los pensamientos sucios», algo que podemos lograr a través de Cristo.

«El poder de Dios para proteger es mayor que el poder de Satanás para saquear», dijo Hanegraaff. «Por lo tanto, el énfasis en la guerra espiritual siempre está en la provisión que Dios nos ha dado para permanecer firmes y, después de todo, enfrentar firmemente los principados y potestades de las tinieblas».

Entender los «poderes de las tinieblas» a través de una lente bíblica es relativamente simple, aunque se han desatado algunos debates teológicos cuando se trata de la naturaleza de los demonios que se dice que ayudan a Satanás a cumplir su misión en la tierra.

5

¿Qué son los demonios?

Si a alguien le resulta entretenido pensar en los demonios, le convendría comprender la naturaleza de estos seres: dónde se originaron, qué son, cómo pueden manifestarse, y qué les da «derechos legales» para actuar en el reino físico.

Esta recomendación no tendría valor para alguien que descarta su existencia; sin embargo, todo cristiano, incluso si cree que los demonios y la posesión ya no son parte de nuestro mundo natural o que estaban confinados a los tiempos bíblicos, debería confrontar la realidad de su existencia y manifestación.

Esto puede ser un desafío y una búsqueda profundos. Aunque a través de la lente materialista de hoy el tema a veces se siente extraño o desconectado de nuestra realidad diaria, los encuentros con lo demoníaco descritos en la Biblia son palpablemente reales y cualquier cosa menos simbólica.

Chad Norris, pastor principal de la Iglesia Bridgeway de Greenville, Carolina del Sur, tiene en esto un punto sólido. Para él, la gente disfruta de la ignorancia sobre lo demoníaco más que de la verdad. Por las razones que sean, hay cristianos que evitan el tema y prefieren ignorar estas historias y realidades, tratándolas como vestigios de una era bíblica pasada o como realidades que simplemente preferirían no enfrentar.

Pero que haya cristianos profesos que descarten el tema de los demonios y lo estimen como mero asunto de ficción —algo que nunca ha existido verdaderamente— parecería extraño y problemático; y estaría sugiriendo la presencia de una pendiente espiritual tan resbaladiza que estaría poniendo en tela de juicio todos los demás elementos de las Escrituras. No se pueden aceptar algunos elementos de la Biblia como verdaderos y otros como falsos, y aun así seguir creyendo en la confiabilidad de las Escrituras.

Cuando leemos lo que la Biblia dice de algunas posesiones, pareciera que cada cual se enfrenta a la necesidad de hacer una elección: o las Escrituras están evocando temas y sucesos que nunca se desarrollaron y los escritores bíblicos están confundiendo enfermedad mental con enfermedad espiritual, o el reino demoníaco en realidad existe y, como tal, debe entenderse concretamente.

¿Qué tan generalizados son estos temas en la Biblia? El Nuevo Testamento menciona el término «espíritus inmundos» —enunciado que se refiere a lo demoníaco— veinticinco veces, y los demonios se mencionan veintinueve veces más a lo largo de esos textos.[1] Más específicamente, los exorcismos de Jesús se encuentran entre estas referencias que aparecen a lo largo del texto bíblico y, como exploraremos en este libro, están lejos de ser momentos simbólicos o meros episodios de lucha espiritual benigna.

Estos encuentros fueron curaciones radicales en las que la Biblia afirma que Cristo expulsó a las fuerzas demoníacas de tener lo que parece ser un control total sobre niños y adultos por igual. Las historias que leemos en la Biblia muestran el impacto peligroso, potencialmente mortal y trágico que la posesión puede tener sobre las vidas de los afectados.

Entonces, incluso si una persona piensa que este fue un fenómeno que existió exclusivamente durante el ministerio terrenal de Jesús, esas preguntas persistentes aún permanecen: ¿qué son los demonios y dónde se originaron?

En una entrevista que el doctor Michael Heiser me concedió en 2015 sobre el tema, dijo: «Puede sorprender a mucha gente que esté familiarizada con la Biblia... saber que la Biblia nunca ofrece una explicación directa sobre de dónde vienen los demonios. Mucho de lo que pensamos sobre eso se filtra realmente a través de la tradición de la iglesia».[2]

Aunque los teólogos y pastores tienen ideas divergentes cuando se trata de responder a esta pregunta clave, la interpretación básica es que los demonios son entidades diabólicas depravadas y caídas por naturaleza, un detalle de los textos bíblicos en lo que muchos expertos contemporáneos parecen estar de acuerdo.

«[Los demonios son] entidades caídas que alguna vez fueron parte del colectivo, de un colectivo celestial que adoraba la tierra, que adoraba a Dios y que, por supuesto, se rebelaron», me dijo el reverendo Sam Rodríguez.

La mayoría de los teólogos describen a los demonios como dominados por la oscuridad con una desconexión de Dios tan pronunciada que sus payasadas son inimaginablemente malvadas por naturaleza. Todo esto se basa en la decisión de separarse de su Creador y alinearse con Satanás, cuyos atributos ya hemos cubierto en detalle.

«Yo creo que los demonios son entidades inteligentes que se están alejando voluntariamente de Dios como su centro», dice el doctor Shane Wood apoyando esta posición.

Pero cuando se trata de su naturaleza más profunda, hay un poco de división. Algunos toman posiciones definitivas sobre varias teorías, mientras que otros son increíblemente cautelosos en cuanto a cómo abordan el tema y qué posición, con exactitud, están dispuestos a asumir públicamente.

«Entonces, ¿qué creo que son los demonios? A decir verdad, no sé si lo sé», dijo Wood. «¿Es posible que sean ángeles caídos? De hecho, tengo evidencia de que [algunos] ángeles están en contra de Dios en la Biblia. Hay algunos que lo están, así que no estoy en contra de eso».

Wood rechaza la idea de que los demonios sean los espíritus de las personas después de la muerte, pues no ve evidencia de esta dinámica en las Escrituras; y como veremos más adelante en este capítulo, él reconoce la existencia de otra teoría teológica: que los demonios son en realidad algo a lo que la Biblia se refiere como «nefilim».

Retrocediendo un poco, hay algunos hechos simples que podemos sacar de la Biblia que rodean la naturaleza espiritual de los demonios y las formas en que pueden manifestarse. Con independencia de si uno se acerca al tema de la posesión demoníaca como ateo, cristiano o cualquier otra cosa, las Escrituras dejan en claro que estos seres son espíritus que pueden tomar el control del cuerpo y la vida de las personas.

Para el doctor David Jeremiah, pastor de la Shadow Mountain Community Church en El Cajón, California, «los espíritus no tienen cuerpos físicos, pero pueden habitar un cuerpo e incluso múltiples espíritus pueden poseer el mismo cuerpo, como lo ilustran las historias bíblicas».[3]

Ángeles caídos como demonios

La opinión teológica más común es que los demonios son «ángeles caídos» que eligieron volverse contra Dios. El doctor Jeremiah sostiene este punto de vista, señalando que Apocalipsis 12 ofrece «pistas» sobre cómo los ángeles cayeron y esencialmente se convirtieron en las fuerzas demoníacas que vemos en las Escrituras.

«Apocalipsis 12 insinúa que un tercio de los ángeles del cielo cayó de la gracia de Dios cuando Lucifer se convirtió en Satanás», escribió el doctor Jeremiah en su sitio web. «Estos ángeles caídos también se llaman demonios. Algunos de ellos pecaron tan gravemente que Dios ya los ha encarcelado en el infierno. Otros permanecen libres, trabajando para interrumpir el plan de Dios y distraer a la gente de la verdad de Dios».[4]

Es importante notar que la referencia a los ángeles que caen del cielo y se convierten en demonios se basa en una interpretación específica de Apocalipsis 12:4. En el versículo 3 del mismo capítulo hay una referencia a un «enorme dragón de color rojo encendido que tenía siete cabezas y diez cuernos, y una diadema en cada cabeza».

El versículo 4 nos dice que «con la cola arrastró la tercera parte de las estrellas del cielo y las arrojó sobre la tierra. Cuando la mujer estaba a punto de dar a luz, el dragón se plantó delante de ella para devorar a su hijo tan pronto como naciera».

Esta porción bíblica no usa, obviamente, un lenguaje directo que hable de ángeles y/o demonios, pero el Ministerio de Apologética e Investigación Cristianas (CARM, por sus siglas en inglés) explica que hay una línea base a partir de la cual se llega a esta interpretación.[5] Según CARM, en la literatura judía a menudo se hace referencia a los ángeles, simbólicamente, como estrellas, algo que CARM señaló que sucede en Apocalipsis 1:20.[6] Ese versículo, que se refiere a la revelación de Jesús a Juan dice:

> Esta es la explicación del misterio de las siete estrellas que viste en mi mano derecha, y de los siete candelabros de oro: las siete estrellas son los ángeles de las siete iglesias, y los siete candelabros son las siete iglesias.

Esta creencia en la naturaleza de los demonios es intrigante por una plétora de razones. En el centro de la discusión está la idea de que los ángeles mismos tienen libre albedrío: la capacidad de elegir el bien y el mal e, invariablemente, la capacidad de aceptar o rechazar a Dios y a Cristo.

«En una cosmovisión bíblica, lo que tienes es que Dios crea ángeles, pero Dios crea esos ángeles con libertad libertaria. Tienen libertad para actuar o actuar de otra manera», me dijo el famoso autor y maestro de la Biblia Hank Hanegraaff, un exevangélico que se unió a la Iglesia ortodoxa oriental en 2017. «Él no los crea para que tengan que adorarlo, sino que lo adoran por su propia voluntad».

Y continuó diciendo: «En la narrativa bíblica, tienes la caída de Satanás, y Satanás se lleva a un tercio de los ángeles con él en esa caída. En otras palabras, un tercio de los ángeles, por su propia voluntad, por su propia y libre elección, buscan seguir al Príncipe de las tinieblas en lugar de al Príncipe de la luz».

En el libro de Judas vemos algunas afirmaciones en verdad estimulantes sobre los ángeles, que parecen corroborar la idea de que tienen (o al menos en un momento tuvieron) la capacidad de elegir libremente si permanecen con Dios o lo abandonan. Judas escribió sobre personas corruptas que se mezclan con creyentes, y advierte que son «impíos, que cambian en libertinaje la gracia de nuestro Dios y niegan a Jesucristo, nuestro único Soberano y Señor» (Judas 1:4).

Luego se señala que Dios liberó a su pueblo de Egipto, pero «destruyó a los que no creían» (v. 5). Sin embargo, lo que sigue en los versículos 6 al 7 nos da una idea de lo que la Biblia enseña sobre los ángeles:

> Y a los ángeles que no mantuvieron su posición de autoridad, sino que abandonaron su propia morada, los tiene perpetuamente encarcelados en oscuridad para el juicio del gran Día. Así también Sodoma y Gomorra y las ciudades vecinas son puestas como escarmiento, al sufrir el castigo de un fuego eterno, por haber practicado, como aquellos, inmoralidad sexual y vicios contra la naturaleza.

El uso del tiempo pasado cuando se trata de las decisiones de los ángeles de no seguir a Dios es estimulante. Esto plantea la pregunta:

¿podría o tendría un ángel todavía la capacidad de rechazar a Dios, o fue algo que sucedió en un momento determinado?

Uno podría meterse un poco en la madriguera de un conejo en un intento de explorar estas consideraciones teológicas, por lo que no dedicaremos demasiado tiempo a este tema específico, aunque vale la pena señalar que hay algunos estudiosos que creen que el evento descrito en Judas 1 fue esencialmente un «período de prueba» similar al tiempo que Adán y Eva vivieron en el jardín.[7]

Bajo esta cosmovisión, los ángeles eligieron en un pasado, punto fijo en el tiempo, aceptar o rechazar a Dios; los que se unieron a Satanás y a aquellos que eligieron el rechazo despreciaron ser parte de la mayoría que permaneció con Dios. Hay quienes ven la descripción bíblica de los ángeles como algo tan «santo» que debería darnos una pausa al considerar si los ángeles aún podrían decidir apartarse de Dios.

En Marcos 8:38 Jesús da categoría de «santos» a los ángeles cuando dijo: «Si alguien se avergüenza de mí y de mis palabras en medio de esta generación adúltera y pecadora, también el Hijo del hombre se avergonzará de él cuando venga en la gloria de su Padre con los santos ángeles». En algunas versiones de la Biblia encontramos un lenguaje similar en Salmos 89:5.[8]

Considerando la solemnidad del mundo *santo*, una descripción que también se le da a Cristo, la suposición aquí es que, aunque los ángeles que permanecen con Dios todavía tienen técnicamente la capacidad de pecar, es muy probable que no lo hagan. GotQuestions. org comparó esta dinámica con la propia historia de Jesús. Cristo fue tentado y tuvo la capacidad de elegir, pero nunca cayó en el pecado.[9]

Dejando a un lado este último debate, el punto principal que se debe extraer de esta discusión es que muchos pastores y teólogos cristianos creen que los ángeles caídos que eligieron abrazar al diablo se convirtieron en demonios y han estado engañando a la humanidad desde que el mundo es mundo.[10]

La otra teoría que rodea a lo demoníaco

No todo el mundo cree en el paradigma del ángel caído, y algunos postulan otras teorías sobre la naturaleza y los orígenes de los demonios. A un grupo conocido como nefilim (gigantes) se le menciona en Génesis y en Números. Génesis 6 ofrece, justo antes del comienzo de la historia de Noé, una breve descripción de estas misteriosas figuras.

Por las Escrituras nos enteramos de que después que Dios creó a los seres humanos, se desarrolló una intensa maldad en el mundo. En Génesis 6:1-4 encontramos unas descripciones intrigantes que bien podrían dejarnos con más preguntas que respuestas. Exploremos brevemente el pasaje en cuestión:

> Y aconteció que cuando los hombres comenzaron a multiplicarse sobre la faz de la tierra, y les nacieron hijas, los hijos de Dios vieron que las hijas de los hombres eran hermosas, y tomaron para sí mujeres de entre todas las que les gustaban. Entonces el Señor dijo: No contenderá mi Espíritu para siempre con el hombre, porque ciertamente él es carne. Serán, pues, sus días ciento veinte años. Y había gigantes [nefilim] en la tierra en aquellos días, y también después, cuando los hijos de Dios se unieron a las hijas de los hombres y ellas les dieron hijos. Estos son los héroes de la antigüedad, hombres de renombre. (LBLA)

Estas líneas de la Escritura han provocado bastante debate teológico. Como señaló el doctor Jeremiah, «las Escrituras no revelan muchos detalles sobre los nefilim».

Y Wood también reacciona ante algunos de los elementos extraños que rodean estos versículos, específicamente ante el término «hijos de Dios» a los cuales por ese tiempo se les mencionaba casi siempre como «ángeles». Cuando uno toma en cuenta esta opinión y pone atención en el contexto, surgen aún más preguntas.

«Eso hace que sea aún más extraño», sigue afirmando Wood, «que estos ángeles lleguen a codiciar a las mujeres y luego que sus descendientes sean los nefilim. Y entonces desaparecen de la Biblia para reaparecer en Números 13». En Números 13:33 y Ezequiel 32:27, se dan aún menos detalles.

Fuera de estas referencias, el texto bíblico guarda silencio en torno a estos nefilim, razón por la cual algunos teólogos y pastores se han negado a sumergirse de manera definitiva en un tema con el que las Escrituras no se enfrentan enérgicamente. Aun así, otros pastores y teólogos teorizan que los nefilim, y no los ángeles caídos, son en realidad la principal fuente de actividad demoníaca.

Si bien la Biblia guarda silencio sobre los nefilim, hay otra escritura que algunos usan para derivar detalles y afirmaciones sobre estas figuras: chismes informativos que se emplean como fundamento de la teoría demoníaca: 1 Enoc (también conocido como el libro de Enoc).

«Los capítulos 1 al 36 de 1 Enoc es el libro de los observadores de donde obtenemos esta... elaboración de los nefilim», afirma Wood. «Mucho se ha leído en el Antiguo Testamento. No es necesariamente que el Antiguo Testamento lo argumente, porque siempre que se lee Génesis 6:1-4... es ambiguo».

Desde una perspectiva cristiana, existen algunos problemas notables al tomar 1 Enoc al pie de la letra y usar su contenido para elaborar teorías teológicas. No se sienta mal si no puede encontrar el libro de Enoc en su Biblia; nunca ha sido parte del canon bíblico, ya que es pseudoepígrafo, lo que significa que no está incluido en ningún canon bíblico pues no se le considera divinamente inspirado.[11]

No obstante, sí podemos encontrar al personaje Enoc en nuestras Biblias. Él fue el tatara-tatara-bisnieto de Adán, y el bisabuelo de Noé. En el capítulo 5 de Génesis se puede ver la genealogía completa,[12] pero lo que nos dice Génesis 5:21-24 es esto:

Enoc tenía sesenta y cinco años cuando fue padre de Matusalén. Después del nacimiento de Matusalén, Enoc anduvo fielmente con Dios trescientos años más, y tuvo otros hijos y otras hijas. En total, Enoc vivió trescientos sesenta y cinco años, y como anduvo fielmente con Dios, un día desapareció porque Dios se lo llevó.

Aunque Enoc es mencionado en varios lugares de las Escrituras, existen algunos acertijos serios en torno al libro. Entre ellos, está que parece haber tenido múltiples autores y no se puede rastrear hasta Enoc mismo. A pesar de que este libro nunca se ha considerado lo suficientemente confiable como para incluirlo en el canon, tuvo un impacto entre los judíos y los primeros cristianos.

Al referirse al pasaje de Génesis citado arriba, el doctor Michael Brown ha reconocido que «el libro de Enoc... fue muy venerado entre los primeros judíos —siglos I y II— e incluso antes de eso, y también por los primeros seguidores de Jesús».[13]

Brown continuó: «Aunque se le tuvo en alta estima, nunca se consideró que formara parte del canon de las Escrituras. En otras palabras, no tenía el sello divino para que fuera incluido en el canon y, por lo tanto, ser aceptado por la comunidad de creyentes como auténticamente inspirado».[14]

Si alguien busca evidencias de que los primeros cristianos no solo tenían conocimiento del libro de Enoc, sino que también estaban profundamente intrigados por su contenido, no busque más allá de Judas, el hermano de Jesús y autor del libro titulado con su nombre en el Nuevo Testamento. Solo unos pocos versículos después de que Judas escribiera acerca de los ángeles que abandonaron su lugar de autoridad, citó de Enoc:

También Enoc, el séptimo patriarca a partir de Adán, profetizó acerca de ellos: «Miren, el Señor viene con millares y millares de sus ángeles para someter a juicio a todos y para reprender a todos los pecadores impíos por todas las malas obras que han cometido, y por todas las injurias que han proferido contra él». Estos individuos son refunfuñadores y criticones; se dejan llevar por sus propias pasiones; hablan con arrogancia y adulan a los demás para sacar ventaja. (Judas 1: 14-16)

Antes de profundizar en el análisis de los nefilim debemos confrontar una interrogante: por qué, si el libro de Enoc no es en sí mismo lo suficientemente confiable como para ser considerado un elemento básico viable en el canon bíblico, Judas lo cita, y por qué esa cita ha quedado perpetuada en las Escrituras.

Es comprensible que esto haya llevado a algunos a postular que quizás el libro de Enoc debería tener más peso bíblico del que tiene. Considerando lo que dice este texto pseudoepigráfico acerca de los demonios y la guerra espiritual, este es un punto digno de mayor exploración. Para Brown, Dios claramente decidió no incluir el libro de Enoc en el canon bíblico y ofreció algunas advertencias importantes que vale la pena considerar en torno al uso que hace Judas de la referencia que hemos incluido más arriba.

«Que se cite algo no significa que esté totalmente inspirado», dice Brown. «Podría ser solo una línea en particular a la que se hace referencia como precisa o verdadera, o simplemente un punto de referencia».[15] Se podría concluir, como señala Brown, que es muy posible que las palabras reales de Enoc se transmitieran de generación en generación y se incluyeran en el libro de Judas sobre la base de la tradición oral. Pero usar la mera presencia de los comentarios de Enoc en el Nuevo Testamento para justificar el libro de este en su totalidad es ideológica y teológicamente problemático.

«Definitivamente, Enoc no es el autor de todo el libro, aunque quizás algunos de sus dichos se hallan conservado en él en la forma en que Judas los cita», argumenta Brown. «Pero no es parte de la Biblia porque Dios nunca tuvo la intención de que lo fuera».[16]

Es interesante que Judas también menciona una historia sobre el arcángel Miguel disputándose con el diablo el cuerpo de Moisés, relato que vuelve a aparecer en el Testamento de Moisés, otra obra pseudoepigráfica mencionada por los padres de la iglesia primitiva, pero nunca incluida en el texto bíblico.

Pablo también señaló en Hechos, capítulo 17, a personas fuera de la Biblia, un aspecto que Wood usa para ilustrar que el libro de Enoc no está necesariamente respaldado, no obstante que el punto al que se hace la referencia específica es importante.

«Pablo hace eso... con poetas y filósofos griegos», dice Wood. «Entonces, no sé si necesariamente significa que, por lo tanto, 1 Enoc en su conjunto es un libro inspirado; lo que sí creo es que Judas está mirando este texto en particular y diciendo: "No, incluso en los libros no canónicos hay verdad"».

Hay mucha discusión sobre estos elementos, pero como quiera que sea, estas explicaciones sobre los textos no canónicos son útiles para comprender por qué tales declaraciones y referencias encontraron un lugar en las Escrituras.

¿Qué son los nefilim?

Con todo esto en mente, volvamos a los nefilim para comprender mejor los argumentos que algunos hacen sobre su relación con el reino demoníaco. Se ha descrito a los nefilim como «el producto de los hijos de Dios mezclándose con las hijas de Adán»[17], y Génesis 6:4 se refiere a ellos como «héroes de la antigüedad, hombres de renombre». Estas descripciones no nos dicen mucho, aunque algunos proclaman que el mismo nombre nefilim se traduce como «los caídos».[18] Otros simplemente lo traducen como «gigantes».[19]

Lo que sabemos parece apuntar a que estas figuras son gigantes y guerreros. La doctora Ellen White explicó algunas de las diversas teorías que rodean a los nefilim, con referencia particularmente a su participación en los sucesos que provocaron el gran diluvio:

Una vez se afirmó que el diluvio fue ocasionado por los nefilim, resultado del apareamiento de los hijos de Dios y las hijas de Adán, lo que hizo que los nefilim tuvieran una reputación negativa. Esa creencia tuvo su origen porque el versículo siguiente (Génesis 6:5) es la introducción al relato del diluvio y porque nefilim significa «los caídos». Sin embargo, es poco probable que esta interpretación sea correcta ya que Génesis 6:4 no ofrece más que alabanzas para los nefilim sin que se perciba crítica alguna. Además, el nombre de «caídos» probablemente sea una referencia a su paternidad divina transformándose —cayendo— en la condición humana, aunque sea una condición casi sobrehumana.[20]

Esto nos lleva de regreso al libro de Enoc, que trata de esa teoría sobre el diluvio, agregando algunos detalles nuevos y afirmaciones que no se encuentran en el texto bíblico.[21]

En una breve explicación, Megan Sauter de la Biblical Archaeology Society (Sociedad de Arqueología Bíblica) nos dice que el libro de Enoc presenta el concepto de los «vigilantes»: «Ángeles caídos que se aparearon con mujeres humanas y produjeron descendencia, los nefilim, "héroes que eran los guerreros de renombre de la antigüedad", de Génesis 6:4, o gigantes"».[22] Este libro extrabíblico indica que los vigilantes compartieron algún conocimiento con sus hijos y dañaron el mundo, introduciendo un mal intenso a lo largo de la existencia humana.[23] A su vez, estas payasadas, al menos según el libro de Enoc, provocaron el diluvio.

Se pueden ver los orígenes de la teoría nefilim emergiendo en Enoc 6:1-3, que dice:

Y sucedió que cuando los hijos de los hombres se multiplicaron, en aquellos días les nacieron hijas hermosas y atractivas. Y los ángeles, los hijos del cielo, las vieron y las codiciaron, y se dijeron unos a otros: «Escojamos mujeres de entre los hijos de los hombres y engendremos hijos».[24]

En Enoc 7, vemos esta historia intensificarse, con estos ángeles tomando esposas y teniendo «grandes gigantes» como hijos. El texto afirma que la situación pronto se volvió problemática, con los gigantes volviéndose contra los seres humanos, con Enoc señalando que ellos «devoraron a la humanidad» y «comenzaron a pecar contra aves, bestias, reptiles y peces, y a devorar la carne de los demás, y a beber la sangre».[25]

Se puede ver, entonces, cómo se utilizó esta narrativa para justificar la inundación, pero volvamos a nuestro propósito original: explicar la teoría que rodea la posesión demoníaca y los nefilim. Algunos teólogos y expertos en la Biblia han sostenido que los espíritus de los nefilim se convirtieron en las fuerzas demoníacas que muchos cristianos creen que actúan en nuestro mundo moderno.

El doctor Michael Heiser me dijo que «para lo que el Nuevo Testamento se refiere como demonios, los textos judíos entre el Antiguo y el Nuevo Testamento en realidad tienen una respuesta muy clara, y es que los demonios son los espíritus incorpóreos de los nefilim muertos de Génesis 6:1-4, los gigantes muertos de la era anterior al diluvio y también del período posterior al diluvio».[26]

Vista superficialmente, esta es una teoría extraña. Incluso teólogos como Heiser la consideran muy respetable aunque admiten que «suena un poco loca», pero la idea central detrás de esta teoría es que los nefilim alguna vez tuvieron forma corporal y que desde el diluvio han estado buscando nuevos huéspedes.[27]

Heiser ha escrito y hablado extensamente sobre la teoría de que «los demonios son los espíritus incorpóreos de los gigantes nefilim que perecieron en el momento del gran diluvio».[28] Él y otros que comparten su punto de vista teológico sobre este asunto creen que muchos pensadores cristianos han perdido las conexiones que en las Escrituras apuntan a indicaciones de que los gigantes a los que se hace referencia en el Antiguo Testamento eran de naturaleza malvada.

Heister escribió:

> Más adelante en la historia bíblica, durante los días de Moisés y Josué, los israelitas se encontraron con grupos de guerreros muy grandes llamados anaquitas. Números 13:32–33 nos dice explícitamente que los anaquitas vinieron de los nefilim. Los clanes gigantes también tuvieron otros nombres: emitas, zamzumitas y refaítas (Deuteronomio 2—3). Las guerras de conquista por la tierra requirieron la aniquilación de estos gigantes anaquitas. Por eso, Josué resumió la conquista de esta manera: «Ninguno de los anaquitas quedó en la tierra del pueblo de Israel. Solo en Gaza, en Gat y en Asdod quedaron algunos». Gaza, Gat y Asdod eran tres ciudades filisteas. Goliat, en los días de David (1 Samuel 17:4) venía de una de ellas, de Gat.
>
> La clave para comprender cómo estos gigantes fueron percibidos como demonios en el material bíblico —una idea que se centró mucho en los escritos judíos producidos después del Antiguo Testamento— es Refaim. En el Antiguo Testamento, se describe a los refaítas como gigantes caudillos de la guerra (Deuteronomio 2:8-11; 3:1-11; Josué 13:12), pero también como espíritus aterradores y siniestros sin cuerpo («las sombras») en el inframundo, llamado Seol en hebreo (Isaías 14:9; 26:14; Job 26:5). Los espíritus incorpóreos de estos gigantes estaban asociados, por tanto, con la morada de los muertos, algo que todos temían, ya que todos temían a la muerte.[29]

Mucho de esto se lee como una novela de terror, aunque los argumentos son dignos de destacar. Antes de concluir este recorrido por la historia de los nefilim, deberíamos mencionar algunos de los otros elementos del libro de Enoc que potencialmente han dado forma a esta teoría del reino demoníaco. En Enoc 15, los gigantes se describen como seres de «espíritu y carne», con una nota en el texto que señala que ahora serán llamados «espíritus malignos» y que «la tierra será su morada». Pero la descripción de su naturaleza maligna no termina ahí:

> Y los espíritus de los gigantes afligen, oprimen, destruyen, atacan, hacen pelear, y causan destrucción en la tierra, y causan problemas; no comen, sin embargo, tienen hambre y sed, y causan ofensas. Y estos espíritus se levantarán contra los hijos de los hombres y contra las mujeres, porque han procedido de ellos.[30]

No es difícil para quien lea estos fragmentos de texto establecer una conexión con lo demoníaco; sin embargo, no hay que olvidar la realidad teológica de que el libro de Enoc no forma parte del canon bíblico. Algunos, como Hanegraaff, ven todo el argumento de los nefilim como algo forzado a entrar en las Escrituras en lugar de ser una realidad implícita en el texto.

«Esta idea de híbridos demonio-humanos y todo lo que la acompaña es una imposición en las Escrituras en lugar de una extracción de las Escrituras», ha dicho.

Otros, como Norris, parecen un poco más dispuestos a vivir en el reino de la incertidumbre cuando se trata de la naturaleza exacta de los demonios. Al preguntársele si cree que son ángeles caídos o nefilim, respondió con franqueza: «No tengo ni idea».

Teniendo en cuenta que la naturaleza del origen de los demonios tiene muy poco que ver con sus acciones percibidas en el ámbito moderno, esta respuesta es fascinante y, en un nivel más profundo, refrescante.

Se podría argumentar fácilmente que el origen de los demonios es de menor importancia teológica que comprender el impacto que estas fuerzas espirituales pueden tener en los individuos y en la cultura en general.

Con eso en mente, una nota final sobre la reflexión en torno de los demonios se centra en sus habilidades. Algunas historias involucran supuestos detalles que incluyen objetos que salen volando de los estantes, hematomas que aparecen de repente en el cuerpo de las personas y otras manifestaciones físicas similares. Muchas de estas afirmaciones se basan en que estos seres espirituales tienen la capacidad de manifestarse físicamente fuera del cuerpo de una persona.

Sin embargo, Hanegraaff hizo una distinción entre la capacidad de los demonios para poseer a los no creyentes y su capacidad para manifestar o causar los acontecimientos físicos.

«En términos de lo físico, ¿los demonios pueden mordernos? ¿Pueden golpearnos en la cabeza?». La respuesta de Hanegraaff a esa pregunta sería ¡No! «Y la razón es que los demonios no son seres físicos. Son seres espirituales y, por tanto, la guerra espiritual es esencialmente la batalla por la mente».

Hanegraaff tuvo cuidado en señalar que la posesión demoníaca es «algo muy real» por lo que los no creyentes están en riesgo, pero vale la pena señalar su diferenciación sobre la capacidad de manifestarse en forma física, particularmente porque hay numerosas historias que parecen afirmar que los demonios tienen la capacidad de crear un caos físico.

Esta es una pieza más pequeña del rompecabezas teológico, pero la capacidad de comprender estas sutiles diferencias ayuda a comprender mejor el debate más amplio.

Si bien es posible especular o quedar atrapado en los hierbajos, la Biblia es clara en torno a algunas de las acciones que los demonios pueden llevar a cabo. De hecho, numerosas historias que involucran exorcismos de adultos y de niños realizados por

Jesús muestran cómo las personas se vieron trágicamente afectadas por posesión, y cómo Cristo al final entregó esperanza y
sanidad a los afligidos.

6

Jesús y la posesión demoníaca

El Nuevo Testamento nos cuenta la historia inmensamente hermosa de la llegada de Jesús a la tierra para salvar y redimir a la humanidad, marcar el comienzo en gracia y perdón, y reconciliar a la humanidad con el Todopoderoso, sucesos que los cristianos creen que constituyen el cumplimiento colectivo de las profecías mesiánicas del Antiguo Testamento.

El sacrificio de Cristo es el corazón de la fe cristiana, con su nacimiento, muerte y resurrección ofreciendo un antídoto espiritual en un mundo enfermo y atribulado. Entender plenamente ese paradigma requiere una comprensión adecuada del alcance más amplio de las Escrituras, incluido el contexto tanto del Antiguo como del Nuevo Testamento.

Una de las partes de la obra de Cristo que más se pasa por alto es la que rodea los momentos fascinantes y dramáticos en los que sanó a personas de posesión demoníaca.

Aprendemos mucho sobre la vida y el ministerio de Jesús a lo largo de la narrativa del Nuevo Testamento, pero una de las partes de la obra de Cristo que más se pasa por alto es la que rodea los momentos fascinantes y dramáticos en los que sanó a personas de posesión demoníaca.

Algunos pueden ver estas sanidades como los restos de una cultura lejana que confundió de forma errónea la aflicción mental con algo más; otros pueden ver estas historias como desarrolladas exclusivamente durante la antigüedad antes de que cesaran; y un tercer grupo es posible que vea estos relatos como ejemplos de los peligros reales de la vida espiritual y que subyacen bajo la superficie de nuestro mundo material.

Con independencia de cómo la gente quiera ver las sanidades espirituales, los momentos que Cristo eligió para expulsar a los demonios son evidentes y prevalecen en la narrativa bíblica. La prominencia y frecuencia de estas historias no solo son innegables, sino que expertos como el pastor Chad Norris creen que también son increíblemente convincentes, en especial cuando se considera la porción sustancial de sanidades que efectuó Jesús y que caen bajo la categoría de liberación.

«La ignorancia es grata. Muchos cristianos solo quieren ir al cielo cuando mueran y no tener que lidiar con estas cosas aquí en la tierra. Pero si leemos los Evangelios o Hechos, veremos que están muy lejos de nuestra experiencia actual», me dijo Norris. Y agregó: «Cuando me di cuenta de que un tercio de las historias del Señor eran de liberación, me sentí teológicamente mal y me dije: "¿Por qué no lo estoy haciendo yo?". Un tercio de sus sanidades son, en realidad, liberación de demonios. ¡Eso es un montón!».

Si nos fijamos con atención en los hechos registrados en el Nuevo Testamento nos vamos a dar cuenta de que es difícil ignorar la convicción de Norris al respecto. En Mateo 4:24 leemos: «Su fama se difundió por toda Siria. Le traían a todos los que padecían de diversas enfermedades y a los que sufrían graves dolores. También le traían a los atormentados por algún demonio, a los epilépticos y a los paralíticos, y él los sanaba» (PDT).

Este versículo no solo se refiere al hecho de que Jesús sanaba dolencias físicas, sino que iba más allá, diferenciando estas enfermedades de la «posesión demoníaca». E innumerables historias reiteran estos puntos, yendo a varios niveles de detalle para explicar el quién, el qué y el cómo del trato de Jesús con lo demoníaco.

Para el cristiano que ve la Biblia como verdad, estas historias presentan algunas preguntas fascinantes; tomadas al pie de la letra, pueden cambiar tanto el ateísmo como la obsesión con el material en sus cabezas, demandando un pensamiento y una reflexión más profundos sobre las lecciones que podemos y debemos aprender.

> Los seres humanos estamos envueltos en una batalla espiritual, un tira y afloja intangible entre las fuerzas del bien y el mal, en el que estas últimas libran una batalla contra los corazones y las mentes humanas.

Pablo nos dijo que los seres humanos estamos envueltos en una batalla espiritual, un tira y afloja intangible entre las fuerzas del bien y el mal, en el que estas últimas libran una batalla contra los corazones y las mentes humanas. «Nuestra lucha no es contra seres humanos, sino contra gobernantes, contra autoridades, contra poderes de este mundo oscuro y contra fuerzas espirituales malignas del cielo» (Efesios 6:12, PDT).

Mientras exploramos estos relatos bíblicos y las ramificaciones de jugar con fuego espiritual, el doctor Michael Heiser toca un punto esencial y estimulante que vale la pena tener en cuenta: la Biblia no necesariamente da razones específicas por las que las personas se vuelven posesas.

«No tenemos suficiente información en el Nuevo Testamento para saber por qué una persona… fue poseída», ha dicho. «Realmente no conocimos su historia. Simplemente nos enfrentamos a, bueno, a esto es que llegamos». Con eso en mente, exploremos cómo Jesús enfrentó repetidamente el mal y liberó a las personas afligidas por demonios que estaban destruyendo sus vidas.

Jesús libera a un hombre en Capernaúm

En Marcos 1 y Lucas 4 leemos de un hombre en Capernaúm al que Jesús liberó de la posesión demoníaca. El momento culminante tuvo lugar el sábado cuando Jesús estaba enseñando en la sinagoga. La gente escuchó con asombro, que el hombre «poseído por un espíritu maligno» le hizo a Jesús algunas preguntas conmovedoras (Marcos 1:23):

> ¿Por qué te entrometes, Jesús de Nazaret? ¿Has venido a destruirnos? Yo sé quién eres tú: ¡el Santo de Dios! (v. 24)

Estas preguntas son dignas de notar, ya que indican que estos espíritus sabían exactamente quién era Jesús y tenían miedo de lo que les ocurriría.

En el versículo siguiente (v. 25), leemos la respuesta que le dio Jesús. Le dijo en forma contundente al espíritu: «¡Cállate!» antes de seguir con otra orden: «¡Sal de ese hombre!». El espíritu entonces, al salir, sacudió «violentamente» al hombre y lo dejó «dando un alarido» (v. 26).

Esto evoca algunas imágenes apasionantes. Y no sorprende que en ese momento los espectadores estuvieran hipnotizados por lo que se desarrolló ante ellos. Su reacción se puede leer en los versículos 27-28: «Todos se quedaron tan asustados que se preguntaban unos a otros: "¿Qué es esto? ¡Una enseñanza nueva, pues lo hace con autoridad! Les da órdenes incluso a los espíritus malignos, y le obedecen". Como resultado, su fama se extendió rápidamente por toda la región de Galilea».

Además de lo que hizo con este hombre endemoniado, el versículo 34 dice que Jesús realizó otros exorcismos. El poder de Cristo sobre estos espíritus está implícito en el relato bíblico. En Lucas 4:41 leemos que Jesús no solo expulsaba a estos demonios, sino que además no les permitía que hablaran.

«Además, de muchas personas salían demonios que gritaban: "¡Tú eres el Hijo de Dios!". Pero él los reprendía y no los dejaba hablar porque sabían que él era el Cristo».

Esos son solo algunos de los lugares del Nuevo Testamento donde vemos que tienen lugar estos sucesos espirituales.

Jesús envía demonios a cerdos

Uno de los exorcismos más intrigantes que se desarrolla en las Escrituras lo encontramos en Marcos 5, Lucas 8 y Mateo 8. Como cada relato es abordado desde ángulos diferentes, lo analizaremos tomando la versión de Mateo 8.

La escena que presenta Mateo y que se desarrolla en la región de los gadarenos es a la vez trágica y fascinante; y no puede ser de otra manera cuando dos hombres poseídos por demonios emergen de entre las tumbas y se enfrentan a Jesús. La descripción que hacen de ellos las Escrituras es que, como zombis, eran tremendamente diabólicos y tan violentos que nadie se atrevía a pasar por allí (v. 28).

Al igual que otros demonios que encontramos en las Escrituras, estos se muestran aterrorizados ante la presencia de Jesús. Y le gritan: «¿Por qué te entrometes, Hijo de Dios? ¿Has venido aquí a atormentarnos antes del tiempo señalado?» (v. 29). Como vemos en otros casos, aquí los demonios conocen la identidad de Jesús, pero además, parecen saber que hay un «tiempo señalado» en el que se llevará a cabo un ajuste de cuentas.

Sin embargo, lo que sucede a continuación es lo que hace la diferencia entre este acontecimiento y los demás. Los versículos posteriores no atribuyen a los hombres lo que dicen sino a los espíritus malignos dentro de ellos: «los demonios le rogaron a Jesús» (v. 31) que los enviara a una manada de cerdos que había cerca. Esta súplica revela el reconocimiento de su poder para expulsarlos, pero estaban desesperados para encontrar un nuevo «hospedador».

Resulta curioso que con el simple comando de «¡Vayan!» Jesús accedió a la petición; los demonios entonces salieron de los hombres como huyendo despavoridos y entraron en los cerdos. Pero ese no es el final de la historia. Los cerdos se precipitaron a un lago y murieron ahogados. No es difícil imaginarse aquello como un impresionante espectáculo y, además, dejó estupefactos a los que cuidaban aquella manada; tanto, que «salieron corriendo al pueblo y dieron aviso de todo, incluso de lo que les había sucedido a los endemoniados. Entonces todos los del pueblo fueron al encuentro de Jesús. Y, cuando lo vieron, le suplicaron que se alejara de esa región» (vv. 33-34).

Esta historia toma una forma ligeramente diferente tanto en Marcos 5 como en Lucas 8. Lo más notable es que estos capítulos, que parecen hablar del mismo exorcismo, mencionan solo a un hombre poseído por un demonio. Y en lugar de la región de los gadarenos, Marcos 5 y Lucas 8 dicen que el acontecimiento se desarrolló en el área de los gerasenos (que parece ser un nombre diferente para una misma región).

En la versión de Marcos, «un hombre poseído por un espíritu maligno» salió de entre los sepulcros y se encontró con Jesús (Marcos 5:2). Marcos y Lucas nos dicen que el hombre vivía en los sepulcros, y Lucas nos dice que no había usado ropa durante mucho tiempo, arrojando luz sobre su trágica situación. Hay otros detalles adicionales que se pueden encontrar también en Marcos y Lucas, particularmente cuando se trata de la conducta del hombre.

Si bien los dos hombres descritos en Mateo eran inimaginablemente violentos, en Marcos surgen nuevos detalles sobre el hombre que apuntan a una naturaleza aún más salvaje. Marcos nos dice que ni las cadenas podían contenerlo y que había destrozado los hierros que usaban para sujetarle los pies, lo que sugiere que tenía una fuerza sobrenatural o extrahumana.

Marcos 5:4-5 apunta a su extraño comportamiento: «Muchas veces lo habían atado con cadenas y grilletes, pero él los destrozaba, y nadie tenía fuerza para dominarlo. Noche y día andaba por los sepulcros y por las colinas, gritando y golpeándose con piedras». Lucas 8 dice que los demonios arrastraban al hombre a lugares solitarios. Sin embargo, cuando Jesús apareció en la escena, el hombre se acercó y cayó de rodillas diciendo: «¿Por qué te entrometes, Jesús, Hijo del Dios Altísimo? ¡Te ruego que no me atormentes!» (v. 28).

En Marcos hay un poco más de diálogo; en este Evangelio el escritor nos da algunos detalles importantes sobre la posesión que vale la pena considerar. Jesús le pregunta al hombre su nombre y el hombre le dice que se llama Legión, lo que indica que dentro de este hombre moraba más de un espíritu inmundo (Marcos 5:9). Los detalles reflejan mucho de lo que se nos dice en Mateo, con los demonios suplicando que no los despida y que los envíe a los cerdos.

Sin embargo, Lucas 8:31 también señala que «le suplicaban a Jesús que no los mandara al abismo». El detalle más impresionante ocurre cuando Jesús les concede el permiso y dos mil cerdos de la piara se ahogaron en el lago (Marcos 5:13).

Marcos y Lucas nos dan algunos detalles adicionales antes de concluir señalando que la gente, sobrecogida por el miedo, le pidió a Jesús que abandonara aquella región. Los escritores bíblicos nos hablan principalmente de la conmoción que experimentaron algunos cuando al llegar al lugar del incidente vieron al hombre que había estado poseído, que había vivido en los sepulcros, que actuaba como un animal y que era incontrolablemente fuerte, sentado, dócil y en su sano juicio.

En ninguna parte de las Escrituras se muestra a Jesús reaccionando a las súplicas de la gente para que se fuera, pero cuando subió a la barca accediendo a su solicitud, tanto en Marcos 5 como en Lucas 8 encontramos algunos detalles importantes sobre el hombre liberado. Le rogó que le permitiera ir con él, lo que sugiere otra señal del cambio espiritual que se había obrado en esa persona. En ambos Evangelios se registra la respuesta de Jesús: «Vuelve a tu casa y cuenta todo lo que Dios ha hecho por ti» (Lucas 8:39). «Así que el hombre se fue y proclamó por todo el pueblo lo mucho que Jesús había hecho por él» (v. 39b).

Para obtener detalles esenciales sobre el hombre (o los hombres) en cuestión y la forma en que Jesús ejecuta la sanidad, vale la pena leer la historia según la presentan los tres Evangelios ¿Por qué uno dice que son dos hombres y los otros describen la sanidad de uno solo? Hay una variedad de puntos de vista y teorías que se deben considerar, aunque quizás la opción más plausible sea la que ofrece GotQuestions.org:

> Mateo nos dice que había dos endemoniados, mientras que Marcos y Lucas solo mencionan uno. No está claro por qué mencionan solo uno, pero eso no niega la posibilidad de que haya un segundo endemoniado presente. Marcos y Lucas no dicen que hubo «un solo» hombre poseído por un demonio. Simplemente afirman que uno de los dos se encontró con Jesús y le habló. Por alguna razón, Mateo simplemente nos da más información que Marcos y Lucas.[1]

Según el criterio cristiano imperante, una contradicción solo puede existir si hay otra declaración imposible o inverosímil.[2] Esto no sucede en este caso, ya que parece que el único enigma es que simplemente hay más información en un Evangelio que en los otros.

Un último detalle que ayuda a reforzar esta teoría es la solicitud del hombre de ir con Jesús. Quizás solo uno de los hombres se sintió obligado a seguir a Jesús después de la liberación, por lo que su historia tuvo prioridad. Esto es solo una teoría, pero seguramente digna de consideración.

Jesús, Beelzebú y la sanación radical

Los exorcismos y sanidades de Jesús descritos en las Escrituras fueron sin duda notables, pero no todos estaban de acuerdo con sus tácticas. Los críticos que presenciaron la liberación de un endemoniado que estaba ciego y mudo no creyeron que Jesús fuera el Hijo de Dios; incluso algunos llegaron al extremo de pensar que su poder para expulsar demonios provenía de una fuente negativa. De hecho, según Mateo 12 los fariseos creían que el poder de Jesús para expulsar demonios se originaba en Beelzebú. Para quienes no lo hayan visto en las Escrituras, el nombre puede sonar extraño y desconocido, pero la connotación y la realidad de su acusación contra Jesús es inquietantemente notable.

Mateo 12:24 da una pista de la gravedad de la afirmación cuando los fariseos identifican a Beelzebú como «el príncipe de los demonios». Mateo también nos dice que llevaron a Jesús «un endemoniado, ciego y mudo» (12:22) y que Jesús lo sanó, después de lo cual el hombre pudo ver y oír.

La gente que presenció esta liberación estaba «asombrada» y se preguntaban si Jesús era «el Hijo de David» (v. 23). Fue entonces cuando los fariseos intentaron llevar su argumentación en la dirección opuesta, diciendo que Jesús solo podía expulsar demonios a través del poder de Beelzebú.

Lucas 11 también se sumerge en esta historia, señalando que el hombre a quien Jesús sanó estaba mudo. Por otra parte, Lucas añade unos detalles adicionales, incluido el escepticismo expresado por algunos en la multitud. Además de la referencia a Beelzebú hubo quienes, para creer, pedían señales del cielo.

En lugar de ignorar la afirmación de que de alguna manera, a través del poder de un demonio estaba expulsando demonios, Jesús respondió con una declaración espectacular:

Como él conocía sus pensamientos, les dijo: «Todo reino dividido contra sí mismo quedará asolado, y una casa dividida contra sí misma se derrumbará. Por tanto, si Satanás está dividido contra sí mismo, ¿cómo puede mantenerse en pie su reino? Lo pregunto porque ustedes dicen que yo expulso a los demonios por medio de Beelzebú. Ahora bien, si yo expulso a los demonios por medio de Beelzebú, ¿los seguidores de ustedes por medio de quién los expulsan? Por eso ellos mismos los juzgarán a ustedes. Pero, si expulso a los demonios con el poder de Dios, eso significa que ha llegado a ustedes el reino de Dios. (Lucas 11:17-20)

Pero para Jesús, el caso no terminó allí. En los versículos 24 al 26 del mismo capítulo 11, pronunció algunas declaraciones sobre los demonios que merecen una exploración más profunda. Hablando del exorcismo y la expulsión de espíritus impuros, dijo que cuando un demonio es expulsado de alguien, va por lugares áridos buscando un descanso y al no encontrarlo, vuelve a la persona de donde salió y el estado de esa persona es peor que el que tenía cuando el demonio estaba en ella en un inicio. Esto es algo que muchos expertos afirman haber visto, lo que agrega credibilidad a esos relatos bíblicos.

La liberación de un niño poseído

Cada una de las historias de posesión en la Biblia contiene verdades importantes que pueden ayudarnos a comprender mejor la naturaleza del mal, pero hay dos relatos en particular que hacen que muchos lectores se detengan en seco. El elemento más aterrador y elusivo del relato que se da en Mateo 17 y Marcos 9 es el hecho de que el exorcismo que Jesús realiza *involucra a un niño*.

Muchos creen que una persona debe hacer personalmente algo que abra una puerta espiritual a lo demoníaco, pero estos casos parecieran poner en duda tales afirmaciones. No se nos da mucha información sobre cómo o por qué, pero se nos dice que Jesús exorcizó al niño después de que su papá fue a Jesús, se arrodilló ante él y le pidió que ayudara a su pequeño. Le explicó diciéndole: «Le dan ataques y sufre terriblemente. Muchas veces cae en el fuego o en el agua. Se lo traje a tus discípulos, pero no pudieron sanarlo» (Mateo 17:15-16).

Marcos 9:20 nos dice que, al ver a Jesús, el demonio hizo que el niño convulsionara, acto con el cual queda demostrada una vez más la autoridad de Jesús sobre estos espíritus. El niño cayó al suelo, rodó y echó espuma por la boca. Hay un diálogo verdaderamente notable, y humano, que se desarrolla entre el padre afligido y Jesús, y es así (Marcos 9:21-24):

> **Jesús:** ¿Cuánto tiempo hace que le pasa esto?
> **Padre del niño:** Desde que era niño. Muchas veces lo ha echado al fuego y al agua para matarlo. Si puedes hacer algo, ten compasión de nosotros y ayúdanos.
> **Jesús:** ¿Cómo que si puedo? Para el que cree, todo es posible.
> **Padre del niño:** ¡Sí creo! ¡Ayúdame en mi poca fe!

Tanto Mateo como Marcos nos dicen que Jesús procedió a ayudar al niño, expulsando al demonio y sanándolo inmediatamente. Marcos 9:25 agrega un detalle intrigante que parece diferenciar este exorcismo de otros presentados en las Escrituras. Si bien Jesús dejó en claro que un demonio podía regresar a su anfitrión, tenía un mandato específico para el espíritu que atormentaba a este niño: «Te mando que salgas y que jamás vuelvas a entrar en él».

Cuando los discípulos más tarde se acercaron a Jesús y le preguntaron por qué no habían podido eliminar al demonio, la respuesta de Cristo fue convincente, especialmente en nuestra era de materialismo extremo, lo que pudiera estar llevando a muchos creyentes a ignorar o restar importancia al ámbito espiritual. «Por la poca fe que tienen —les respondió—. Les aseguro que, si tuvieran fe tan pequeña como un grano de mostaza, podrían decirle a esta montaña: "Trasládate de aquí para allá", y se trasladaría. Para ustedes nada sería imposible» (Mateo 17:20).

La fe de la mujer cananea

El desesperado papá de este niño no fue el único padre que suplicó a Jesús un favor para su hijo. En Mateo 15 y Marcos 7, encontramos la historia de una mujer cananea (sirofenicia) que convenció a Jesús de que sanara a su hija.

La mujer se acercó a Jesús gritándole que su hija estaba poseída por un demonio y que estaba sufriendo terriblemente (Mateo 15:22). Mateo no nos da la edad de la niña, pero Marcos 7:25 (LBLA) la describe como la «hijita» de la mujer, lo que nos hace creer que se trataba de una niña de corta edad.

Al principio, Jesús guardó silencio; sus discípulos entonces le dijeron que la despachara, ya que estaba llorando en voz alta y parecía que se sentían molestos por ella. Jesús no les hizo caso y la mujer no se rindió; en lugar de eso, se arrodilló ante Jesús, lo llamó «Señor» y persistió en pedirle su ayuda. Si bien Jesús en un principio pareció no estar dispuesto a atender el pedido de la mujer en lo que parecía un intento de probar su fe, terminó siendo movido a misericordia y decidió atender a su petición.

«¡Mujer, qué grande es tu fe!», le dijo, sanando instantáneamente a su hija. «Que se cumpla lo que quieres» (Mateo 15:28).

Resulta curioso que Mateo no nos dice si la mujer estaba acompañada de su hija, pero Marcos 7:30 aclara que la niña estaba en casa en el momento de la sanidad, lo que evidencia el poder de Jesús para exorcizar demonios. El versículo citado nos dice: «Cuando ella llegó a su casa, encontró a la niña acostada en la cama. El demonio ya había salido de ella».

Una vez más, es difícil desentenderse de estas dos historias que involucran a niños y no preguntar «¿por qué ellos?». Gran parte de los casos que hemos analizado en este libro se centran en la propia voluntad de las personas al hacer algo que los expertos identifican como invitaciones a los demonios para que entren en sus vidas. Por eso, nos preguntamos: ¿qué habremos hecho los adultos para que niños se vean afectados? ¿También ellos habrán invitado al mal a entrar en sus vidas? Y si lo han hecho, ¿son ellos responsables de tales acciones?

Norris, que reconoce que esta es un área teológica difícil, cree que es posible que las personas se enfrenten a problemas de generaciones pasadas. «No sé por qué», me dijo, «y la verdad es que pensar en esto no me gusta en absoluto, pero es posible que haya niños que tengan que contender con cosas de generaciones pasadas. ¿Por qué? No lo sé... Pero no podría decirte las veces que he visto a alguien ser liberado de algo en lo que no tuvieron ninguna responsabilidad».

Norris siguió diciendo que la Biblia habla de maldiciones y aflicciones generacionales, y que el profundo quebrantamiento que vemos desarrollarse en Génesis 3 ha tenido ramificaciones duraderas en la humanidad y en nuestro mundo en general. Pablo nos dijo que el pecado entró en el mundo a través de Adán. «Por medio de un solo hombre el pecado entró en el mundo, y por medio del pecado entró la muerte; fue así como la muerte pasó a toda la humanidad, porque todos pecaron» (Romanos 5:12).

Está claro que el pecado del pasado provocó un efecto dominó en la humanidad, pero es difícil saber con certeza cómo y por qué afecta esto a los niños. Pablo también nos habla del poder del sacrificio de Jesús por toda la humanidad:

> Por tanto, así como una sola transgresión causó la condenación de todos, también un solo acto de justicia produjo la justificación que

da vida a todos. Porque así como por la desobediencia de uno solo muchos fueron constituidos pecadores, también por la obediencia de uno solo muchos serán constituidos justos. (Romanos 5:18-19)

Al referirse con ese «uno solo» a Cristo, Pablo está declarando que la verdadera libertad se consigue a través de Cristo. Si bien para el reverendo Samuel Rodríguez no se puede ignorar el «elemento multigeneracional», se mantiene firme en que Jesús es la respuesta para cortar cualquier problema de este tipo. «Lo único que puede romperlo es la sangre de Jesús», dijo. «Si no se acepta esta fórmula, es porque existe un elemento multigeneracional. Como cristianos creemos que no estamos bajo maldiciones generacionales, sino bajo bendiciones generacionales, porque en el momento en que recibimos a Cristo, la maldición generacional se rompe».

En el centro de la discusión está el tema de los derechos y deberes de los padres. Importa el que los padres expongan a sus hijos. Si un padre está incursionando en el ocultismo e involucrando a sus hijos directa o indirectamente, sería de esperar una posible secuela.

«Si hay opresión y posesión satánica y, no estoy diciendo que te enamores de ello, sino que basta que lo aceptes o lo toleres, esa realidad puede trascender de una generación a otra», apuntó Rodríguez. «Si este razonamiento es correcto, no me sorprende que en las Escrituras haya casos de niños poseídos».

Con esto en mente, el predicador señaló que cualquiera incursión en el ocultismo podría potencialmente transferirse a otras personas que viven en la misma casa. «Supongamos que se trate de una entidad, una entidad demoníaca», dijo Rodríguez, «si esa entidad está instalada en ese hogar, ¿crees que simplemente se quedará con los adultos?».

Si se proyecta la luz que surge de estas conclusiones al caso Ammons de Indiana, e incluso mientras se espera que el caso sea verdadero y auténtico, los expertos creían que la madre era la pieza central de la aflicción, con lo demoníaco saltando de ella a los niños.

Como mínimo, estos temas merecen ser analizados, aunque persistan algunos aspectos no claros del todo. No obstante, como en la Biblia no se nos da detalles de las causas de tales aflicciones, es necesario acudir a la prudencia y evitar las especulaciones.

La sanidad del hombre mudo

Otra de las historias de exorcismo documentadas en el Nuevo Testamento la encontramos en Mateo 9, cuando Jesús sanó a un mudo. El hombre imposibilitado para hablar tiene que haber sido alguien bien conocido en su comunidad, pues cuando recuperó el habla produjo asombro entre la gente.

No se mencionan muchos detalles sobre la conversación que se desarrolló antes del exorcismo, pero Mateo 9 registra el total asombro que el acto de Jesús provocó entre los vecinos. «Cuando Jesús expulsó al demonio, el hombre pudo hablar. La gente que estaba allí se quedó asombrada, y decía: "¡Nunca se había visto algo así en Israel!"» (v. 33, TLA). Pero los fariseos decían: «Si Jesús expulsa a los demonios, es porque el jefe mismo de todos los demonios le da ese poder» (v. 34, TLA).

María Magdalena y los siete demonios

Por último, pero no menos importante, está el exorcismo de María Magdalena. No se nos da mucha información sobre lo que se dijo o se hizo en el proceso, pero la mayoría de los cristianos conocen a Magdalena como una de las seguidoras de Jesús fieles y devotas. Su presencia en las Escrituras es digna de mención, y está claro que su decisión de seguir a Jesús surgió después de su liberación.

A pesar de la falta de información sólida sobre su experiencia de exorcismo, Lucas 8 nos dice que María Magdalena acompañó a Jesús junto con los doce discípulos y que estaba entre algunas mujeres que «Jesús había sanado de diferentes enfermedades y de espíritus malos» (v. 2, TLA). En esta referencia nos informamos que

Jesús expulsó a siete demonios de ella. El dato sobre el exorcismo se repite en Marcos 16:9.

Si bien los versículos del 9 al 20 no aparecen en los manuscritos más antiguos, la mención que hace Lucas (8:2) es suficiente para que el hecho no se ponga en duda. Si alguien está buscando evidencia bíblica que muestre el impacto de la liberación a largo plazo ejecutada por Jesús, la historia de María es más que convincente.

Ella siguió a Jesús hasta el final de su vida terrenal y fue testigo ocular de las brutalidades a las que fue sometido y su posterior crucifixión, además de las repercusiones de la resurrección.[3] Ese es un legado absolutamente admirable para una persona que en una época de su vida debió sufrir la presencia de siete demonios.

Hay muchas conclusiones increíbles de las historias de este capítulo: lecciones sobre la importancia y la disponibilidad de un cambio de corazón y una transformación de vida a través de Cristo. Es realmente instructivo ver cómo se manifestaron estas enfermedades espirituales y cómo se desarrollaron la esperanza y la curación. Ahora que hemos explorado los poderosos momentos en los que Jesús venció el mal, profundicemos en otro enigma complejo: las supuestas causas de estas aflicciones.

PARTE TRES

ABRIENDO LA PUERTA

7

Pasos hacia arenas espirituales movedizas

«Había un ambiente cargado de impotencia. No disfrutaba la realidad en que estaba viviendo, por eso busqué un escape».

La experiencia de Rob McKeown refleja las luchas que millones de personas enfrentan hoy. Producto de un divorcio, a menudo se sentía impotente y sin timón cuando todavía era un niño; las circunstancias lo hicieron buscar desesperadamente una salida.

«Mi escape comenzó al adentrarme en el ocultismo a través de un juego llamado Dungeons and Dragons (Calabozos y dragones). Me intrigaba la idea de que la gente pudiera tener ese poder que se experimenta a través de la magia; así que desarrollé un interés por eso».

A medida que pasaban los años y McKeown dejaba atrás la infancia, se unió al ejército y se convirtió en un adulto joven, pero su interés por la magia nunca disminuyó; su fascinación por Dungeons and Dragons también se mantuvo.

Sin embargo, todo llegó a su clímax un día cuando estaba jugando con algunos compañeros soldados y uno de ellos le hizo una pregunta fascinante al grupo: «¿Les gustaría experimentar el poder y la magia que ven aquí; digo, en la vida real?».

Después de años de intriga reprimida, McKeown, cuyo interés se despertó de inmediato, respondió afirmativamente. Y lo que pasó a continuación tuvo un impacto terrible en su vida.

«El soldado inclinó la cabeza, puso los ojos en blanco, y una voz diferente con acento francés comenzó a hablarnos», recordó McKeown. «Dijo que se llamaba Valeriano y nos quería contar sobre ese otro reino donde teníamos guías espirituales que podíamos canalizar y ellos podrían desbloquear nuestro potencial interno y nuestras habilidades espirituales».

«Inmediatamente pude sentir un cambio de aire en la habitación», recuerda. Luego, él también se involucró en la acción y de repente se encontró «canalizando» de la misma manera que lo hacía su compañero soldado.

En ese momento, McKeown no estaba seguro de si la experiencia era real, un juego o algo intermedio, pero lo siguió, alimentando la intriga insatisfecha que había guardado en su interior desde la infancia.

A medida que la experiencia se desarrollaba dijo que el individuo que inició la canalización comenzó a soltar detalles sobre su infancia, hechos que no podría haber conocido. En ese momento, supo que algo más estaba conduciendo el diálogo.

«No era su voz, y decía cosas sobre cada uno de los que estábamos en la habitación que no tendría modo de saber», dijo. «Era muy convincente».

Ese fue el comienzo de una fase extraña y aterradora en la vida de McKeown. De repente, él también se encontró «sabiendo cosas» que no tenía forma de haberlas conocido. Al principio, creyó que los espíritus que había encontrado lo estaban ayudando en su camino, ya que comenzó a experimentar lo que pensó que eran visiones útiles.

Además, algunos que tenían viejas deudas con él, se las pagaron; las circunstancias de su vida parecían llevar una trayectoria positiva. Pero muy pronto la situación cambió drásticamente.

Su abuela, que tenía un trasfondo carismático pentecostal, se dio cuenta de lo que se estaba desarrollando en la vida de McKeown, y lo instó a que se alejara del ocultismo. Por último, sus advertencias fueron sorprendentemente proféticas, ya que los problemas de McKeown comenzaron a intensificarse.

Dijo que cuando comenzó a desconectarse de la experiencia, de repente se encontró enfrentando episodios de pérdida del conocimiento; se sentía aturdido, confundido y en lugares aleatorios donde no recordaba haber estado antes. Una noche, los amigos de McKeown le pidieron que fuera a un club y él se negó, señalando que necesitaba prepararse para el día siguiente y dormir un poco.

«Así que hice mis cosas y no recuerdo más», dijo McKeown. «Me desperté en el bar, completamente vestido, bebiendo una cerveza, fumando un cigarrillo, y yo no había ido hasta allí».

Este tipo de experiencia tuvo lugar por lo menos otras dos o tres veces, a medida que su batalla espiritual se intensificaba, con la moderación y el autocontrol debilitándose lentamente dentro de él.

«Luchaba por controlarme», recuerda. «Experimentaba tormentos y voces. Pensaba que tenía el control, pero veía cómo estas cosas parecían estar tomando más y más control de mí. El miedo me estaba sobrecogiendo».

A medida que se desarrollaba este choque interno, las voces se volvían más pronunciadas y caóticas.

«Recuerdo discusiones que se desarrollaban en mi cabeza, tales como: "No, lo voy a usar esta noche. Voy a tomar el control"».

Su abuela, mientras tanto, seguía orando fervientemente por él y con frecuencia le enviaba versículos de la Biblia; también le explicaba su creencia de que estos «guías espirituales» que pensaba que lo estaban ayudando eran en realidad fuerzas demoníacas empeñadas en hacerle daño.

McKeown la escuchaba pero aún no estaba convencido. No fue sino hasta que ocurrió un hecho más dramático durante una pelea en un club nocturno que cambió totalmente de opinión. En medio de la refriega, McKeown dijo que sintió como si hubiese sido él el que estaba peleando y que en un momento había sido «lanzado al fondo de su propia mente y veía todo como a través de binoculares, pero al revés».

«Tuve una visión muy pequeña, un destello de lo que estaba pasando. Podía oírlo, y verlo casi todo, y de pronto mi brazo derecho salió disparado y con mi mano agarré al otro tipo por la garganta, lo levanté en vilo, lo arrojé al piso y le puse mi rodilla en el pecho. Escuchaba voces que me decían que lo matara pero yo lo solté sin causarle daño y antes de que me diera cuenta, estaba nuevamente en control de mi cuerpo. Temblaba. Las voces empezaron a volverse locas en mi cabeza. Sentía que me decían: "Eres un débil, no vales nada. Si no puedes matarlo, exigimos sangre. Queremos que te mates"».

McKeown dijo que la experiencia del club nocturno fue su punto de quiebre. Volvió al cuartel esa noche y empezó a pasearse furioso, mientras pensaba en todo lo que había experimentado. Su compañero de cuarto estaba tan conmocionado por su comportamiento que pensó en llevarlo a un psiquiatra si no se calmaba. Fue en ese momento que McKeown inició el proceso de hacer un compromiso que transformaría su vida para siempre.

«Me arrodillé y dije: "Dios, si estás ahí, ayúdame porque no sé lo que estoy haciendo"», dijo. «Las voces se calmaron inmediatamente».

McKeown no aceptó oficialmente a Cristo esa noche. De hecho, no fue sino hasta un día en que estaba recorriendo los canales en busca de algo que le interesara y se topó con Trinity Broadcast Network. Un predicador estaba presentando el evangelio. McKeown escuchó la prédica y decidió entrar en la fe cristiana. El mensaje de esa noche encajaba perfectamente con su historia y lo impulsó a tomar la decisión.

«El predicador dijo: "Me siento guiado por el Espíritu Santo para hacer esta oración nuevamente. Hay alguien ahí afuera que ha estado involucrado en actividades ocultistas"», recordó McKeown. «Literalmente, el predicador leyó mi mente y agregó: "Creciste en un hogar con influencia cristiana pero hasta ahora has rechazado el cristianismo; estás en problemas y Dios quiere que sepas que esto es para ti"».

McKeown continuó: «Me deshice de mi cerveza y le pedí a Jesús que viniera a mi corazón».

Nunca más escuchó esas voces; asistió a una universidad bíblica carismática, fortaleciendo su fe en el camino. Si bien inicialmente fue una lucha mantenerse en los caminos del cristianismo, McKeown dijo que persistió y que tiene la bendición de tener la vida que Dios le ha dado.

«Poder dirigir mis propios pensamientos y poder disfrutar de las cosas de la vida que Dios me ha provisto ha sido un gozo mayor de lo que pensaba», dijo, y agregó un mensaje para otros que podrían estar luchando con una guerra espiritual. «Dios te ama, y te ha dado algunas cosas realmente grandiosas para que las experimentes en tu vida si se lo permites. Él es el único que puede brindar libertad».

Exploremos la conclusión principal. La lente de la cultura pop sobre el alarmante impacto de los demonios, la posesión demoníaca y la infestación está bien representada en las películas y la televisión; a menudo, los efectos de la guerra espiritual se proyectan en la vida de los personajes de forma intrascendente y exagerada. Con frecuencia hay una escasez de enfoque en la comprensión de los caminos que pueden llevar a una persona a atravesar puertas diabólicas y entrar en el centro de arenas movedizas espirituales.

Muchas veces se destacan los efectos de la aflicción, mientras que la causa generalmente se trata como una ocurrencia tardía. Admitámoslo, la Biblia, que cuenta numerosas historias de posesión, no nos da mucha información sobre el «cómo».

En el Antiguo Testamento vemos a Saúl desobedeciendo a Dios antes de que un espíritu maligno sea enviado para atormentarlo.[1] En 1 Samuel 16:14 leemos: «El Espíritu del Señor se apartó de Saúl, y en su lugar el Señor le envió un espíritu maligno para que lo atormentara».

Y los versículos 15 y 16 continúan: «Sus servidores le dijeron: Como usted se dará cuenta, un espíritu maligno de parte de Dios lo está atormentando. Así que ordene Su Majestad a estos siervos suyos que busquen a alguien que sepa tocar el arpa. Así, cuando lo ataque el espíritu maligno de parte de Dios, el músico tocará, y Su Majestad se sentirá mejor».

David fue elegido para tocar este instrumento, y el versículo 23 explica que cuando el espíritu que procedía de Dios venía sobre Saúl, David tomaba su arpa y tocaba. Resulta curioso que cuando Saúl se sentía aliviado, el espíritu maligno lo dejaba. Hay mucho más que desempacar aquí, pero podemos suponer que este espíritu fue el resultado de la desobediencia[2] y que Dios le ofreció sanidad con una vía para el arrepentimiento, algo que Saúl nunca tomó.[3] Otras historias en la Biblia que tienen que ver con la posesión y el mal no son tan detalladas.

Con eso en mente, cualquiera que crea en el reino demoníaco se enfrenta a una pregunta esencial: ¿qué puerta, ventana o brecha puede abrir una persona para ser oprimida o poseída? Responder a esta pregunta es el objetivo principal de este capítulo, algo por lo demás que muchos líderes religiosos y teólogos parecen ansiosos por aclarar.

«En el ámbito espiritual, ya sea que estemos hablando de santo o profano, todo se basa en el permiso. Todo», respondió el doctor Shane Wood cuando le hice esta misma pregunta. «Nadie cae en la salvación por accidente de la misma manera que nadie es poseído por accidente. Todo está basado en el permiso que se concede».

Esto es similar a una puerta o pasillo por el que una persona camina voluntariamente, dando pasos coordinados mientras avanza. A medida que los seres humanos se acercan a estas puertas espirituales, giran las perillas y entran, muchas veces no saben con lo que se encontrarán, pero la curiosidad impulsa a algunos a pavonearse en lo desconocido.

Una vez que se ha comprendido el lado del permiso de la ecuación, es esencial definir la diferencia entre opresión y posesión, los dos términos que se usan típicamente para diferenciar entre varios grados de aflicción demoníaca.

Matt Slick, del Ministerio de Apologética e Investigación Cristiana, definió la opresión demoníaca como «la obra de fuerzas espirituales malignas que nos instan a pecar, a negar la Palabra de Dios, a sentirnos espiritualmente muertos y esclavizados a cosas pecaminosas».[4] En una explicación sobre el tema, Slick agregó que estas fuerzas actúan contra cristianos y no cristianos por igual, y que su objetivo central es «llevar a la mayor cantidad de personas posible a la rebelión contra Dios y a la condenación en el infierno».[5]

Seguro existe un debate sobre cómo se manifiesta la opresión, aunque Slick sostiene que, entre otros enigmas, puede surgir a través de la ansiedad, el insomnio, la ira hacia Dios, la fascinación por varios sistemas religiosos, los problemas emocionales y las crisis financieras.[6]

> A medida que los seres humanos se acercan a estas puertas espirituales, giran las perillas y entran, muchas veces no saben con lo que se encontrarán, pero la curiosidad impulsa a algunos a pavonearse en lo desconocido.

Sin embargo, advirtió que estos problemas en realidad podrían no tener nada que ver con asuntos espirituales y, en cambio, podrían ser el resultado de nuestra propia mala toma de decisiones; por eso, anima a la oración para ayudar a superar cualquiera cosa que pareciera tener sus raíces en la verdadera opresión.

Con todo eso en mente, ¿en qué se diferencia la opresión de la posesión? Si bien la opresión es más una presión espiritual ejercida sobre los seres humanos, la posesión es una experiencia que lo abarca todo. El Diccionario Merriam-Webster define la posesión como «entrar y controlar fuertemente», y así es como la Biblia expresa el acto de posesión demoníaca. En el caso de la posesión demoníaca, las fuerzas del mal se apoderan del cuerpo de una persona, provocando un control total en el habla, los movimientos y la acción.

Esto es lo que podemos explorar a lo largo del Nuevo Testamento y en las historias sobre la familia Ammons, Robbie y tantos otros. Como hemos observado hasta ahora, muchos expertos creen que la posesión es poco común y generalmente está reservada para los no creyentes, mientras que la opresión se ve como algo que se dirige a cristianos y no cristianos por igual.

Cómo se manifiesta la opresión demoníaca

Hechas tales aclaraciones, volvamos a la pregunta causal: ¿qué abren las personas a estas fuerzas demoníacas? Comencemos con las citas bíblicas. Las Escrituras nos imploran con fervor que fundamentemos nuestras vidas en Dios y sus normas. Santiago 4:7 ofrece específicamente a los cristianos un recordatorio simple pero poderoso para seguir a Dios y rechazar el mal: «Sométanse a Dios. Resistan al diablo, y él huirá de ustedes». Si bien esto difícilmente nos da la imagen completa del reino demoníaco, con claridad nos llama a vivir para Dios y evitar y rechazar cualquier cosa fuera de su reino.

Basándonos en las Escrituras, podemos asumir que la opresión o la infestación demoníacas pueden elevar o impregnar la vida de las personas, en especial cuando rechazan flagrantemente el llamado a resistir el mal y aferrarse a las normas de Dios. El pastor Lucas Miles afirma que esta dinámica espiritual de la opresión se desarrolla cuando «tiende a haber un acuerdo con algo más que la verdad de la Palabra o del mismo Cristo». Esta es una definición general que se presta a amplias posibilidades.

La opresión espiritual puede presentarse en formas benignas para muchos, con un acto o mentalidad específicos que producen un comportamiento problemático, el cual ofrece al mal un lugar de poder o influencia sobre la vida. Algunos teólogos y pastores argumentan que puede tener sus raíces en un paso simple pero desafortunado de permitir que el odio o la ira gobiernen la vida de uno, dando permiso a estas emociones para manifestarse y crecer.

El pecado impenitente y perpetuo es otro de los catalizadores que algunos señalan, creyendo que la negativa a dejar de pecar puede, con el tiempo, abrir a una persona al ataque demoníaco. Quizás la más común de estas supuestas causas, sin embargo, es la pendiente moral resbaladiza e involuntaria. A menudo es en circunstancias imprevistas y lentas que encontramos agujeros expansivos y enormes que permiten al mal alterar la vida.

El doctor Michael Brown ofreció una ilustración hipotética sobre la trampas y peligros de las pendientes espirituales, describiendo a un hombre que está frustrado en su matrimonio y se encuentra desprotegido:

> Aquí tenemos a un hombre casado e infeliz. Él y su esposa se lo pasan peleando. Están bajo presión financiera. Pero en el trabajo hay una joven que cree que sus bromas son muy divertidas, y comienzan a volverse un poco más amigables. Y lo siguiente, están enviando algunos mensajes de texto, y antes de que él se dé cuenta, está atrapado. No es solo una cuestión emocional. Hay un vínculo espiritual que ha tenido lugar y ahora está tratando de liberarse y no sabe cómo.

Brown enfatizó el verdadero peligro que se manifiesta al abrir las puertas inadecuadas en la vida, lo que nos puede llevar a destinos verdaderamente dañinos. «Abrimos puertas, vamos en la dirección equivocada y luego nos metemos en territorio peligroso», dice. «Y la progresión demostrará que el pecado, una vez satisfecho, no satisface en absoluto sino que conduce a más pecados, a pecados peores y termina esclavizando. En este punto, ya podemos estar atados por el mismo diablo».

Además de estar espiritualmente desprotegidos, algunos de nosotros elegimos la ira y el orgullo, emociones que pueden destruir nuestra posición espiritual.

Lucas Miles puso el ejemplo de la vida real de un hombre que afirmó enfrentarse a episodios demoníacos después de experimentar intensas dificultades cuando era niño. Su madre fue abusada por su padre, y después de pedirle a Dios que interviniera para detener el abuso, al no recibir la ayuda que esperaba con desesperación, la buscó en otra parte. «Tuvo el encuentro del que habla cuando sintió que había hecho un pacto con el diablo… "Si me das la fuerza para superar esto, te seguiré"», dijo Miles que el hombre le había confesado.

Un día, el niño agarró un bate de béisbol mientras su papá maltrataba a su madre y echó a su padre fuera de la casa; fue la acción de su vida, pero por las razones equivocadas. «Había hecho un acuerdo con su ira… y ahora podía confiar en su ira más que en el Señor para terminar con esa situación», dijo Miles.

«Así fue que cada vez que se enfrentaba a problemas en su vida, echaba mano a ese acuerdo, y volvía a utilizar la ira como una forma de vencer, en lugar de la paz, el amor, la bondad, etcétera».

Es evidente la forma en que esto daña a una persona con el tiempo abriendo la puerta a una posible opresión. Nuestras decisiones, relaciones y las trayectorias generales de nuestras vidas pueden afectar directamente nuestra condición espiritual.

«Cabe aquí la pregunta», dijo Brown, «¿qué puertas estoy abriendo en mi propia vida», pasando a señalar el uso de la pornografía para ilustrar su posición. «Hasta donde se nos ha dicho, la pornografía es adictiva como una droga aunque solo a un nivel fisiológico; es decir, si alguien es adicto a la pornografía y pasa horas y horas al día con la pornografía, su cerebro está conectado de manera diferente».

Sin embargo, en lugar de ser meramente físico o mental, un tema como este, argumentó Brown, también es espiritual y puede tener graves implicaciones para la persona adictiva. «Como es en lo natural, así es en lo espiritual», dijo, «comienzas a abrirte a ciertas cosas». Por eso los teólogos y pastores advierten a los cristianos que sigan de cerca su fe, apelando a Dios y buscando sus normas.

También hay sucesos en la vida traumáticos o trágicos que pueden dejarnos fuera de lugar y, si no somos cuidadosos, nos pueden lanzar a una espiral espiritual descendente.

«Los acontecimientos traumáticos en nuestra vida, ya sea por el uso de drogas, ya sean experiencias distorsionadas de la sexualidad, daño físico, todas estas cosas, son acontecimientos emocionales y físicos propicios para que hagamos pactos... lo que yo llamaría emociones demoníacas o mentiras demoníacas o puntos de vista demoníacos», agregó Miles.

Por su parte, el reverendo Benjamin McEntire dijo que las aflicciones mentales y espirituales a menudo se originan en traumas y experiencias negativas del pasado de una persona, y que un trauma muchas veces puede ser «una puerta abierta para el enemigo».

Un experto en salud mental que prefirió permanecer en el anonimato estuvo de acuerdo, y señaló que la mayoría de sus pacientes se han enfrentado a abusos sexuales en el pasado, lo que ha hecho que sus vidas «se conviertan en un infierno». Desde emociones hasta experiencias horribles y traumas no resueltos, las condiciones que impactan el espíritu humano son abundantes. Aquí solo estamos rasguñando la superficie.

Miles también señaló la fama como una puerta potencial que se puede abrir a los problemas espirituales, y dio el ejemplo de un pastor famoso, que dominando la plataforma y disfrutando del éxito, comenzó a creer que había ascendido a esa posición por sus propios méritos y no por la provisión de Dios.

Este tipo de «mentiras» pueden volverse espiritualmente problemáticas, y Miles agregó que ninguno de nosotros es inmune a tales falsedades.

«Cada creencia que tenemos y cada elección que hacemos, siempre es una oportunidad para creer lo que Dios dijo o creer lo que dice el enemigo», señaló. «Y es esa misma elección que vuelve al Edén... ¿Vamos a creerle a la serpiente o vamos a creerle al Rey?».

Los expertos en este tema a menudo se refieren a las posibles grietas espirituales que pueden permitir que el mal se filtre en la vida de los seres humanos, un enfoque que encuentro muy interesante y válido. Las personas tienden a concentrarse más en los sucesos de posesión dramáticos que atraen una gran atención; no obstante, los problemas sutiles son mucho más abundantes y omnipresentes. En un mundo en el que se menosprecia o ignora el ámbito espiritual, nuestra cultura necesita desesperadamente estos recordatorios.

«Tú nunca querrás llevar tu vida en la dirección equivocada, especialmente en el ámbito espiritual», dijo Brown. «Es muy real. Y muy peligroso».

Buscando poder en todos los lugares equivocados

La curiosidad es parte de la experiencia humana que puede impulsar a las personas hacia descubrimientos maravillosos y transformadores de vidas. Nuestra capacidad de maravillarnos y la búsqueda de respuestas catapultan a tantos visionarios a lograr el éxito transformacional. Pero nuestra naturaleza inquisitiva también puede llevarnos a buscar respuestas en algunos de los peores lugares posibles: fronteras que nunca debimos explorar. Cuando fallamos en llenar nuestros vacíos espirituales naturales con la verdad, corremos el riesgo de inundar nuestros corazones con mentiras.

El doctor Michael Heiser, un conocido erudito de la Biblia, abordó enfáticamente este fenómeno, explicando que manejar mal nuestros vacíos y nuestras curiosidades naturales puede producir suposiciones negativas, acciones inapropiadas y un escenario seductor que conduce a plagas espirituales. Desde consultar psíquicos hasta intentos de usar la güija, los puntos de entrada potenciales del mal son prácticamente ilimitados.

Estas herramientas, aunque no siempre se toman en serio, se utilizan como puntos de contacto y comunicación con el reino invisible, algo de lo que sabemos muy poco. Muchos asumen que tienen el control total de cómo se desarrollarán estas interacciones, pero los expertos advierten que esta mentalidad no podría estar más lejos de la verdad.

> Cuando fallamos en llenar nuestros vacíos espirituales naturales con la verdad, corremos el riesgo de inundar nuestros corazones con mentiras.

«Hay una seducción, o se aprende a través de la cultura pop o leyendo… o a través de la experimentación, donde se hace creer a las personas que pueden controlar las circunstancias del compromiso, sea lo que sea», dijo Heiser. «Que ellos tienen el control, que podrán decir dónde están las líneas y cuándo las han cruzado, o no deberían cruzarlas».

Heiser sostiene que a menudo, cuando se trata del reino espiritual, hay una mezcla de elementos engañosos y una sobreestimación de nuestras propias habilidades. Él planteó una pregunta esencial para cualquiera que haya considerado sumergirse en estas aventuras: «Si esto es ajeno a nuestra experiencia, si esta es una realidad de la que no somos parte por naturaleza, ¿cómo podríamos esperar entenderla y controlarla?».

Heiser dijo que muchos no se detienen a considerar adecuadamente esta pregunta, y que cuando se mezcla ese desinterés con lo caricaturesco y la lente alegre a través de la cual la cultura generalmente trata objetos como la güija, no es de extrañar por qué tanta gente se lanza directamente al extremo más profundo.

«Cuando obtienen "resultados", hay un elemento seductor», agregó. «Y dicen: "Guao, he entrado al conocimiento secreto. Ahora sé cosas que otros no saben. Sé cosas que mi pastor no sabe, o que la gente de la iglesia no sabe. ¡Les he sacado una buena ventaja!"».

Esta amalgama de arrogancia, orgullo, dinamización y fascinación solo se agrega a la seducción tóxica, una combinación combustible que puede tragarnos y vomitarnos.

Mientras trabajaba como reportero de fe y cultura, encontré numerosas afirmaciones de este tipo. Y a lo largo de los muchos años trabajando en la ciudad de Nueva York, a menudo me he topado, cuando voy por Manhattan camino de una reunión o una entrevista, con letreros que anuncian servicios psíquicos. Y no dejan de llamarme la atención.

Los anuncios, que atraen a los transeúntes con promesas de ofrecer reflexiones y profecías intuitivas, casi siempre están al lado de escaleras estrechas que conducen a los escurridizos pisos superiores: lugares donde la gente va en busca de esperanza, mensajes del más allá y predicciones sobre su futuro. Otros simplemente buscan psíquicos por el mero placer de hacerlo. Hablando bíblicamente, no hay razón para que un cristiano participe en tales actividades, y las Escrituras recomiendan la evitación total y el arrepentimiento para aquellos que lo han estado haciendo. Para muchos, la idea de un psíquico parece ridícula y poco práctica, un gran plan para sacarle dinero a la gente, y eso es comprensible. Seguro, algunos o incluso muchos de los que pretenden tener estos poderes, están estafando y engañando a las masas, aunque una mirada sólida a las Escrituras ofrece algunas realidades y advertencias importantes que vale la pena considerar.

La Biblia parece afirmar que estos individuos existen, ya que el texto implora abiertamente a las personas que no practiquen ni busquen servicios psíquicos.

Como veremos en seguida, más que «un parece», la existencia de estos psíquicos y médiums es una realidad que fluye a través de ambos Testamentos, el Antiguo y el Nuevo.

Lo que dice la Biblia sobre psíquicos y médiums

El Antiguo Testamento no rehúye estos temas. En Levítico 19:26 leemos: «No practiquen la adivinación ni los sortilegios». Y Levítico 19:31 agrega: «No acudan a la nigromancia, ni busquen a los espiritistas, porque se harán impuros por causa de ellos. Yo soy el SEÑOR su Dios».

Estos versículos, junto con otros que contiene Levítico, fueron escritos por Moisés específicamente para los israelitas, pero en los mismos se encuentran algunos elementos interesantes y atemporales dignos de mención. Estos versículos no solo indican que había personas que practicaban la adivinación (buscando información sobrenatural sobre el futuro), sino que también se insta a los israelitas a mantenerse alejados de cualquiera que tratara de comunicarse con los muertos.

Y ese no es el único lugar donde surge este problema en las Escrituras. Estos mismos temas aparecen en Deuteronomio 18:9-13, con palabras y advertencias más duras:

> Cuando entres en la tierra que te da el SEÑOR tu Dios, no imites las costumbres abominables de esas naciones. Nadie entre los tuyos deberá sacrificar a su hijo o hija en el fuego; ni practicar adivinación, brujería o hechicería; ni hacer conjuros, servir de médium espiritista o consultar a los muertos. Cualquiera que practique estas costumbres se hará abominable al SEÑOR, y por causa de ellas el SEÑOR tu Dios expulsará de tu presencia a esas naciones. A los ojos del SEÑOR tu Dios serás irreprensible.

Cuando uno continúa leyendo las Escrituras, estos elementos emergen una y otra vez, con Isaías preguntándose por qué alguien tendría que consultar a «médiums y espiritistas». Y dice:

> Si alguien les dice: «Consulten a las pitonisas y a los agoreros que susurran y musitan; ¿acaso no es deber de un pueblo consultar a sus dioses y a los muertos, en favor de los vivos?», yo les digo: «¡Aténganse a la ley y al testimonio!» Para quienes no se atengan a esto, no habrá un amanecer (Isaías 8:19-20).

Levítico 20:27 va aún más lejos, condenando la práctica por completo. El versículo pertinente dice: «Cualquiera de ustedes, hombre o mujer, que sea nigromante o espiritista será condenado a muerte. Morirá apedreado, y será responsable de su propia muerte». Esta severa pena bajo la ley del Antiguo Testamento deja una realidad inmensamente clara: la dependencia de los médiums y espiritualistas no solo fue condenada, sino que también fue vista como una gran violación de la confianza en Dios y la moralidad en general.

La gente ha seguido debatiendo estos versículos, incluida la pena severa de Levítico 20:27, pero una lectura clara de estas Escrituras no deja al lector otra opción que, al menos, comprender la gravedad percibida de esta brecha espiritual. Encontramos un ejemplo de esta dinámica en 1 Crónicas 10:13-14 (PDT), que nos dice que el rey Saúl murió debido a su infidelidad a Dios. Además de no cumplir su palabra al Señor, estos versículos revelan que «incluso consultó a una médium para que lo guiara» antes de su muerte.

Esta historia se relata en escritos anteriores, en 1 Samuel 28, donde encontramos más detalles sobre Saúl consultando a la médium. Las Escrituras explican que Samuel había muerto y que Saúl había expulsado de la tierra a médiums y espiritistas (v. 3). Pero vemos que Saúl se llenó de inmenso terror cuando los filisteos se organizaron contra él. Entonces, después de ir a Dios en busca de ayuda y no recibir respuesta, decide tomar el asunto en sus propias manos, pidiendo a quienes lo rodeaban que buscaran a un o a una médium.

Una vez ubicada, Saúl procedió a disfrazarse y fue al encuentro de la mujer, dándole una orden categórica: «Quiero que evoques a un espíritu... haz que se me aparezca el que yo te diga» (v. 8). Al principio, la mujer se mostró vacilante, ya que no se había dado cuenta de que se estaba comunicando con Saúl, el hombre que había expulsado a los médiums de la tierra. Pero al percatarse le recordó al rey la orden que había dado contra los médiums y finalmente cedió, accediendo a la petición de Saúl: que invocara a Samuel. Aquí es donde la historia toma un giro dramático, y la médium se sorprende al ver a Samuel emerger de más allá de la tumba.

Saúl procedió a hablar con Samuel buscando su guía y ayuda. «Estoy muy angustiado... Los filisteos me están atacando, y Dios me ha abandonado. Ya no me responde, ni en sueños ni por medio de profetas. Por eso decidí llamarte, para que me digas lo que debo hacer» (v. 15).

A pesar de que Saúl reconoció su falta de fe, la reacción de Samuel hizo poco para traerle consuelo. Samuel se dio cuenta de que Dios se había convertido en enemigo de Saúl y que este estaba siendo castigado por no haber obedecido a Dios. Así es que su respuesta al pedido de ayuda fue terminante e inapelable: «El Señor te entregará a ti y a Israel en manos de los filisteos. Mañana tú y tus hijos se unirán a mí, y el campamento israelita caerá en poder de los filisteos» (v. 19).

La muerte de Saúl se registra en 1 Samuel 31. La historia suscita muchas preguntas teológicas, y no podemos entrar en todas. Pero las advertencias bíblicas y las realidades que rodean a los médiums deberían, como mínimo, provocarnos una pausa, específicamente si somos cristianos practicantes. Sin embargo, estas menciones bíblicas no terminan con Saúl. En 2 Reyes 21, nos encontramos con el rey Manasés de Judá y se nos dice que «hizo lo malo ante los ojos del Señor» (v. 2) y siguiendo las tradiciones de culturas extranjeras, construyó altares para dioses paganos. Todo esto, nos señala la Biblia, provocó la ira de Dios. Pero la parte más horrible de su historia se cuenta en 2 Reyes 21:6, que dice: «Sacrificó en el fuego a su propio hijo, practicó la magia y la hechicería, y consultó a nigromantes y a espiritistas. Hizo continuamente lo que ofende al SEÑOR, provocando así su ira». De nuevo, vemos a médiums y a espiritistas bajo una luz definitivamente negativa.

Al pasar al Nuevo Testamento, nos encontramos con algunos casos que se desarrollan en Hechos 16 y que evidentemente tratan con estos mismos problemas. En los versículos 16-18 hallamos a una joven esclava a quien se describe como teniendo «un espíritu de adivinación». Este caso es fascinante y abre preguntas sobre qué, exactamente, le daba la capacidad sobrenatural de adivinar el futuro. Con esos poderes hacía ganar mucho dinero a sus dueños.

Un día, la joven esclava se enfrentó a Pablo y sencillamente no lo dejó ni a él ni a sus seguidores. Ella «nos seguía a Pablo y a nosotros, gritando: "Estos hombres son siervos del Dios Altísimo, y les anuncian a ustedes el camino de salvación". Así continuó durante muchos días», escribió Lucas (vv. 17-18).

Sin embargo, la presencia constante de la muchacha se tornó molesta; entonces Pablo «se volvió y reprendió al espíritu: "¡En el nombre de Jesucristo, te ordeno que salgas de ella!"».

Es fascinante notar que Pablo no se dirigió a la muchacha sino al espíritu que estaba dentro de ella ordenándole que saliera de inmediato, lo que el espíritu hizo.

La esclava claramente fue devuelta a sus amos, los que se pusieron furiosos pues habían perdido la fuente de sus ganancias. Provocaron un alboroto y consiguieron que Pablo y Silas fueran arrestados, golpeados y encarcelados. La decisión de expulsar al espíritu dentro de la mujer nos dice que sus habilidades de adivinación no eran un atributo positivo, y resultaban algo de lo cual necesitaba ser liberada.

Si volvemos al Antiguo Testamento, hay algunos versículos adicionales que vale la pena mencionar en esta reflexión. Heiser señala a Deuteronomio 13:1-5 como un conjunto de versículos que a veces se pasan por alto:

> Cuando en medio de ti aparezca algún profeta o visionario, y anuncie algún prodigio o señal milagrosa, si esa señal o prodigio se cumple y él te dice: "Vayamos a rendir culto a otros dioses", dioses que no has conocido, no prestes atención a las palabras de ese profeta o visionario. El SEÑOR tu Dios te estará probando para saber si lo amas con todo el corazón y con toda el alma. Solamente al SEÑOR tu Dios debes seguir y rendir culto. Cumple sus mandamientos y obedécelo; sírvele y permanece fiel a él. Condenarás a muerte a ese profeta o visionario por haberte aconsejado rebelarte contra el SEÑOR tu Dios, que te sacó de Egipto y te rescató de la tierra de esclavitud. Así extirparás el mal que haya en medio de ti, porque tal profeta habrá intentado apartarte del camino que el SEÑOR tu Dios te mandó que siguieras.

Heiser desempacó estos versículos y enfatizó lo que él ve como la claridad de su significado: que la Biblia señala que estas habilidades «psíquicas» son posibles pero pueden conducir a conclusiones engañosas. «Tienes un caso en el que una persona dice ser el profeta... que puede predecir algo que sucederá, o puede hacer una señal y maravillarse, y el pasaje es muy claro», dijo. «Si esa persona y esa experiencia, o lo que hace, te lleva de una manera que es contraria a lo que el Señor te ha enseñado, esa persona está condenada».

Y continuó: «Lo que este caso nos dice es que hay gente que puede hacer esas cosas, y parecerán como que provienen de Dios, pero no lo son». ¿Cómo termina una persona con estas habilidades? La Biblia habla mucho sobre profetas; un profeta es una persona «que hace revelaciones divinamente inspiradas» por Dios.[7] Pero eso no es de lo que Heiser está hablando aquí.

Según la Biblia, un profeta recibe una revelación confiable directamente del Señor, y esa información nunca viola la verdad bíblica. Otros que reflejan estas habilidades en el lado psíquico no obtendrían, en la mente de Heiser y de otros, sus habilidades del Todopoderoso. Heiser cree que las personas que tienen estas capacidades las obtienen de una fuente externa a Dios y que, por lo general, puede haber alguna historia familiar u otro punto de entrada que haya permitido que estas experiencias y perspectivas se arraiguen.

«Hay algunos puntos de entrada, hay algún apego en algún lugar dentro de su familia o de su esfera de contactos, que los lleva a tener tales experiencias», dijo. «Y luego, por supuesto, se les anima a analizarlos de una forma... y luego se van».

En verdad se justifica una conversación más amplia en torno a la raíz de estas habilidades, pero el punto más esencial es que, independientemente de estos ejemplos y advertencias, muchos todavía participan en estas actividades espirituales y buscan de ellas miles de años después de que las advertencias bíblicas fueran entregadas a los israelitas del Antiguo Testamento, así como a los que vivían en la era del Nuevo.

Gran parte de este comportamiento también se ha normalizado en la cultura pop, a pesar de que teólogos y expertos que trabajan en el ámbito de la guerra espiritual advierten abiertamente que participar en estas prácticas puede ser peligroso, al servir como vías negativas hacia el alma de una persona. Entonces, el mensaje al comienzo de este capítulo vuelve a ser primordial: mantente firme con el Señor y obedece sus normas.

El reverendo Samuel Rodríguez se encuentra entre los que creen que el plan de Satanás es «poseer o intentar oprimir», una estrategia que se ha infiltrado en la vida de las personas y ha ayudado a separarlas del amor de Dios.

«Si no tienes un cortafuegos de justicia, si no estás cubierto por la obra expiatoria vicaria de Jesús, entonces la posesión es, en realidad, una posibilidad, especialmente en aquellos que incursionan en el oscurantismo, en la brujería satánica, en las convocatorias, en la invocación de espíritus, etc.; en una palabra, que participan en actividades que están fuera de las normas de lo que llamaríamos apropiado», me dijo, «literalmente provocando que el oscurantismo invada sus vidas».

Por supuesto, hay muchas formas de «provocar la oscuridad». Algunas actividades omnipresentes y que lo abarcan todo, como la adoración satánica, son claramente problemáticas, aunque los expertos creen que otras actividades como el uso de la güija también pueden tener un impacto terrible.

El abuso de drogas y el reino espiritual

Esta idea de «provocar la oscuridad» es intrigante, ya que hace que uno se pregunte qué otras actividades podrían abrir a una persona a la opresión espiritual. Resulta curioso que varios individuos entrevistados mencionaron el uso de drogas como otra posible puerta hacia lo demoníaco, y Miles, entre otros, señaló su creencia de que existe una conexión potencial entre el uso de sustancias ilícitas y la apertura de un camino hacia el mal.

«Hay algo en esta ruptura de la barrera sangre-cerebro en drogas específicamente ilícitas», dijo. «Está abriendo una puerta a un reino de este tipo de capacidad mental y emocional distorsionada que en realidad nunca estuvo destinada a estar abierta».

Slick señaló en sus propios escritos que la Biblia «no habla de drogas en el sentido de nuestro entendimiento moderno de antibióticos, analgésicos y alucinógenos» y, como resultado, «no podemos decir definitivamente que las drogas causen posesión demoníaca».[8]

Pero, refiriéndose al punto de Miles, Slick señaló que lo que puede suceder cuando una persona está «esclavizada» por las drogas o sustancias es un estado alterado como resultado de su uso.[9] En este caso, Slick escribió que las drogas pueden «afectar a una persona lo suficiente como para contribuir a opresión o posesión demoníaca».

Un experto que pidió no ser identificado dijo que la gente podría meterse en las drogas de forma inocente, pero que las ramificaciones espirituales son bastante duras. «En cada droga hay un demonio, particularmente cuando se trata de traficantes... definitivamente están unidos», apuntó. «No hay una persona que sea adicta... hay un espíritu demoníaco que está causando eso».

Brown habló de su propio descenso en las drogas. Comenzó a drogarse con marihuana cuando tenía catorce años, y pronto se encontró sumergiéndose más profundamente de lo que jamás hubiera imaginado en sustancias mucho más serias y peligrosas. «Te acostumbras a algo en particular. Se crea hambre y apetito por más. Lo que solía deslumbrarte ya no te deslumbra... así que necesitas hacer algo un poco más difícil, un poco más fuerte; luego tu conciencia se endurece en el proceso y comienzas a salir con gente con la que no habías salido antes».

Dijo que esta dinámica puede desarrollarse y conducir a algunos escenarios dañinos, con personas que de repente se encuentran actuando de maneras que nunca hubieran imaginado. Este fue el caso de Brown, en su propio viaje al abismo de las drogas.

«Pasé de fumar marihuana a los catorce a inyectarme heroína a los quince», comentó. «Esa es una imagen de lo que sucede en el reino espiritual o en el reino demoníaco: comienzas a abrirte. Empiezas a entretenerte con ciertas cosas; comienzas a dar un paso en la dirección equivocada y Satanás se hace cargo del resto».

La historia de Brown es única en el sentido de que «se salvó radicalmente» a los dieciséis, solo dos años después de haber comenzado por un camino negativo. A los dieciséis puso marcha atrás y saltó hacia Dios alejándose de la adicción. Muchos encuentran la salida del abuso de drogas y sustancias, e independientemente del lugar donde las personas se hallen en su conexión espiritual, evitar estos elementos es definitivamente prudente.

Jugar con fuego produce oscuridad

Hablando espiritualmente, la mayoría de los teólogos y pastores están de acuerdo en que hay muchas formas en las que «jugar con fuego» puede marcar el comienzo de la oscuridad espiritual. Si bien la mayoría está de acuerdo en que la posesión demoníaca total es un fenómeno raro, parece que el problema más profundo y prevalente es la opresión, que puede llegar y manifestarse de muchas maneras.

> Hay muchas formas en las que «jugar con fuego» puede marcar el comienzo de la oscuridad espiritual.

«Están los oprimidos por la oscuridad, y están los que luchan contra la oscuridad porque la oscuridad está emergiendo para extraviarlos», explicó Rodríguez. «Puede que la oscuridad no penetre, puede que no invada, pero intentará distraer».

A veces la distracción puede ser el primer paso hacia algo más común o generalizado. Por eso mismo, el objetivo es evitar caer en estas pendientes resbaladizas y trampas espirituales. Los pastores y teólogos entrevistados para este libro señalaron la importancia de una vida espiritual sana llena de oración, lectura de las Escrituras, reflexión y una estrecha relación con Dios.

El plano espiritual está ante nosotros; lo que queda es una simple pregunta para todo ser humano: ¿lo seguiremos?

8

La güija

Con bastante frecuencia se menciona a la güija cuando se trata de los peligros que ocasiona jugar con fuego. Hay quienes la califican como un juego simple e inofensivo, mientras que otros la ven como una ventana diabólica al mundo espiritual, una herramienta que puede abrir a los que juegan con ella la influencia demoníaca, el sufrimiento espiritual y las experiencias definitivamente perjudiciales.

> Algunos han afirmado que jugar con la güija les ha abierto un portal al pandemonio espiritual

Por un lado, millones la juegan, y la experiencia de la gran mayoría no pasa más allá de risitas intrascendentes y un leve nerviosismo. Pero por otro lado, algunos han afirmado que jugar con la güija les ha abierto un portal al pandemonio espiritual.

Hay innumerables historias de personas que dicen haber experimentado fenómenos inexplicables después de jugar con la güija. Estas afirmaciones, que son comprensiblemente recibidas con escepticismo, parecen desafiar, o al menos cuestionar, la idea común de que la güija no es más que un mero juego de salón.

Una breve exploración de las reseñas de Amazon sobre la güija ofrece una letanía de proclamas de que todo es falso y un fraude, aunque no todos están tan seguros.

«Esta cosa ha arruinado mi vida», escribió un cliente. «Ha hecho de mi hogar un lugar horrible. Las luces se apagan de la nada y aunque seguí todas las reglas para su uso se transformó en un peligro para mí y mi familia».[1] Otra persona agregó: «Ahora tengo que alejarme de ella. Úsela usted si quiere pero bajo su propio riesgo».[2]

Hay otras afirmaciones similares. No hay forma de saber si son simplemente intentos simulados de asustar a los compradores (los revisores en estos dos casos dieron al producto una estrella) o algo más siniestro.

Hay algo más fascinante en medio de esta mezcolanza de reseñas; entre ellas aparecen comentarios de personas que no son compradoras verificadas, pero que publicaron intencionalmente en Amazon sus opiniones en un esfuerzo por disuadir a la gente de comprar el jueguito.

«No puedo hablar sobre la calidad de este objeto, pero puedo hablar sobre mi experiencia. No puedo desaconsejar con más firmeza cualquier intento de utilizar este juego», escribió un crítico. «Créanme, sé lo que va a pasar, lo he experimentado. Por favor, sigan mi consejo, no compren eso. Si persisten en jugar con la güija no les puedo garantizar que saldrán de esto tan bien como salimos nosotros. Por favor, sigan mi consejo, no compren eso».[3]

Entonces, ¿cuál es el verdadero problema con la güija? ¿Es realmente una puerta abierta a los espíritus, o una distracción benigna e inofensiva sin más poder espiritual que cualquier otro juego de mesa? El doctor Michael Brown es uno de los que advierten a la gente que desconfíen de la güija, y explica que algunos de los que se han adentrado en el ocultismo creen que la güija es «uno de los puntos de entrada estándar» al mundo espiritual.

«Se trata de sintonizar con el conocimiento sobrenatural, con información sobrenatural; de hacer contacto con otro reino», dijo. «E incluso si para muchas personas no pasa nada y es solo un trozo de madera o lo que sea, el objetivo es hacer que algo suceda».

No se equivoque. Todo el atractivo de la güija está en que promete abiertamente derribar una barrera espiritual. Vendido por el gigante de juguetes *Hasbro*, en el lenguaje oficial de ventas de la güija se promete a los usuarios ingresar al «mundo de lo misterioso y desconcertante», ofreciendo a las personas de ocho años en adelante respuestas del «mundo de los espíritus».[4]

«Haz tu pregunta con un amigo usando la plancheta que viene con la güija, pero ten paciencia y concéntrate porque a los espíritus no se les puede apresurar», continúa la descripción. «¡Maneja la güija con respeto y no te decepcionará!».

Esta instrucción no ha cambiado mucho desde 1891, cuando el juguete fue anunciado en el *Pittsburgh Dispatch*. Un anuncio de la época decía que los «movimientos misteriosos de la güija invitan a la investigación más cuidadosa, y aparentemente forman el vínculo que une lo conocido con lo desconocido, lo material con lo inmaterial».[5]

Mucha gente se ríe de la creciente popularidad de la güija y opta por usarla para divertirse un rato. Mientras tanto pastores, sacerdotes y líderes religiosos como Brown han repetido vez tras vez y puesto a sonar las alarmas para hacer saber a los posibles interesados en entrar en el juego que su uso puede conducir a un escenario espiritual espantoso.

Estas advertencias se han intensificado en los últimos años junto con el aumento vertiginoso de las ventas de la güija. Se ha reportado que las ventas aumentaron en un 300 % a partir de 2014 después del estreno de *Güija*, película de terror de Hollywood basada en el popular juego. En 2016 se lanzó la película de seguimiento *Güija: Origin of Evil* (Güija: el origen del mal).[6] Un medio calificó el aumento en las ventas como un «renacimiento inesperado», con una mayor atención en Hollywood y la cultura aparentemente catapultando el interés de la gente.[7]

Las advertencias sobre la güija tampoco están escondidas en los rincones tranquilos del ámbito teológico, ya que algunos líderes religiosos se han dirigido abiertamente a los medios de comunicación prominentes para advertir sobre los supuestos peligros de usarla. Peter Irwin-Clark, vicario de una iglesia de Inglaterra, dijo al *Daily Mail* en una entrevista de 2014 que los padres simplemente no deben permitir que sus hijos usen ese artefacto. «Es como abrir una contraventana en el alma y dejar entrar lo sobrenatural», expresó.[8] «Hay realidades espirituales por ahí y pueden ser muy negativas. Es absolutamente espantoso. Recomiendo encarecidamente a los padres que no compren güijas para sus hijos».

Antes de profundizar en las afirmaciones espirituales sobre la güija, quizás sea necesario sumergirnos en sus orígenes, que, por decir lo menos, son extraños y misteriosos. Uno de los hechos más notables sobre la güija es que su diseño y apariencia general no han cambiado mucho a lo largo de los años. Básicamente, siempre ha sido un tablero con letras del alfabeto, números del cero al nueve, y las palabras *sí, no* y *adiós*.[9]

Y, en apariencia, siempre ha habido una plancheta: el dispositivo que se dice que se mueve alrededor del tablero, exponiendo letras y números en forma ordenada. Pero si bien existe una multitud de información sobre el impacto de la güija en los usuarios, los detalles detrás de sus orígenes siempre han estado un poco nublados por la incertidumbre y las afirmaciones fantásticas. No fue sino hasta 1992, cuando un hombre llamado Robert Murch comenzó a profundizar en la güija y su historia, que algunas afirmaciones y detalles comenzaron a materializarse en forma más clara.

Las raíces de la güija se fijan a mediados del siglo XIX, cuando Estados Unidos experimentó lo que la revista *Smithsonian* llamó «una obsesión por el espiritismo» y la creencia de que los vivos podían comunicarse con los muertos.[10] En 1886, *Associated Press* ya estaba informando sobre la nueva aparición de los llamados foros de conversación, y por 1890, un grupo de empresarios liderados por Charles Kennard, de Baltimore, se había unido para encontrar una manera de monetizar el nuevo invento.[11]

Ese año, Kennard y su equipo, que incluía al abogado Elijah Bond y al coronel Washington Bowie, formaron la Kennard Novelty Company, pero aún no habían encontrado un nombre para la mesa parlante. Murch le dijo a la revista *Smithsonian* que Helen Peters, cuñada de Bond, que era una médium, dio con el nombre después de preguntarle a la misma güija cómo deberían llamarla.[12]

Una patente estadounidense concedida para la tabla güija el 10 de febrero de 1891, incluye imágenes del tablero y el nombre de Bond como el inventor.[13]

La patente describe el juguete en detalle y explica que lo que se buscaba era «producir un juego mediante el cual dos o más personas podrían divertirse haciendo preguntas de cualquier tipo y respondiéndolas mediante el dispositivo utilizado y operado por el toque de la mano».

No se sabe mucho sobre lo que sucedió en la Oficina de Patentes. Lo concreto es que los inventores utilizaron el hecho de que a la güija se le otorgó una patente en lenguaje publicitario para ayudar a vender el producto, para publicar un anuncio en un periódico a fines del siglo XIX en el que se decía que la «güija había sido completamente probada en la Oficina de Patentes de los Estados Unidos antes de que se le otorgara la patente».[14]

Murch le contó a *Time* una de las historias de fondo que han circulado sobre cómo se le concedió una patente a la güija. Para obtenerla había que demostrar que la güija funcionaba:

Cuando Elijah Bond solicitó la patente, en la oficina de patentes le dijeron que tenía que demostrar que el aparato funcionaba. Un nieto de Helen Peters recuerda que su abuela le contó a su familia que Bond la había llevado a la oficina de patentes en Washington,

D.C. Con el primer empleado que lo intentaron, este dijo: «No quiero ser el hazmerreír». Fueron, entonces, al jefe del empleado quien les dijo: «Si esa cosa puede deletrear mi nombre, tendrán su patente». Helen se puso en acción y la güija deletreó el nombre. Visiblemente conmocionado, el jefe les dijo: «Está bien, tienen su patente». Sin embargo, la patente no dice cómo es que funciona.[15]

Dejando a un lado el proceso de la patente, un hecho es innegable: no pasó mucho tiempo antes de que estos llamados foros parlantes se convirtieran en un gran éxito. El *Morning Call* de San Francisco informó, en 1893, que la «fiebre de las planchetas» había estallado en el norte de California, señalando que la gente estaba «ansiosa por tener comunión con los muertos y los vivos distantes».[16]

La Kennard Novelty Company finalmente se expandió a una segunda fábrica en Baltimore y abrió ubicaciones en Nueva York, Chicago y Londres. En unos pocos años, el *Smithsonian* notó que Bond y Kennard ya no estaban involucrados con la empresa, y que ahora estaba dirigida por un tal William Fuld.[17]

La historia de Fuld es uno de los elementos más extraños en la historia de la evolución de la güija. Su vida llegó a un trágico final el 26 de febrero de 1927. El *New York Times* publicó un obituario el 27 de febrero titulado: «El inventor de la tabla güija muere al caerse del techo: Fuld pierde el equilibrio mientras colocaba una nueva bandera en su fábrica de juguetes».[18]

Según el obituario, Fuld cayó «tres pisos a la calle desde el techo de su fábrica de juguetes». Aquí hay más:

El señor Fuld había subido al tejado para supervisar el reemplazo de un asta de bandera gastada. Estaba parado cerca del borde del techo, agarrado a un soporte de hierro del asta, según los trabajadores, cuando el soporte se soltó de sus amarras y el señor Fuld perdió el equilibrio y cayó al vacío.[19]

El artículo del *Times*, que parece etiquetar incorrectamente a Fuld como el creador de la güija, no menciona algunos de los otros supuestos detalles de la historia, principalmente aquel en el que Fuld afirmó que el tablero le había dicho que construyera la misma fábrica de la que se cayó y murió.[20] En verdad es una historia extraña, pero digna de ser contada a la luz de la infamia continua de la güija.

La popularidad de la güija ha aumentado y disminuido, con épocas de incertidumbre como las guerras que supuestamente han generado más interés y uso. El espiritismo mismo explotó durante la Guerra Civil, con la gran cantidad de muertes estadounidenses alimentando la búsqueda de la gente para conectarse con sus seres queridos fallecidos.[21]

Con el paso de los años, la fascinación por la güija simplemente creció. De manera sorprendente, Parker Brothers vendió dos millones de unidades en 1967 después de que la compañía compró los derechos, y décadas antes, en 1944, una época de conflictos internacionales, se dice que una tienda por departamentos vendió cincuenta mil unidades.[22]

Pero, ¿por qué la güija ha sobrevivido, conservando su lugar en la cultura? Según Murch, en 1973, la película *El exorcista* transformó la forma en que la gente veía la güija. Mientras que las películas anteriores bromeaban sobre ella, la aterradora historia cinematográfica sobre una niña que fue poseída después de haberla usado «aterrorizó a América».[23]

Joseph P. Laycock, profesor de estudios religiosos en la Universidad Estatal de Texas, estuvo de acuerdo en que fue la película, y la novela en la que se basó, lo que «cimentó la siniestra reputación de la güija en la imaginación popular».[24]

«La güija se desarrolló a partir del espiritismo, un movimiento del siglo XIX conocido por sus puntos de vista optimistas sobre el futuro y el más allá», escribió Laycock. «A medida que la popularidad del espiritismo disminuyó, la güija surgió como un juego de salón popular; fue solo en el siglo XX que la Iglesia católica y la industria del cine de terror le dieron a la güija la categoría de puerta a lo demoníaco».[25]

Sin embargo, Laycock dijo que la Iglesia católica ya había pasado décadas advirtiendo a la gente contra el uso de la güija. Y también que hubo historias extrañas alrededor de la güija mucho antes de que Hollywood presentara *El exorcista*.

Tomemos como ejemplo el extraño caso de asesinato, en 1929, que involucra a dos mujeres: Nancy Bowen, de 66 años, y Lila Jimerson, de 36. Habrían recurrido a la güija para tratar de averiguar por qué había muerto el esposo de Bowen, Charlie Bowen.[26]

Según cuenta la historia, la güija escribió las palabras «Me mataron» y luego apareció el nombre «Clothilde», junto con una dirección y una descripción del presunto asesino.[27] Con el tiempo, Nancy Bowen, convencida de que una mujer llamada Clothilde Marchand había dado muerte a su marido, se dirigió a la casa de la mujer... y la mató. El *New York Daily News* explicó:

> Y así fue como el 7 de marzo de 1930, cuando la señora Marchand, una pintora menudita que había abandonado una carrera prometedora para criar a cuatro hijos, abrió la puerta de su casa a alguien que llamaba, se encontró frente a una persona a quien no conocía y que en un inglés rudimentario la acusó de ser bruja.
>
> Con un martillo que llevaba Nancy Bowen golpeó a la francesa, luego terminó el trabajo metiéndole papel empapado en cloroformo en la garganta.[28]

Resulta curioso que Bowen dijo durante el juicio que había intentado matar a la mujer con maleficios, pero cuando eso falló, tomó la espantosa decisión. Se desarrollaron muchos otros detalles extraños, con la revelación de que, aparentemente, Lila Jimerson estaba teniendo una aventura con Marchand antes del asesinato.

Por último, Jimerson fue liberada, Bowen se declaró culpable de homicidio involuntario y se le dio tiempo cumplido, pero el caso en sí, con la participación de la güija, se convirtió en una sensación absoluta.

La ciencia y la güija

No todos están convencidos de que la güija puede conectar a las personas con el reino espiritual. Algunos creen que hay una explicación razonable para lo que se desarrolla en la güija: el aparente movimiento de la plancheta.

En el año 2012, Scott G. Eberle escribió un artículo de opinión sobre el tema, señalando que el éxito de la güija y el interés por ella dependen de dos factores específicos: las cosas que dijo no son «un secreto» ni «surgen de espíritus malignos».[29]

Además de escribir sobre la reducción de la incredulidad a medida que la gente juega, Eberle también habló de un «engaño inteligente al manipular la plancheta».[30] Dijo que a menudo hay secretos abiertos que todos los que participan en el juego conocen, y que los jugadores que se conocen entre sí podrían empujar hacia la aspiración que asumen que una persona tiene.

Pero su teoría no termina ahí, ya que habló de la noción de la «acción ideomotora», una idea introducida por el fisiólogo británico William Benjamin Carpenter a mediados del siglo XIX. Eberle explicó cómo funciona la teoría:

> Así es como funciona la acción ideomotora. Puede parecer que la plancheta arrastra nuestras manos al seleccionar letras que forman palabras, pero sucede que la acción muscular no siempre surge de una voluntad o volición deliberada o, de hecho, incluso de nuestra conciencia. Nuestras grandes expectativas por un determinado

resultado pueden dirigir los movimientos de nuestros brazos y manos para que la plancheta se deslice fácilmente sobre su base cubierta de fieltro. Esto sucede a un nivel que se encuentra por debajo de nuestra atención consciente. Los péndulos o varillas de radiestesia, conocidos también como «palos mojados» o «adivinadores», que también parecen moverse de manera extraña por sí mismos, funcionan exactamente de esta manera al amplificarse los movimientos musculares de quien los lleva.

Sin embargo, ya sea que estemos buscando tuberías enterradas o respuestas, sugerencias sutiles y no reconocidas, no los espíritus, guían nuestras acciones. Sí, seleccionamos las letras nosotros mismos en este juego; es solo que a veces no sabemos muy bien que lo hacemos, o cómo lo hacemos.[31]

Otros comparten perspectivas similares. La escritora de *Vox*, Aja Romano, que escribió un artículo en 2018 en el que prometía que las tablas de güija «en realidad no te pondrán en contacto con demonios o espíritus», ofreció su perspectiva sobre cómo funcionan estas «tablas parlantes».[32]

Al igual que Eberle, describió el efecto ideomotor como «una forma de que tu cuerpo se hable a sí mismo». Se dice que estos movimientos involuntarios son inconscientes y ocurren incluso cuando estamos tratando de no mover nuestras manos. Ella compara esta dinámica con lo que sucede cuando una persona se mueve o se agita mientras duerme. Son movimientos involuntarios que ocurren a un nivel inconsciente, dijo.

«En el caso de la güija», siguió diciendo, «tu cerebro puede inconscientemente crear imágenes y recuerdos al hacerle preguntas. Tu cuerpo responde a tu cerebro sin que tú conscientemente «le digas» que lo haga, lo que hace que los músculos de tus manos y brazos muevan el puntero hacia las respuestas que tú, de nuevo, inconscientemente, desees recibir».[33]

Eberle y otros han sugerido que una simple prueba con los ojos vendados refuta cualquier elemento espiritual de la güija.[34] ¿Su argumento? Si le vendas los ojos a alguien e inclinas la tabla, el jugador no va a ser capaz de formar una palabra yendo letra por letra. Y, si este es el caso, y si la ortografía depende de la capacidad de ver el tablero, estos críticos argumentan que es claramente un acto de la propia mente y no una fuerza espiritual o demoníaca lo que mueve la plancheta.

Antes de su extraña muerte, Fuld mismo parecía dudar del producto que estaba vendiendo con tanto éxito. «¿Crees en la güija?», le preguntaron. Y su respuesta fue: «Debo decir que no». Según los informes, se afirma que una vez dijo: «No soy un espiritualista. Soy presbiteriano, lo he sido desde que usaba droga».[35]

Otros investigadores han explorado específicamente la güija y han obtenido resultados similares. Aun así, personas de todo el mundo informan fenómenos inexplicables que creen que están directamente relacionados con el uso que hacen de la güija.

¿Están mintiendo, delirando o simplemente imaginando lo que está sucediendo? Muchos líderes religiosos afirmarían que estas personas están diciendo la verdad y que se debe tener mucha precaución. Brown cree que es mejor evitar la güija por completo, de nuevo apelando a su experiencia pasada al hablar con personas que han incursionado en lo oculto.

«Pregúntele a la gente que salió del satanismo, pregúntele a la gente que salió de la brujería, pregúntele a la gente que estuvo realmente atada por demonios si está bien jugar con la güija o con las cartas del tarot o cosas así», señaló. «Y estoy seguro de que, universalmente, dirían: "¡Ni lo intente!"».

9

¿Existen realmente los fantasmas?

La discusión general sobre los demonios, la posesión y, en particular, la infestación se presta a otro tema interesante de análisis: los fantasmas. Definidos simplemente como «almas incorpóreas», hay quienes creen que son los espíritus de seres humanos fallecidos que de alguna manera permanecen aquí en la tierra.[1]

Este es un concepto completamente diferente de los demonios, cuya presencia se advierte a lo largo del Nuevo Testamento; en cambio a los fantasmas no se les da mucha atención en las Escrituras, quizás debido a la prevalencia de endemoniados, posesiones y exorcismos.

¿Pero son los fantasmas reales? Algunos responderán afirmativamente, y son sin duda montones de practicantes espirituales y los llamados *cazafantasmas* de todo el mundo que dedican una gran cantidad de su tiempo a tratar de probar, monitorear y exponer la existencia de estos seres.

Mientras tanto, psíquicos y médiums prometen ayudar a las personas en duelo a comunicarse con sus seres queridos fallecidos (práctica conocida como nigromancia), una dinámica que refleja las formas en que se usa a menudo la güija. La creencia entre estos individuos y quienes los buscan es que es posible invocar el espíritu de una persona fallecida para hablar con ella.

Si esto es posible o no es un tema de intenso debate, pero la búsqueda para conectarse con los muertos es ciertamente una práctica atemporal que se ha desarrollado durante miles de años. Entonces, ¿cuál es la posición de la gente sobre la existencia de los fantasmas? Como ya hemos visto, las encuestas muestran que el 45 % de los estadounidenses adultos admite creer en los fantasmas, y el 43 % que los fantasmas pueden rondar en torno a lugares o personas.[2]

> El 45 % de los estadounidenses adultos admite creer en los fantasmas.

Pero esa no es la única estadística que se destaca. El respetado Pew Research Center descubrió, en 2009, que una proporción sustancial de adultos estadounidenses decía haber tenido una experiencia personal con un «fantasma».[3] «Casi uno de cada cinco adultos estadounidenses (18 %) dice haber visto o estado en la presencia de un fantasma», reportaba el Centro. «Una proporción aún mayor, el 29 %, dice que se ha sentido en contacto con alguien que ya ha muerto».[4]

Se trata de estadísticas bastante sorprendentes, por la proporción tan notable de personas que cree haber tenido algún tipo de experiencia en este campo. Y aunque hasta antes del año 2009 no teníamos muchos datos sobre estas creencias o experiencias, sí se sabe que, a lo largo de los milenios, el concepto de fantasmas ha cautivado y aterrorizado a muchos en todo el mundo.

Como ya lo hemos mencionado, Hollywood se ha aprovechado de este interés, aparentemente interminable sobre el reino espiritual, produciendo programas de televisión y películas sobre el tema. Desde películas de terror hasta los famosos *reality shows* que incluyen investigadores que buscan fantasmas y médiums que se conectan con los muertos, no hay escasez de contenido con la temática de los fantasmas. Asimismo, durante la temporada de Halloween, los fantasmas reciben cada año una gran cantidad de atención.

Pero, ¿cuál es la verdad del asunto? ¿Es posible, escrituralmente hablando, que los espíritus humanos «se queden» después de la muerte y anden por ahí rondando, o la gente simplemente va al cielo o al infierno después de dejar sus cuerpos, desconectándose por completo del reino terrenal?

Estas curiosidades son fascinantes y atemporales, aunque parece haber algún grado de consenso entre los cristianos y, como veremos, la Biblia ofrece un sólido nivel de uniformidad en esto de los fantasmas.

Los evangélicos, en particular, generalmente rechazan la idea de que alguien muera y regrese o se quede en la tierra. La periodista galardonada Emily McFarlan Miller se refirió a este sentimiento en un artículo para *Relevant*: «Una abrumadora mayoría de expertos evangélicos dice que la cosmovisión cristiana no admite que los fantasmas se queden en la tierra».[5]

Miller continuó señalando que casi todas las denominaciones bajo el paraguas cristiano están de acuerdo en que «no se debe jugar con ningún espíritu que no sea Dios» y que no se debe buscar contacto alguno con el difunto.[6]

Pero aunque parece haber al menos una opinión cristiana mayoritaria contra la existencia de fantasmas, no todos los que tienen una cosmovisión bíblica están totalmente de acuerdo. Como muchas de las otras cuestiones teológicas más comunes, varios grupos bajo el paraguas cristiano tienen perspectivas divergentes sobre el tema.

Como señala el sitio web de teología GotQuestions.org:

Dentro de la fe cristiana, existe una gran confusión con respecto a lo que sucede después de la muerte. Algunos sostienen que después de la muerte, todos «duermen» hasta el juicio final, después del cual todos serán enviados al cielo o al infierno. Otros creen que en el momento de la muerte, las personas son juzgadas instantáneamente y enviadas a sus destinos eternos. Aún otros afirman que cuando la gente muere, sus almas/espíritus son enviados a un cielo o infierno «temporal», para esperar la resurrección final, el juicio final, y luego, su destino eterno definitivo.[7]

Para ver qué tiene que decir una amplia franja de cristianos practicantes al respecto, decidí explorar más profundamente estos puntos de vista. Y, como se esperaba, una encuesta llevada a cabo por Consumer Insights de Harper Collins, como preparación para la publicación de *Cuando jugamos con fuego*, reveló que la gran mayoría de los cristianos encuestados (75 %) rechaza la noción de que una persona que muere «puede quedarse» en la tierra rondando en algún lugar.

Mientras tanto, el 8 % dijo que tales fantasmas son posibles y el 17 % señaló no estar seguro; las proporciones fueron similares entre los líderes de la iglesia.

Si bien estos datos son intrigantes, quiero hacer otra nota sobre la información de Pew de 2009 que encontró que casi uno de cada cinco adultos estadounidenses afirmaba haber visto o haber estado en presencia de un fantasma: era mucho menos probable que la gente de iglesia informara haber experimentado tal dinámica. Pew explica:

> ¿Ayuda a mantener alejados a los fantasmas ir a la iglesia? Es imposible afirmarlo categóricamente, pero las personas que a menudo van a los servicios de adoración parecen tener menos probabilidades de decir que ven fantasmas. Según la encuesta de Pew Research Center, solo el 11 % de los que asisten a servicios religiosos al menos una vez por semana dicen que han estado en presencia de un fantasma, mientras que el 23 % de los que asisten a los servicios con menos frecuencia dicen que han visto un fantasma.[8]

Hay mucho que explicar aquí, pero una de las teorías centrales que surge es que si todo lo que la gente dice haber visto o experimentado es en realidad de naturaleza demoníaca, como sostienen algunos expertos, entonces parece digno de mención que los feligreses, personas que no tienen ningún problema abrazando la existencia del reino espiritual, reporten menos experiencias con fantasmas.

No es exagerado suponer que los feligreses son más propensos que el público en general a ser cristianos genuinamente fieles y auténticos y, por lo tanto, es menos probable que incursionen en el ocultismo o participen en acciones que evoquen los problemas espirituales que hemos discutido en este libro. Si uno acepta la creencia de que los fantasmas son una imposibilidad y que los problemas espirituales se derivan de lo demoníaco, entonces tendría sentido que los cristianos tuvieran una menor tasa de este tipo de experiencias y, por lo tanto, experimentaran en menor grado estas influencias espirituales.

> Parece digno de mención que los feligreses, personas que no tienen ningún problema abrazando la existencia del reino espiritual reporten menos experiencias con fantasmas.

El autor Ron Rhodes abordó esto en su libro *La verdad detrás de los fantasmas, médiums y fenómenos ocultistas*, cuando dijo que algunos creen erróneamente que se han encontrado con fantasmas y, en realidad, se han comunicado con algo mucho más siniestro.

«La gente a veces se encuentra genuinamente con una entidad espiritual, aunque no con un humano muerto», escribió Rhodes. «Se trata de espíritus demoníacos que imitan a los muertos para engañar a los vivos (ver 1 Juan 4:1; 1 Timoteo 4:1-3). Muchos de los que afirman haberse encontrado con tales entidades espirituales tienen alguna relación previa con el ocultismo».[9]

Si retrocedemos un poco, queda claro que las creencias que la persona tiene sobre lo que sucede después de la muerte tendrán un impacto directo e implícito en lo que esa persona piensa sobre la posible existencia de fantasmas.

Hay algunos versículos específicos que parecen apuntar a la idea de que una persona termina en el cielo o en el infierno inmediatamente después de la muerte.[10] En 2 Corintios 5:8 dice: «Así que nos mantenemos confiados, y preferiríamos ausentarnos de este cuerpo y vivir junto al Señor». Una lectura de referencia del texto parece indicar que una vez que los cristianos estamos lejos de nuestros cuerpos, estamos con Dios.

También está Hebreos 9:27, que dice: «Y así como está establecido que los seres humanos mueran una sola vez, y después venga el juicio...». Es otro versículo que algunos toman para indicar un ascenso o descenso inmediato al cielo o al infierno.

Pero luego tenemos otros versículos, como Apocalipsis 20:11-15, que parecen apuntar a un futuro juicio de los muertos:

> Luego vi un gran trono blanco y a alguien que estaba sentado en él. De su presencia huyeron la tierra y el cielo, sin dejar rastro alguno. Vi también a los muertos, grandes y pequeños, de pie delante del trono. Se abrieron unos libros, y luego otro, que es el libro de la vida. Los muertos fueron juzgados según lo que habían hecho, conforme a lo que estaba escrito en los libros. El mar devolvió sus muertos; la muerte y el infierno[a] devolvieron los suyos; y cada uno fue juzgado según lo que había hecho. La muerte y el infierno fueron arrojados al lago de fuego. Este lago de fuego es la muerte segunda. Aquel cuyo nombre no estaba escrito en el libro de la vida era arrojado al lago de fuego.

En otros lugares, vemos simultáneamente referencias a «dormir» y un llamado a Jesús para que reciba inmediatamente el espíritu de alguien. En Hechos 7:59-60, cuando apedreaban a Esteban, el mártir exclamó durante esa terrible experiencia: «Señor Jesús, recibe mi espíritu».

Después de que Esteban se arrodilló y le rogó a Dios que «no les tomara en cuenta este pecado» a aquellos que lo estaban matando, la Biblia nos dice que «durmió» (RVR1960).

Vemos este tema del sueño también en otros versículos. 1 Tesalonicenses 4:14 dice: «Porque si creemos que Jesús murió y resucitó, así también traerá Dios con Jesús a los que durmieron en él».

Y en 1 Corintios 15:17-18 leemos: «Y si Cristo no resucitó, vuestra fe es vana; aún estáis en vuestros pecados. Entonces también los que durmieron en Cristo perecieron».

La noción de que hay una vida futura inmediata es bastante común y parece estar incrustada en las Escrituras, aunque hay quienes abrazan la idea de que los humanos esencialmente caen en un sueño espiritual mientras «esperan la segunda venida y el juicio» (RVR1960).[11]

Los versículos antes mencionados hablan de esa dinámica, pero el famoso pastor y teólogo John Piper se encuentra entre los que creen que las personas no caen en un sueño inconsciente durante eones hasta el regreso de Jesús. En una explicación sobre el tema, Piper apeló a Pablo y señaló que el apóstol dijo que estar en la presencia de Cristo después de la muerte sería para él una «ganancia» (Filipenses 1:21-23).

«Entonces, cuando Pablo hace referencia a su propia muerte, la llama "ganancia", no porque vaya a quedar inconsciente con cero experiencia durante otros mil años, sino porque va a la presencia de Cristo con Cristo de una manera más profunda e íntima», dijo Piper. «Y es», agrega, «mucho mejor que cualquier cosa que haya conocido aquí».[12]

Piper vuelve a referirse a Pablo haciendo referencia a lo que el apóstol dice en 2 Corintios 5:6-9, que cuando estamos «lejos del cuerpo» estamos «en casa con el Señor». Y que «morir en el cuerpo significa ir a casa para estar con el Señor».[13]

Hay otros versículos que podríamos explorar, pero por el bien de la brevedad, solo nos sumergiremos en uno más, y es quizás la más intrigante proclamación bíblica sobre la muerte. El momento que invita a la reflexión se desarrolla cuando el Señor estaba en la cruz hablando con uno de los criminales que fue crucificado junto a él. Lucas 23.39 nos dice que uno de los criminales le lanzaba insultos, diciéndole: «¿No eres tú el Cristo? ¡Sálvate a ti mismo y a nosotros!». Pero el otro criminal lo reprendía: «¿Ni siquiera temor de Dios tienes?», antes de hacer notar que en el caso de ambos «el castigo es justo» por sus obras, pero que Cristo no había hecho nada malo (vv. 40-41).

El diálogo que viene a continuación —Jesús ofreciendo perdón al criminal— habla de este debate general sobre la muerte.

> **Criminal:** «Jesús, acuérdate de mí cuando vengas en tu reino».
> **Jesús:** «Te aseguro que hoy estarás conmigo en el paraíso».
> (vv. 42-43)

Es revelador que Jesús le prometió al criminal que estaría con él «en el paraíso» ese mismo día. Este diálogo es bastante convincente y parece estar hablando de una salida inmediata a un estado celestial. Aun así, algunos han encontrado otras formas de interpretar su significado, creyendo, en cambio, que los cristianos permanecen en un estado de sueño hasta el regreso de Cristo.

Entonces, ¿qué dice la Biblia sobre los fantasmas?

Aunque las Escrituras no son del todo tajantes sobre el tema, se podría argumentar que el casi silencio sobre los fantasmas lo dice todo. Exploremos algunos lugares donde algunos podrían argumentar que los fantasmas se pueden ver en las Escrituras. Mateo 27, y los versículos 52-53 en particular, es una sección de las Escrituras que se destacó en gran manera mientras investigaba este libro.

En Mateo 27 vemos una serie de sucesos asombrosos tanto antes como después de la muerte de Cristo, incluida una oscuridad en la que «toda la tierra quedó sumida» justo antes de que el espíritu de Jesús dejara su cuerpo (v. 45).

Y después de que Jesús gritó y entregó su espíritu, vemos algunas líneas adicionales de texto que deberían darnos una pausa, escrituras que parecen apuntar a lo que algunos podrían ver como un escenario fantasmal. Los versículos 51-54 dicen:

En ese momento la cortina del santuario del templo se rasgó en dos, de arriba abajo. La tierra tembló y se partieron las rocas. Se abrieron los sepulcros, y *muchos santos que habían muerto resucitaron. Salieron de los sepulcros y, después de la resurrección de Jesús, entraron en la ciudad santa y se aparecieron a muchos.* Cuando el centurión y los que con él estaban custodiando a Jesús vieron el terremoto y todo lo que había sucedido, quedaron aterrados y exclamaron: ¡Verdaderamente este era el Hijo de Dios! (énfasis añadido)

Estos versículos son impresionantes. ¿Qué está sucediendo exactamente aquí cuando los cuerpos de las personas que habían muerto vuelven a la vida y de repente se les aparecen a «muchos»?

En primer lugar, es importante tener en cuenta que estos sucesos se desarrollan después del acontecimiento más transformador en la historia de la humanidad; por lo tanto, asumir que esto era o es algún tipo de norma sería un enfoque inadecuado. Aun así, el que se registre como sucedido debe analizarse en el contexto de esta conversación.

Piper abordó este escenario en un artículo en DesiringGod.org titulado «Split Rocks, Open Tombs, Raised Bodies» [Piedras partidas, tumbas abiertas, cuerpos levantados] y apunta a que la muerte de Cristo marcó el comienzo de una serie de acontecimientos, los cuales cree que tienen significados específicos e importantes.

Mateo enfatizó claramente que la muerte de Jesús abrió las tumbas y dio nueva vida, como señaló Piper. Esto refleja lo que Cristo ha hecho por toda la humanidad y habla del significado más profundo de la resurrección de Jesús. El teólogo explicó, además:

> Me parece que Mateo nos está mostrando el poder fundamental y esencial de la muerte de Jesús como la causa de la vida de resurrección en cuerpos naturales, mientras afirma la verdad paulina de que la resurrección de Jesús también es necesaria para la plena vida, experiencia pública de nuestra resurrección física: cuerpos resucitados en la muerte de Jesús, cuerpos fuera de las tumbas y dentro de la ciudad en la resurrección de Jesús.[14]

Otros adoptan perspectivas similares. Al escribir para InTouch Ministries, John Greco dijo lo siguiente sobre este momento increíble: «Estos discípulos resucitados sirvieron como testigos del poder de Cristo sobre la muerte y su afirmación de ser el Mesías judío».[15]

Solo podemos especular sobre por qué se permitió que estos hombres y mujeres resucitaran, pero podemos estar seguros de que fue un momento único en la historia humana y bíblica. Tomarlo como una especie de ejemplo de la existencia de fantasmas parecería imprudente; sin embargo, parece específicamente vinculado a la muerte y resurrección de Jesús.

Otro pasaje de las Escrituras particularmente interesante se desarrolla cuando, según Mateo 14, Jesús caminó sobre el agua. Los versículos 25-26 dicen: «En la madrugada, Jesús se acercó a ellos caminando sobre el lago. Cuando los discípulos lo vieron caminando sobre el agua, quedaron aterrados».

Luego se nos dice que los discípulos «gritaron de miedo» y exclamaron: «¡Es un fantasma!». Se observa un lenguaje similar en el relato de la misma historia en Marcos 6:49-50 cuando se nos dice que los discípulos «creyeron que era un fantasma» y «se pusieron a gritar» de miedo.

La suposición basada en estos versículos es que los discípulos eran al menos lo suficientemente conscientes de los conceptos de apariciones como para asumir, y al mismo tiempo estar aterrorizados por, la impactante imagen de Jesús caminando sobre el agua.

Hay otra historia que involucra a Jesús donde la Biblia usa la palabra *fantasma*, y se desarrolla en Lucas 24:36-39 después de la muerte y resurrección de Cristo. En estos versículos vemos a Jesús de repente de pie ante los discípulos, un momento impactante considerando su crucifixión y muerte.

Después de que Jesús dijo: «Que la paz esté con ustedes» nuevamente leemos que estaban aterrorizados. «Entonces ellos se asustaron y aterrorizaron pensando que estaban viendo a un fantasma». Él les dijo: ¿Por qué están tan asustados? ¿Por qué dudan de lo que ven? Miren mis pies y mis manos. ¡Soy yo! Tóquenme y vean que mi cuerpo está con vida. Los fantasmas no tienen cuerpo» (PDT).

Nada de esto indica una visión definitiva de que los discípulos vieron a Jesús como una persona fallecida que regresaba de entre los muertos. Incluso si creyeran que era un fantasma en el sentido denotativo, la Biblia no se presta abiertamente a afirmar que este tipo de dinámica es normalmente posible o rutinaria.

Luego hay otra porción de las Escrituras que ya mencioné antes: la convocatoria intencional de Samuel por el rey Saúl, en 1 Samuel 28. Lo más convincente de esta escritura es que resulta, según GotQuestions.org, «el único relato bíblico de alguien que fue visitado por alguien que había fallecido».[16]

También se podría mencionar como otro posible encuentro fantasmal la transfiguración, en Mateo 17, el momento en que Moisés y Elías aparecen hablando con Jesús. Elías, de quien la Biblia dice que no murió, sino que fue llevado al cielo, no calificaría, pero Moisés, que se sabe que murió, sí. Con todo y eso, este parece ser un momento de especial circunstancia conectado con Cristo.

De cualquier manera, volvamos a la experiencia de Saúl. Después de la muerte del profeta Samuel, Saúl había expulsado a todos los médiums de Israel. Pero cuando vio que los filisteos se aprestaban para atacar a los israelitas, el terror lo invadió.

Desconectado completamente de Dios, buscó a una médium en un intento desesperado de conectarse con Samuel haciéndolo venir desde el más allá de la tumba. Cuando Samuel se hubo presentado, Saúl le dijo: «Estoy muy angustiado. Los filisteos me están atacando, y Dios me ha abandonado. Ya no me responde, ni en sueños ni por medio de profetas. Por eso decidí llamarte, para que me digas lo que debo hacer» (1 Samuel 28:15).

La desesperación de Saúl refleja la desesperación que algunos experimentan después de perder a un ser querido o cuando son superados por el peso de la incertidumbre sobre el futuro. Por eso tanta gente recurre a psíquicos y médiums.

La mujer accedió a tratar de llegar a Samuel, pero lo que el profeta fallecido reveló cuando apareció hizo poco para que Saúl se sintiera mejor. Le dijo: «El Señor te entregará a ti y a Israel en manos de los filisteos. Mañana tú y tus hijos se unirán a mí, y el campamento israelita caerá en poder de los filisteos» (v. 19).

Parece, por el texto, que el intento de traer a Samuel desde más allá de la tumba fue potencialmente exitoso; pero, de nuevo, no hay nada en la Biblia que nos diga que este tipo de conjuro sea cosa normal, rutinaria o típica. Es muy posible que Dios simplemente permitió que se viera a Samuel en un esfuerzo por librar el destino de Saúl. También hay otras teorías, incluida esta sobre la influencia demoníaca que fue resumida por Answers in Genesis:

> Sin embargo, este pasaje [de Samuel] no sugiere que las sesiones funcionen y, definitivamente la Biblia no aprueba la brujería.

Algunos eruditos creen que Dios envió a Samuel en esta ocasión única. Pero otros creen que un demonio se estaba haciendo pasar por el profeta, basándose en que hizo algunas afirmaciones falsas. Por ejemplo, el comentarista John Gill señala que la aparición advirtió que todos los hijos de Saúl morirían al día siguiente, pero algunos sobrevivieron.[17]

Basándonos estrictamente en los hechos del texto, no hay mucho más que podamos decir definitivamente sobre el encuentro. Al menos, es un momento intrigante en la historia bíblica digno de explorar. Entonces, volvamos a la existencia de los fantasmas. Algunos de los expertos y pastores que consulté para este libro fueron inflexibles en su creencia de que los fantasmas, tal como se presentan en la cultura popular, es decir, espíritus de seres humanos fallecidos, simplemente no existen.

Y si estas supuestas apariciones no son espíritus de personas, nos vemos obligados a responder a otra pregunta: ¿qué son entonces?

Chad Norris me dijo: «Yo, personalmente, no creo que sean humanos. Más bien creo que pertenecen al reino del mal… Esa es mi opinión».

El doctor Shane Wood ofreció una explicación fascinante cuando se le preguntó si creía que fuera posible que el espíritu de una persona permaneciera rondando por la tierra. Dijo que cree que los seres humanos a menudo subestiman «la cantidad de misterio y… poder» que se despliega cuando la gente pasa a la otra vida.

«Cuando hablamos de la cantidad de poder y energía que contiene un alma y que se libera cuando rompe el velo entre el cielo y la tierra, no sé si realmente apreciamos la importancia de ese momento y el poder que contiene», apuntó.

Con independencia de la especulación y el debate sobre la idea o la realidad de los fantasmas y apariciones de la vida real, Wood ofreció un argumento relacionado sobre el reino demoníaco que él y otros expertos creen que es esencial para esta discusión. «Es una táctica clave de los demonios fingir ser el espíritu de alguien que ha muerto con el fin de obtener más fácil entrada entre la gente viva», dijo. «Si tal es el caso… debe ser tratado como lo que es: un demonio».

El punto clave de este análisis es que la Biblia definitivamente nos advierte que hay una guerra espiritual, y que Satanás y sus secuaces existen; sin embargo, la Biblia no habla de la noción de que la gente muere y se queda rondando por aquí. Incluso en el caso de Samuel, el profeta necesitaba ser citado, y considerando los acontecimientos que rodearon a Saúl y su decisión de alejarse de Dios, el argumento de que el Señor simplemente permitió este contacto —un acto increíblemente limitado y poco común— es lógicamente atractivo.

No vemos este tipo de acontecimientos fantasmales desarrollándose de forma radical a lo largo de las Escrituras, aunque sí vemos cómo, en todo el Nuevo Testamento, los demonios están causando impacto con sus apariciones rutinarias, y la necesidad de confrontarlos y expulsarlos.

Es posible restar importancia al asunto de la existencia de demonios y fantasmas, pero basados en una lectura del contenido de las Escrituras, reconocer su existencia parece ser la conclusión literaria más lógica.

A medida que exploramos el texto bíblico, también debemos reexaminar las formas en que los exorcismos y las sanidades presentados en las Escrituras se traducen a la era moderna. Esto requiere comprender los entresijos, tanto del exorcismo como de la liberación, y los métodos contemporáneos mediante los cuales se llevan a cabo estos procesos.

PARTE CUATRO

LIBERACIÓN DE LO DEMONÍACO

10

Exorcismo y liberación

«Nunca vi nada de esto venir por mí, Billy. ¡Nada!».
Chad Norris, pastor principal de la Iglesia Bridgeway en Greenville, Carolina del Sur, es un tipo normal. Casado, tres hijos, le gustan los deportes y ama a Jesús.

«No tengo nada de fantástico», me dijo en una entrevista que le hice en relación con este libro. Todo eso es verdad; sin embargo, hay algo *fascinante* en él. Es uno de los pastores y líderes religiosos que han ayudado a quienes afirman estar afligidos por lo demoníaco, y cree haber sido testigo, a lo largo de los años, de miles de luchas espirituales.

Su primer encuentro con este ambiente ocurrió en un campamento de verano en Texas, hace años, cuando una niña, aparentemente víctima de demonios, emitía múltiples voces. «Aquello, que fue mi primera experiencia en esta área a lo largo de veinte años, me resultó impactante», me dijo cuando mencionó aquel caso. «Y eso dice mucho».

Pero su involucramiento frontal en este ministerio se inició después de que un día oró a Dios cuando era pastor de un campamento de jóvenes en la Angelo State University, en San Angelo, Texas.

Tenía por entonces un poco más de veinte años. Le dijo al Señor que quería ver revividas las «historias de los Evangelios»: sanidades, milagros y expulsiones de demonios como aparecen registrados en el texto bíblico.

Quería experimentar estas verdades en su vida y ministerio, así que le dijo a Dios que estaba listo y dispuesto para entrar al campo de batalla. «No me importa el costo», expresó. «Quiero hacer todo lo que hiciste tú». Todo cambió para él el mismo día en que pronunció esa oración.

El jefe del campamento lo llamó para hacerle una pregunta que no se esperaba: «Chad, ¿tienes alguna experiencia en la liberación de demonios?». Aunque en realidad no la tenía, le dijo que sí. «Ahora pienso», recuerda, «que de haber sabido lo que estaba comenzando a sucederme, quizás nunca le habría contestado tan afirmativamente».

Poco después entró a una habitación para encontrarse con una chica de unos dieciséis años que estaba experimentando algo traumático, algo que nunca había visto antes. «Había en la atmósfera del cuarto un ambiente tan demoníaco que se podía palpar», me contó. «Era evidente que algo no estaba bien allí».

Se enfrentó a la joven y dijo: «En el nombre de Jesús, ordeno a quienquiera que seas que estés perturbando a esta joven... que me digas quién eres». La respuesta vino en plural, en un tono fuerte y «como haciendo gárgaras».

«Somos nefilim», resonó en la habitación.

Esa respuesta lo dejó en estado de *shock*. Por desgracia, el intento de liberación no prosperó. Le perdió el rastro a la joven y nunca supo si terminó liberada. Sin embargo, ese encuentro poco armonioso fue el verdadero punto de partida de la comprensión de Norris de la guerra espiritual y su camino hacia el ministerio. «Veinte años después, he visto quizás incluso miles de cosas desde entonces», afirmó. «Ese primer encuentro... me asustó, pero me hizo decir: «¿Cuántas cosas más necesito conocer?».

El relato de Norris no es raro. Muchos otros dan a conocer historias similares. Aquellos que dudan de la existencia de lo demoníaco pueden no darse cuenta de que existe un vasto y activo mundo espiritual lleno de cristianos que están comprometidos en la lucha contra esos males. Hay procesos solidificados compuestos de recursos específicos a través de los cuales los líderes de la fe cristiana tratan de ayudar a aquellos que creen que han sido afligidos de alguna manera por fuerzas espirituales diabólicas.

Estos esfuerzos, que pueden diferir según las tradiciones de los grupos cristianos, se presentan, por lo general, en forma de exorcismo o liberación. En este capítulo profundizaremos en algunos de estos elementos más sutiles. Pero antes de explorar más intensamente cómo son estas batallas espirituales, debo advertir que las definiciones son importantes. Hago la aclaración porque en este análisis, los términos usados por varios líderes cristianos pueden ser complejos o confusos, en especial si se tratan en contextos y circunstancias cambiantes.

La naturaleza confusa de este análisis se perpetúa aún más por la lente cultural a través de la cual las películas de Hollywood presentan lo demoníaco. Las películas y los programas de televisión tienden a mostrar en todos los lugares estos temas y escenas como increíblemente caóticos, con sacerdotes y pastores gritando, lanzando agua bendita por todos lados y participando en batallas abiertamente físicas con fuerzas demoníacas y en las que intervienen los mismos pacientes.

Sin embargo, si se investiga y habla con los que trabajan en este reino, pareciera que el manejo de esos problemas en la vida real es bastante diferente de la representación que se hace de ellos en la pantalla grande. El padre Gary Thomas, exorcista católico desde hace mucho tiempo, se encuentra entre los que han hablado sobre lo que Hollywood hace bien y mal en materia de exorcismos y liberación. Ha dicho que los esfuerzos que a veces se hacen para investigar y liberar a los afectados por lo demoníaco no reciben el tiempo de transmisión que se merecen.

«El ministerio de exorcismo y liberación es un ministerio de sanidad», dijo en una convención de sacerdotes en 2017. «No es el drama de Hollywood, aunque hay drama. Es básicamente un ministerio de sanidad. Tenemos la responsabilidad como iglesia de brindar atención pastoral».[1]

No es sorprendente considerar que muchos teólogos y pastores probablemente crean que la amplitud y profundidad de los problemas espirituales experimentados por seres humanos no se presentan de forma adecuada en las películas de Hollywood. Aun así, es un tema que debe mencionarse y explorarse aunque sea en forma sucinta.

Después de todo, las exploraciones culturales más populares de estos temas, como muchos otros fenómenos culturales, tienden a hacerse a través del entretenimiento; por lo tanto, es importante que profundicemos un poco más para comprender exactamente qué significan términos como *exorcismo* y *liberación*, y cómo se manifiestan en forma tangible y espiritual.

El reverendo Benjamin McEntire, sacerdote anglicano de la Comunión de Iglesias Evangélicas Episcopales y capellán de la Guardia Nacional Aérea de Alaska, que ha pasado su carrera trabajando en el ámbito de la guerra espiritual, ha abordado las diferencias en el lenguaje utilizado para describir la posesión y la curación espiritual. «Los diferentes grupos usan diferentes etiquetas; a veces usan exactamente la misma palabra pero significan cosas diferentes», me dijo.

Hablando específicamente sobre el *exorcismo*, apuntó que este es un término que también podría significar «liberación avanzada», algo que sucede en escenarios extremos e intensos cuando se cree que una persona ha sido alcanzada por un espíritu demoníaco. «Es un caso bastante raro que un demonio tenga tanto control sobre una persona que su voluntad llegue a ser tan debilitada y tan erosionada que en realidad no sea capaz de participar en el proceso de liberación», dijo.

«Por lo tanto, se requiere trabajar en debilitar el control del enemigo y, a la vez, fortalecer la voluntad de la persona».

El doctor Shane Wood estuvo de acuerdo con esta definición y señaló que su propia investigación lo ha llevado a creer que «en realidad, una posesión total es increíblemente rara» debido a su naturaleza e impacto. «Una posesión en toda regla es básicamente la supresión total de la voluntad de la persona poseída», dijo. «Hasta el punto en que su voluntad ha quedado anulada completamente… concediendo permiso absoluto al demonio para que pueda estar plenamente presente en todo momento o en cualquiera circunstancia».

Liberación es otro término que se usa con frecuencia en el espacio de la guerra espiritual, con McEntire enmarcándola como cualquier proceso en el que la persona afectada «puede participar activamente en el proceso todo el tiempo». A lo largo de los años otros también han intervenido ofreciendo diferenciadores similares.

El doctor M. Scott Peck, legendario psiquiatra fallecido en 2005, distinguió entre exorcismo y liberación de una manera similar llamando a esta última «un procedimiento breve y suave que se puede hacer sin restricciones, que debe hacerse con la participación de dos personas y puede suceder durante una sola tarde».

«Es algo tranquilo y pacífico, la mayoría de las personas solo oran, y a medida que avanza el proceso de liberación, se hace evidente que hay un problema que a veces se puede solucionar… simplemente identificando algún tipo de presencia demoníaca y ordenándole que salga», dijo en una entrevista de 2005 con *Salon*. «Todo es muy tranquilo, fácil y sencillo».[2]

La liberación en sí misma (diferente de la «liberación avanzada») es más un enfoque de oración para abordar la guerra espiritual y la aflicción; no es lo mismo que un exorcismo completo y es algo por lo que muchas personas pasan en un esfuerzo por superar las luchas personales o las aflicciones espirituales en sus vidas. Volveremos a este tema más adelante en este capítulo, pero Peck ofreció una analogía dada una vez por el doctor Francis MacNutt, un experto en liberación, que podría ayudarnos a comprender mejor los puntos más finos cuando se trata de la diferencia entre liberación y exorcismo.

«Opresión es como una ciudad donde el enemigo se ha apoderado de un par de suburbios pero no controla toda la ciudad», dijo Peck. «En cuanto a posesión, [MacNutt] la describe como una ciudad donde el centro de la ciudad, las estaciones de radio y las carreteras han sido capturados por el enemigo, y se necesita de un ataque masivo para sacar al enemigo de allí; eso es un exorcismo».[3]

Otros tienen formas diferentes de abordar estos términos, con la Iglesia católica adoptando un enfoque definitivo y directo: algo uniforme y multifacético.

Cómo abordan los católicos el exorcismo

Los católicos son conocidos por las ceremonias de exorcismo que, según el Vaticano, ayudarán a guiar a las personas hacia la curación espiritual. La Conferencia de Obispos Católicos de los Estados Unidos (USCCB, por sus siglas en inglés) describe el exorcismo de una manera que puede parecer sorprendente para algunos, llamándolo «una forma específica de oración que la Iglesia usa contra el poder del diablo».[4]

Este esfuerzo de oración sustenta y constituye la base de cualquier intento de exorcismo para intentar liberar a una persona de la opresión espiritual, algo que los católicos han practicado sistemáticamente durante cientos de años.

«Hay casos en los que una persona necesita ser protegida contra el poder del diablo o ser retirada de su dominio espiritual», explica la USCCB. «En esos momentos, la Iglesia pide pública y autoritariamente en el nombre de Jesucristo esta protección o liberación mediante el uso del exorcismo».[5]

En el año 1614, la Iglesia católica emitió por primera vez su guía sobre exorcismos, y en 1999 el Vaticano ocupó los titulares internacionales cuando los funcionarios decidieron hacer las primeras enmiendas en siglos a las ochenta y cuatro páginas del documento titulado «De Exorcismis et Supplicationibus Quibusdam» [De exorcismos y ciertas súplicas].

El documento fue enmendado de nuevo, aunque ligeramente, en 2004.[6] Sin embargo, la medida de 1999 es digna de mención por una variedad de razones, principalmente porque hizo claro en la Iglesia la existencia de Satanás y su «trabajo en el mundo», como lo señaló el *New York Times*.[7] El rito del exorcismo católico está en latín, por lo que la decisión adoptada en 2014 por la USCCB de poner la versión en inglés, y que fue la última aprobación de esta medida por parte del Vaticano, resultó algo igualmente muy importante, ya que si las palabras que se pronuncian en voz alta durante un exorcismo se dicen en el idioma de la persona y no en latín, las podrá entender.[8]

Una de las principales ventajas que se ha obtenido con estos cambios ha sido enfatizar la importancia de diferenciar problemas mentales de problemas espirituales, algo que según el *Times* se duplicó «en un aparente esfuerzo por tranquilizar a los católicos liberales poco dispuestos a aprobar una práctica que les suena a superstición medieval».[9] El texto del rito revisado advierte que «no se debe considerar psíquicamente enferma a una persona que está sufriendo ataques de demonios».[10] En un capítulo más adelante exploraremos los problemas de salud mental, ya que es un elemento esencial en el análisis que conduce a los mayores conflictos al tratar exorcismo y liberación.

Para los propósitos de este capítulo, exploremos más a fondo definiciones asociadas con este tema.

La Iglesia católica reconoce dos tipos de exorcismos: menor y mayor. El primero se relaciona comúnmente con aquellas personas que, entre otras actividades espirituales, se preparan para ser bautizadas, y su propósito es ayudarlas, mediante una oración, a vencer el mal o el pecado en sus vidas. Los exorcismos menores se utilizan para el Rito de iniciación cristiana de adultos: el proceso a través del cual un adulto se convierte a la fe católica, o cuando los niños son bautizados. Esta es una modalidad teológica esencialmente uniforme y estándar para ayudar a proteger a las personas contra el mal.[11]

Sin embargo, el segundo tipo de exorcismo, el exorcismo mayor, es con el que la mayoría de la gente está familiarizada, ya que los exorcismos mayores están destinados a expulsar demonios y sacar a una persona de la agonía de la posesión.[12] El documento De exorcismos y ciertas súplicas, que rige los exorcismos, contiene una introducción y dos capítulos: el primero cubriendo el rito del exorcismo y el segundo explorando textos adicionales sobre el tema.

Una de las diferencias clave entre la Iglesia católica y otras denominaciones cristianas es el sistema que rodea a la persona que se le permite o se llama para hacer un exorcismo. Los católicos creen que el proceso debe ser realizado por un sacerdote u obispo con permiso de la diócesis. Pero muchos cristianos del ámbito no denominacional y otras tradiciones protestantes creen que cualquier cristiano, a través del nombre de Cristo, tiene autoridad para expulsar el mal. Muchos no católicos creen que es el nombre de Cristo, solo, el que tiene el poder de superar y expulsar el mal.

Sin embargo, entre los católicos, los sacerdotes pasan por un entrenamiento antes de entrar en la vocación del exorcismo. Y si existe alguna confusión sobre las líneas divisorias entre quién debe y quién no debe realizar exorcismos, la USCCB emite abiertamente una advertencia para cualquier laico que pueda decidir participar en el rito del exorcismo.

«El texto advierte que los fieles laicos no deben recitar ninguna oración reservada al exorcista, no solo porque las oraciones están reservadas a los ordenados para actuar en la persona de Cristo la Cabeza (in persona Christi capitis), sino también para proteger al fiel de un posible daño espiritual», dice una explicación de la USCCB.[13]

El asunto de quién se considera calificado para realizar un exorcismo es sin duda uno de los conflictos más agudos entre las diferentes denominaciones cristianas. Para los católicos, la regla del clero es estricta y uniforme. Considera el hecho de que, según se informa, solo los obispos tienen acceso a la traducción al inglés del rito, aunque los sacerdotes y otras personas involucradas en este ámbito pueden tener acceso con el permiso del obispo.[14] Otros fuera del ámbito católico adoptan enfoques divergentes.

«El entrenamiento de un exorcista varía según la tradición. No todos los grupos cristianos que reconocen el exorcismo como un ministerio legítimo y necesario creen que a los exorcistas se les debe preparar. Hay algunos que ven la «posesión» como algo tan raro que no creen que se pueda entrenar a alguien para ejercer el exorcismo», me dijo McEntire. «Otros usan el término "liberación" en lugar de "exorcismo" y tienen una comprensión completamente diferente del ministerio».

Este último grupo no suele tener exorcistas designados. Y en cuanto a aquellos que sí creen en la necesidad de designar exorcistas, la capacitación está típicamente implícita. Los católicos ofrecen el mejor ejemplo de esta dinámica.

«Entre los protestantes, es común que no exista un plan de formación regular de exorcistas», apuntó McEntire.

Dejaremos aquí lo que tiene que ver con la capacitación, aunque la diversidad en el enfoque habla de la complejidad de la comprensión de estos temas espirituales. Volveremos al grado en que las personas deben elaborar estrategias e institucionalizar un exorcismo en lugar de confiar simplemente en el nombre de Jesús para expulsar a los demoníacos.

«El rito católico está muy estructurado, en tanto algunas de las otras iglesias son más creativas al punto que no utilizan un formato preciso», dijo al *Telegraph* Pedro Barrajón, sacerdote católico involucrado en la organización de un evento anual de entrenamiento de exorcismo en el Vaticano.[15]

Como parte de su estructura, los católicos apelan al uso de agua bendita, a la señal de la cruz o a un crucifijo o cruz para ayudar a expulsar el mal, elementos que muchas veces los protestantes que trabajan en el mismo ámbito no incluyen. La USCCB explica los «símbolos sagrados» incluidos en el rito del exorcismo católico:

> Además del uso de Salmos y las lecturas del Evangelio y la recitación de oraciones exorcistas, en el Rito del Exorcismo Mayor se utiliza una serie de símbolos sagrados. Para empezar, el agua es bendecida y rociada recordando la centralidad de la nueva vida que recibió el afligido en el bautismo y la derrota final del diablo mediante la obra salvífica de Jesucristo. La imposición de las manos, así como la respiración en la cara de la persona (exsuflación) del exorcista, reafirman el poder del Espíritu Santo obrando en la persona como resultado de su bautismo, confirmándolo como templo de Dios. Finalmente, se muestra la Cruz del Señor al afligido y se hace sobre él la Señal de la Cruz, demostrando el poder de Cristo sobre el diablo.[16]

El proceso católico es, repetimos, muy uniforme y bien estructurado, sin que ningún sacerdote u obispo se desvíe del texto del rito del exorcismo; en el proceso se emplean diversas herramientas y estrategias religiosas. Otros, como McEntire, adoptan un enfoque intermedio para esta pieza del rompecabezas del exorcismo, señalando que el uso de varias herramientas como crucifijos y agua bendita proviene de una «perspectiva sacramental bastante estándar».

Cuando se le preguntó si había visto personalmente a las personas afectadas reaccionar a estos elementos, respondió afirmativamente. «Mi experiencia ha sido que sí, muy a menudo lo hacen, no siempre, pero a menudo. Los he visto reaccionar ante ese tipo de cosas ante mí», dijo. «Bíblicamente no tengo ningún problema con eso porque vemos algunos ejemplos en la Escritura donde Dios usó objetos físicos como un medio para ministrar a las personas».

McEntire echa mano a Hechos 19:11-12. El versículo 11 dice que «Dios hacía milagros extraordinarios por medio de Pablo», y en el 12 leemos: «a tal grado que a los enfermos les llevaban pañuelos y delantales que habían tocado el cuerpo de Pablo, y quedaban sanos de sus enfermedades, y los espíritus malignos salían de ellos».

En cuanto a su propio enfoque, McEntire dijo que a veces él mismo emplea elementos físicos pero que los utiliza solo de vez en cuando, basado en cómo se sienta guiado, en la comodidad de la persona con la que está trabajando y tomando en cuenta otros elementos ministeriales.

Cómo los no católicos manejan el exorcismo y la liberación

Está claro que el estilo más fluido con el que McEntire se desenvuelve en este campo no coincide con el de la Iglesia católica. También está claro que los cristianos fuera del ámbito católico adoptan enfoques muy diferentes para expulsar los demonios. Pero estas características difícilmente abarcan la totalidad del debate demoníaco, ya que algunos cristianos también cuestionan si el exorcismo es todavía algo en lo que la Biblia nos llama a participar hoy.

El recurso cristiano GotQuestions.org, por ejemplo, señala la existencia y prevalencia del exorcismo en los Evangelios, pero en un artículo adopta un enfoque relativamente moderado para discutir su manifestación en la era moderna.[17]

En el sitio web de GotQuestions se lee: «Parece que el propósito de los discípulos de Jesús al realizar exorcismos era mostrar el dominio de Jesús sobre los demonios (Lucas 10:17) y reafirmar que actuaban en Su nombre y por Su autoridad. También revelaba su fe o falta de fe (Mateo 17:14-21). Era obvio que el acto de expulsar demonios era importante para el ministerio de los discípulos; sin embargo, no está claro qué papel desempeñó realmente la expulsión de demonios en el proceso de discipulado».[18]

El sitio web continúa señalando que «parece haber un cambio» en el Nuevo Testamento después de que los Evangelios y el libro de los Hechos tratan cuestiones relacionadas con lo demoníaco. Si bien la actividad demoníaca se reconoce a lo largo del Nuevo Testamento, GotQuestions señala que este parece girar más tarde para centrarse más en la importancia de oponerse a dicha actividad, sin menciones claras de expulsar demonios o instrucciones sobre cómo hacerlo.

Desde Romanos hasta Judas, GotQuestions sostiene que el enfoque está en resistir a Satanás y seguir las proclamaciones en Efesios 6:11-18, no necesariamente tomando activamente medidas para expulsar demonios. Estos versículos sobre cómo armarse con el poder de Dios dicen:

Pónganse toda la armadura de Dios para que puedan hacer frente a las artimañas del diablo. Porque nuestra lucha no es contra seres humanos, sino contra poderes, contra autoridades, contra potestades que dominan este mundo de tinieblas, contra fuerzas espirituales malignas en las regiones celestiales.

Por lo tanto, pónganse toda la armadura de Dios, para que cuando llegue el día malo puedan resistir hasta el fin con firmeza. Manténganse firmes, ceñidos con el cinturón de la verdad, protegidos por la coraza de justicia, y calzados con la disposición de proclamar el evangelio de la paz.

Además de todo esto, tomen el escudo de la fe, con el cual pueden apagar todas las flechas encendidas del maligno. Tomen el casco de la salvación y la espada del Espíritu, que es la palabra de Dios. Oren en el Espíritu en todo momento, con peticiones y ruegos. Manténganse alerta y perseveren en oración por todos los santos.[19]

El artículo de GotQuestions mencionado no descarta el exorcismo ni la expulsión de demonios, pero señala que este cambio de enfoque hace que sea «difícil definir instrucciones sobre cómo llevar a cabo esa actividad». El artículo concluye afirmando: «Si es necesario, pareciera que es a través de exponer a la persona a la verdad de la Palabra de Dios y al nombre de Jesucristo».[20]

Desde un punto de vista puramente fáctico y literario, es muy posible que no haya tanto cambio activo en el Nuevo Testamento como una finalización de la narrativa espiritual en torno a los demonios. Los Evangelios y Hechos por cierto se refieren detalladamente a la forma en que Jesús y sus seguidores se enfrentaron a los demonios, en tanto que los demás libros del Nuevo Testamento se centran más bien en la instrucción y la prevención de la salud espiritual.

Mirando a través de esta lente, tenemos una parte del Nuevo Testamento que revela cómo lidiar con la posesión, y la otra, mediante un enfoque más profundo, cómo, a través del escudo de Cristo, se pueden tomar medidas preventivas para evitar que los problemas espirituales se desarrollen en nuestras vidas.

¿En el ámbito cristiano, qué tienen que decir otros que abrazan plenamente el poder del exorcismo? El controvertido predicador y presentador de televisión Pat Robertson, fundador de Christian Broadcasting Network, en una ocasión ofreció una breve explicación sobre los demonios y el exorcismo, diciendo que «el exorcismo se logra mediante la palabra hablada, en el nombre de Jesús, a través del poder del Espíritu Santo, y se hace de forma sencilla y rápida».[21]

De acuerdo con su paradigma, la persona que realiza el exorcismo debe ser un cristiano que no tenga ningún pecado sin arrepentimiento, pues de lo contrario, Satanás usaría tales debilidades para atacar a la persona que intenta expulsar el mal. «Esta persona tiene que estar libre de motivos ocultos, impurezas sexuales, codicia y cualquier otra cosa que pueda exponerlo a acusaciones del diablo, que es el acusador de los hermanos», escribió.[22]

Uno de los temas y advertencias espirituales importantes para Robertson, así como para la Iglesia católica y casi todos los expertos con los que se habló para este libro es: tenga cuidado con lo que se atribuye a lo demoníaco. Robertson animó a la gente a no ir en busca de demonios y a no hacer afirmaciones falsas sobre la presencia de lo demoníaco.[23]

Pero cuando se sospecha de actividad demoníaca, personas como Robertson y McEntire alentarían el remedio espiritual. Como hemos explorado, los remedios pueden diferir, pero existe un acuerdo general de que se debe hacer algo para ayudar a los afectados. McEntire ofreció detalles sobre su propio proceso y algunos de los conceptos erróneos que podrían surgir debido a las representaciones populares de lo demoníaco. Para empezar, se sumergió en que la cultura pop ha llevado a una suposición general de que el proceso del exorcismo «va a ser muy violento».

> Cuidado con lo que se atribuye a lo demoníaco

Al contrario de aquellos sacerdotes que gritan y gritan, que a veces se ven en las películas de Hollywood, McEntire, que ha presidido al menos dos exorcismos completos y muchos actos de liberación general, abogaba por un enfoque totalmente diferente. «Una de las primeras cosas es mantener la calma, la sensatez, la estabilidad. Esa es una de las partes más importantes de todo este proceso», señaló. «Porque si una persona viene para que se la ministre, y especialmente si piensa que podría haber algo demoníaco en ella, tiene miedo de que las cosas se vayan a poner... fuera de control la mayor parte del tiempo».

Pero McEntire dijo que las escenas caóticas no necesitan desarrollarse y también que no siempre hay una manifestación demoníaca (un suceso dramático en el que un demonio se da a conocer) en medio de un exorcismo, aunque ha visto que en algunos casos ocurre. La centralidad del punto de vista de McEntire es que él tiene el poder, a través de Jesús, de simplemente ordenar a los demonios que no se manifiesten. Él ha encontrado que este enfoque es muy efectivo en su ministerio.

Y aunque muchas veces se piensa que en cualquier presunta posesión u opresión hay solo un demonio involucrado, McEntire dijo que rara vez se da el caso de que una persona tenga solo un espíritu. Esta creencia, dijo, afecta la forma en que uno se acerca a una persona poseída. «Otra gran cosa con este... proceso, sin embargo, es que nunca, al menos en mi experiencia, se está lidiando con un solo demonio. Siempre se está enfrentando con grupos de ellos», explicó. «Uno de los recursos tácticos a que puede echar mano la persona que está llevando a cabo la liberación es prohibirles interactuar entre ellos».

McEntire ha visto casos en los que, en una liberación, el ministro involucrado cree que está lidiando con un solo demonio y de repente aparece otro; entonces conforman fuerzas espirituales que coordinadamente «se resisten al proceso». «Prohibiéndoles interactuar y comunicarse entre sí, y también prohibiéndoles comunicarse con la mente de la persona a menos que se les ordene hacerlo... realmente se suaviza mucho el proceso», dijo.

La persona más importante en el cuarto

Por más de una razón, los expertos creen que para garantizar que se produzca la sanidad y la más completa liberación, hay que tener presente que la persona más importante en el cuarto es la afectada. McEntire dijo que los demonios pueden intentar decir que no o resistir, pero que el poder para hacerlo realmente proviene de la persona afligida y de los fundamentos legales que le ha dado al espíritu (la puerta abierta que, en un principio, ha permitido a la persona ser afligida).

«Si todavía hay problemas dentro de la persona que les ha dado acceso, por lo general tratarán de aferrarse a eso y usarlo como una justificación para resistir y no irse», argumentó. «Eso se reduce a un, sí, estás actuando en la autoridad de Cristo, pero al mismo tiempo, esta persona, en cierto sentido, les está dando permiso para quedarse al no lidiar con el problema que les ha dado acceso».

Peck también ofreció un interesante desglose de las partes involucradas en el exorcismo, algo que vale la pena considerar mientras intentamos comprender el proceso en todos sus aspectos. La gente tiende a considerar a los líderes religiosos como el núcleo de cualquier liberación y exorcismo, pero Peck estuvo de acuerdo en que el exorcista número uno que realmente determina el éxito es el paciente.

«El final exitoso del exorcismo, la expulsión del demonio, ocurre solo cuando un paciente elige romper su relación con lo demoníaco», dijo a *Salon*.[24] Opinó que el afligido es el primer factor de éxito, el segundo es que Dios entra en la habitación y ayuda a hacer posible el exorcismo, el tercero es un equipo de personas que ayudan en el proceso y el cuarto es el exorcista mismo.[25]

Si bien la persona afligida debe estar en la vanguardia del proceso, también es esencial que los que ayudan tengan cosmovisiones bíblicas sólidas. El erudito bíblico, doctor Michael Heiser, se alinea con aquellos que trabajan en el campo y creen que uno debe «decir la verdad a las mentiras» para detener la opresión espiritual, ayudando a los afligidos a ver la verdad de Jesús a medida que toma forma la curación.

«Debes tener una buena teología. La solución es la verdad», expresó. «Le dices la verdad a las mentiras. Le dejas saber a esa persona: "Mira, Satanás está bajo juicio. Este es su destino y así es como lo sabemos. Los principados y potestades no tienen autoridad. Así es como lo sabemos"».

Norris dijo que decir la verdad en el proceso se basa en tener un arraigo espiritual sólido, destacando que hay una serie de realidades con las que uno debe estar conectado para tener éxito en el ministerio de liberación. «Tienes que estar muy bien conectado en tu propio corazón para recibir el amor del Padre», dijo. «Tienes que permanecer en ese amor y esa vid porque el [reino] demoníaco... no soporta a alguien que ama verdaderamente al Padre».

Norris animó a las personas a estar conectadas con la Biblia, a tener fe en la autoridad que los cristianos poseen contra el reino demoníaco y a tener el valor de «apretar el gatillo» contra estas fuerzas cuando son identificadas. Dijo, además, que sabe por experiencia por qué la valentía y la perseverancia son esenciales, para respaldar lo cual ha contado otro ejemplo personal, que fue la segunda posesión demoníaca más intensa que haya enfrentado.

Hace unos años, Norris estuvo en Cautelas, Haití, donde pasó casi media hora tratando de liberar a una mujer que fue a verlo para que orara por ella. «Fue muy dramático, pero nada de eso me molestó porque sé que al enemigo le encanta el espectáculo», apuntó. «Para él es como un juego». En medio de la liberación, Norris le habló directamente al «enemigo»: «Si no la dejas ahora mismo, te voy a torturar». En ese mismo instante, la mujer fue liberada.

Esto le mostró a Norris que en la guerra espiritual la pasividad no es beneficiosa, y que el valor y la confianza en la fe de uno son esenciales. Él cree que la liberación se puede retrasar o prolongar cuando la persona que la maneja es demasiado pasiva. «Usar esa autoridad y ese valor para ir más allá de simplemente tolerar el mal, es realmente una revelación de la cantidad de autoridad que tenemos», dijo. «Creo que si la mayoría de los cristianos fueran conscientes de cuánta autoridad tienen, los resultados serían asombrosos».

La unión de las fuerzas

Comprender los puntos más sutiles del exorcismo es ciertamente complejo, y esas complejidades son aún más fascinantes cuando se toma en cuenta la escisión de denominaciones y líderes cristianos sobre las tácticas necesarias para expulsar el mal.

Pero el año 2019 trajo consigo algunos desarrollos intrigantes en este campo, con cristianos de diferentes lados del espectro teológico que se reunieron por primera vez para intercambiar ideas, tácticas y experiencias. Esta amalgama de seguidores religiosos se fusionó en mayo de 2019 en el *Pontificio Athenaeum Regina Apostolorum* del Vaticano cuando, según los informes, la Iglesia católica decidió abrir su «Curso sobre exorcismo y oraciones de liberación» anual para protestantes y otras personas ajenas a la fe católica.[26]

Algo de lo más importante del evento, que incluyó a más de doscientas personas especializadas en el ámbito espiritual, fue la participación de los no-católicos; y la mayor curiosidad fue lo que se discutió en este encuentro.

Hablando para el *Daily Beast*, el padre Pedro Barajón, un exorcista que manejó la programación del evento, dijo que «los católicos no son los únicos cristianos que han desarrollado métodos para ayudar a las personas poseídas o para limpiar un espacio de espíritus malignos. Esta es la primera vez que incluimos a tantos otros representantes religiosos para que compartan cómo hacen este trabajo. Creemos que la colaboración nos ayudará a crear las mejores prácticas».[27]

McEntire, que estuvo presente, me dijo que el evento abordó una plétora de temas relacionados con el exorcismo. «Los temas de la conferencia incluyeron una amplia gama de asuntos técnicos, algunos teóricos y otros prácticos», contó. «Algunos específicos incluyeron oración para exorcismo y liberación en las Escrituras, en la tradición cristiana, en el derecho canónico católico, diferentes factores asociados con el ocultismo (por ejemplo, el ocultismo en los medios de comunicación), consideraciones psiquiátricas, varias perspectivas de otras tradiciones cristianas, fenómenos comunes durante el exorcismo, y otros».

También hubo consideraciones geográficas, con presentaciones expuestas de América Latina, Nigeria, Filipinas y otras regiones, con representantes explicando cómo entrenan en esos lugares a exorcistas para abordar este tipo de problemas. Para McEntire, el encuentro «no fue un curso de formación práctica», por estar abierto a personas ajenas a la fe católica. Dijo que percibió que se tocaron «algunos puntos profundos», pero que algunas porciones no incluían la amplia variedad de opiniones y perspectivas sobre la guerra espiritual que existen dentro del ámbito protestante.

Solo el tiempo dirá cómo impactará la decisión del Vaticano de traer a otros practicantes cristianos al redil en la forma en que varias denominaciones procesan el intento de expulsión del mal espiritual. El desarrollo llega en un momento interesante, ya que algunos expertos advierten que los casos conocidos de posesión y opresión están aumentando.

Lidiar con la liberación

Quizás lo más interesante del ministerio de McEntire es que la mayor parte de su trabajo en el campo de la guerra espiritual se ha centrado en la liberación generalizada. A pesar de dirigir una amplia gama de liberaciones, solo se ha ocupado definitivamente de dos cuestiones de exorcismo (también conocidos como liberación avanzada).

«Ni siquiera puedo contar la cantidad de liberaciones que he realizado», dijo, subrayando lo común de estos remedios espirituales. «Este es un ministerio muy rutinario en este momento, así que no tengo números».

Es fácil comprender lo que se afirma que tiene lugar durante una liberación avanzada, pero se necesita claridad para comprender lo que ocurre durante una liberación rutinaria, especialmente si se considera la prevalencia contemporánea de estos ministerios.

«Probablemente la mayor diferencia es que en una liberación, la liberación consiste principalmente en guiar a la persona a través de diferentes oraciones de arrepentimiento, confesión, renuncia, de perdonar a las personas que las han lastimado en el pasado», dijo McEntire. «De lidiar con algunas de las viejas heridas del pasado. De lidiar con las mentiras que se han creído sobre sí mismos, sobre Dios, sobre los demás, y experimentar la verdad».

Una liberación, dijo, refleja la «consejería basada en la oración», aunque señaló que un ministro podría, en algunos momentos, ordenar a un demonio que revele creencias o ideales que se han mantenido dentro de la mente de una persona. Otros compartieron sentimientos similares. Un muy respetado proveedor de salud mental de larga data que pidió no ser identificado, habló sobre su experiencia con la liberación, ofreciendo detalles sobre cómo esta forma de curación espiritual puede beneficiar a los pacientes.

«Es hacerles saber [a los demonios] que no solo les estás diciendo: "Salgan en el nombre de Jesús", sino que les citas las Escrituras y oras y, además, les dices: "¿Saben qué más? Tendrán que doblar rodillas porque tienen poco tiempo para abandonar a este hijo"».

Dijo que contrariamente a la descripción que hace Hollywood del exorcismo, una liberación es, en realidad, solo una conversación destinada a hacer saber al demonio que no es bienvenido. «Es solo una conversación», dijo. «No es ni extensa, ni enorme, ni dramática. Ha sido mi experiencia, porque, además, el modelo de Hollywood no es el modelo que encontramos en la Biblia».

Estuvo de acuerdo con Peck en que la persona bajo posesión debe estar dispuesta a renunciar al reino demoníaco, ya que fue ella la que «abrió la puerta» permitiendo que el (los) demonio(s) entrara(n). Además, dijo que es esencial que los afectados estén arraigado en la fe.

«El paciente debe estar dispuesto a cerrar la puerta y arrepentirse porque, como dice la Escritura, puede barrer la casa, pero si no la llena de nuevo con otra cosa, el demonio vuelve con otros siete demonios más. Tienes que asegurarte de que sean fuertes en el Señor. La dificultad es que los demonios saben cómo manifestar eso, saben muy bien cómo ser un falso cristiano. Entonces... tienes que saber con qué estás lidiando».

Comentó que siempre que lleva a cabo una liberación, se hace acompañar de otra persona, y que estas sanaciones espirituales siempre se «hacen en oración». «El paciente sabe exactamente lo que vamos a hacer. Han podido identificar las partes de su vida en las que lo demoníaco ha influido», dijo. «Se trata de tener el control sobre una parte determinada de tu vida, ya sea por las drogas, el alcohol, el sexo, la violencia, porque los demonios no te hacen hacer cosas buenas ni a ti mismo ni a los demás».

McEntire explicó que las personas a las que él ayuda a través de la liberación generalmente no se dan cuenta de que la necesitan. «La mayoría de la gente termina haciendo liberación sin realmente creer que la necesita», dijo. «Por lo general, vienen porque tienen algún otro tipo de problema que no han podido superar».

McEntire citó la adicción a la pornografía como solo uno de los muchos ejemplos de un problema con el que alguien podría luchar, pero que inicialmente no considera que tenga raíces espirituales. «Muy a menudo, parte de lo que está sucediendo allí es que hay algunos espíritus malignos que realmente están usando eso como una forma de aferrarse a ellos», dijo sobre aquellos que luchan con la pornografía, enfatizando lo común de este tipo de problemas.

Mencionó que ocasionalmente se encuentra con algunas personas que reconocen que hay dentro de ellas cosas que «no son de ellas», aunque dijo que aquellos que reconocen esta necesidad de liberación por sí mismos tienden a ser espiritualmente maduros y por lo general no tienen una historia de enfermedad mental.

El ministerio de liberación se ha vuelto bastante popular en los círculos cristianos modernos, aunque no todos están de acuerdo con la práctica. Nuevamente, los términos que rodean la guerra espiritual pueden volverse confusos dependiendo de cómo las diferentes personas enmarquen los problemas asociados. Como es obvio, la liberación general en sí misma difiere del exorcismo en las formas que hemos discutido. Es curioso que esta práctica tiene la tendencia a incomodar a algunos cristianos.

En un artículo de *Patheos* publicado en 2017, Jack Wellman, pastor de la Iglesia de los Hermanos Mulvane en Mulvane, Kansas, abordó dos preguntas clave: ¿Son bíblicos los ministerios de liberación? ¿Se enseñan en la Biblia? A pesar de las afirmaciones de los que han dicho que experimentaron alivio como resultado del ministerio de liberación, Wellman adoptó una postura diferente.

Reflejando lo que otros me dijeron, Wellman señaló en su artículo que las organizaciones de liberación «típicamente se jactan de limpiar a una persona de demonios o espíritus malignos para abordar los problemas manifestados en su vida como resultado de la presencia o posesión de demonios, los que, se dice, son la causa fundamental de sus adicciones, enfermedades u otras problemas».[28]

Continuó explicando que la creencia en torno a estos paradigmas es que los demonios pueden oprimir y mantener a las personas en varios pecados y adicciones, y que hay demonios afiliados al abuso de drogas, alcohol o pornografía, entre otros «demonios de la adicción», como algunos los llamarán. Wellman señaló que la liberación se menciona en la Biblia más de ciento sesenta veces, lo cual es una cantidad impresionante.

«Es un concepto en el que Dios obviamente quiere que pensemos», escribió. «Dios le prometió a Abraham que lo libraría de las manos de su enemigo (Génesis 14:20), Dios liberó a Israel de su esclavitud en Egipto (Éxodo 18:8), y Dios liberó a David de todo tipo de peligro y miedo (1 Samuel 17:35-37; Salmos 31:8)».[29]

Y las referencias no se detienen ahí, con el tema nuevamente emergiendo cuando Jesús fue entregado para ser crucificado. Wellman concluyó que la liberación en sí es un término clave en todo el arco bíblico, y señaló que «somos redimidos por la preciosa sangre del Cordero de Dios y liberados del dominio de las tinieblas, por lo que la liberación es algo bueno».[30]

Pero aunque Wellman cree que la Biblia tiene mucho que decir sobre la liberación, diferencia las muchas menciones bíblicas de lo que generalmente se desarrolla en el ministerio de liberación. Orar para que la gente supere un pecado es una cosa, pero imponerle las manos a un cristiano en un esfuerzo por lograr que supere un pecado es un asunto completamente diferente, argumentó, y eso «no es bíblico».

Wellman enfatizó su creencia de que un cristiano no puede ser poseído (un tema que abordaremos en el próximo capítulo), aunque argumentó que los creyentes ciertamente pueden enfrentar ataques espirituales. Aun así, cree que ningún cristiano que tenga el Espíritu Santo necesitaría jamás ningún tipo de liberación. Por eso rechaza la idea de que un cristiano pueda necesitar liberación, algo que algunos pastores y líderes religiosos contrarrestarían. En lugar del ministerio de liberación, Wellman cree que los cristianos deberían centrarse en «decirle a la gente cómo pueden ser liberados de la ira de Dios, que Jesús dice que permanece sobre todos los que no creen».[31]

¿Qué tienen que decir los que practican la liberación? McEntire, que se especializa en liberación, respondió a los críticos que podrían adoptar una posición negativa sobre la práctica espiritual y afirmó su experiencia al tratar estos temas. «Algunos que afirman que la liberación no es bíblica... lo hacen para fijar una distinción entre el exorcismo, que creen que es bíblico, y la liberación», dijo. «Los que rechazan la liberación tienden a encontrar que algunos de los problemas identificados por los ministros de liberación no son bíblicos, como la esclavitud generacional, ser el objetivo de una maldición o heridas emocionales sin curar».

Pero McEntire dijo que muchas de estas críticas van en contra de las experiencias que él y muchos otros ministros han enfrentado personalmente, acontecimientos que ellos afirman son tanto reales como auténticos. Es evidente que hay una división entre los que practican la liberación de los cristianos: la gente que ve a los creyentes como capaces de ser afligidos por el reino demoníaco, y los que no ven la liberación como un ministerio relevante entre los fieles.

Es una dinámica fascinante con algunas líneas teológicas muy finas que algunos no están dispuestos a cruzar. Un debate más amplio sobre temas diabólicos se centra en si un cristiano puede experimentar una posesión total. Si bien es una perspectiva que muchos creyentes de la Biblia rechazan, es otro ángulo bajo el paraguas de la guerra espiritual que merece el debido escrutinio y exploración.

11

¿Posesión de cristianos?

«Estaba buscando la forma de quitarme la vida». Tranquila, Amy Stamatis pronunció estas palabras mientras me relataba los desgarradores pormenores de su trágico y traumático viaje, una historia tan intrigante que me sentí obligado a darle seguimiento después de esos y otros impactantes detalles que me había contado.

Amy, casada y con hijos, en el año 2006 trabajaba como enfermera en un hospital de Arkansas cuando sucedió algo realmente inexplicable: una noche, de repente se encontró confundida y desconectada. Poco después, su comportamiento se volvió errático y comenzó a experimentar una profunda angustia mental. En medio de lo que se convirtió en una montaña de desesperación e incertidumbre, sus pensamientos la llevaron a considerar poner término a su vida, algo que nunca antes había experimentado.

«Siendo enfermera, sabía que si me disparaba podría quedar en estado de coma y no quería eso», me dijo. «Prefería hacer un buen trabajo de una vez».

La terrible situación que estaba viviendo culminó un día en su casa cuando se encontró sentada en el alféizar de una ventana a una altura de dos pisos y medio. Abajo, había un patio de ladrillos. Aunque no recuerda todos los detalles, sí recuerda que se sintió obligada a sentarse allí, a dejarse caer y terminar en el suelo. «Es un milagro que esté viva después de haberme caído desde esa altura y aterrizar en ese patio de ladrillos. Me perforé los dos pulmones y me rompí la espalda en tres lugares», recuerda.

No tenía daños en los brazos ni en las piernas, lo que sugiere que no trató de detener su caída, un detalle notable que solo agrega misterio a esa terrible experiencia. Como resultado de la caída, Amy quedó paralizada permanentemente de la cintura para abajo, algo que no deja de ser un recordatorio diario de lo que fue esa época caótica e inexplicable de su vida.

«Mi intención era suicidarme. No recuerdo haber dicho: "Lo voy a hacer ahora". Solo recuerdo estar sentada en la ventana pensando, "Sí. Si lo hago, esto puede matarme. ¡Me sentía tan miserable!"».

Solo siete meses antes del incidente que cambió su vida, Amy era una persona completamente normal. Criaba a su familia y trabajaba en el hospital local donde terminó ingresando como paciente. Al describirse cómo era antes de su aflicción, Amy dijo haber sido una creyente sin mayores pretensiones, con una fe superficial. Sus problemas comenzaron específicamente una noche en el hospital mientras cuidaba a un paciente quemado. En medio de un turno normal, algo de pronto empezó a salir terriblemente mal.

«Una vez que hube dejado de atender a aquel paciente, me di cuenta de que no podía manejar mis pensamientos. Traté de escribir mi reporte y no me salían las palabras. Al fin terminé escribiendo algo. Cuando me di cuenta de que la sala de emergencias estaba abarrotada —y cuando tal cosa ocurre todos tenemos que acudir a ayudar con los pacientes—, fui pero me encontré con que no sabía qué hacer».

Aturdida y confundida, salí del hospital y me fui a casa pero mi situación, en lugar de aliviarse, empeoró. Quise salir a correr, que era uno de mis deportes favoritos, pero en lugar de hacerlo, me encontré dando vueltas por todos lados sin ton ni son». Sus habilidades y concentración estaban gravemente afectadas, lo que la preocupó en extremo.

Fue entonces cuando le dijo a su esposo que pensaba que estaba teniendo un ataque de nervios. Eso la llevó a someterse a una serie de pruebas médicas destinadas a descubrir lo que realmente estaba sucediendo, pero los médicos no lograron descubrir la causa del problema, así que asumieron que se trataba de una aflicción mental.

«Me prescribieron antidepresivos, pero fue como darme agua. No ocurrió nada, así que abandoné ese tratamiento. Mi esposo terminó llevándome a un hospital psiquiátrico». Pero las dificultades para diagnosticar la aflicción persistieron, de modo que el psiquiatra determinó que el problema era físico y no mental. Le ordenaron una prueba de convulsiones, las que tuvieron lugar en el hospital donde había trabajado. Allí, las cosas se volvieron aún más complicadas. Cuando algunos amigos la fueron a visitar, a uno de ellos le dijo que «tenía un demonio», algo que no recuerda haber dicho. Luego vino la verdadera espiral descendente, ya que su comportamiento se volvió más y más errático. Todo fue muy desconcertante para sus amigos y familiares. Nadie entendía nada, tomando en cuenta que nunca antes había tenido ningún tipo de problema psiquiátrico.

«Mi hermano mayor vino a visitarme y me dijo: "Amy, yo creía saber lo que significa el término loco pero tú le has dado un sentido completamente diferente. Nunca había visto a alguien con este tipo de locura"».

Ese comportamiento de locura la había llevado al episodio de la ventana, algo que había horrorizado a sus seres queridos y subrayado la gravedad de su condición. En esos momentos, ni los médicos ni sus familiares estaban seguros de si lograría sobrevivir. Mientras tanto, su iglesia y su comunidad oraban. Y entonces sucedió algo fascinante.

Una señora de nombre Cindy Lawson, de la cual Amy nunca había oído hablar, escuchó la historia, oró y se sintió impulsada a visitarla en el hospital. Ella creía que Amy estaba siendo afligida por demonios. Más tarde contó en la estación de televisión KATV-TV su experiencia en la habitación del hospital. «El Señor me habló y me dijo que fuera al hospital para sacarle los demonios. Al entrar al cuarto donde estaba Amy para orar por ella pude sentir que algo se agitaba. Podía ver los demonios».[1]

Durante el encuentro, Amy habló con una voz que no era la suya pero eso no disuadió a Cindy, que no dejó de orar para que Amy sanara. Amy recuerda: «La miré y una voz masculina salió de mi boca y dijo: "¿Qué estás haciendo aquí?". Más tarde le dije eso a mi esposo, y mi esposo comenzó a llorar. Y me dijo: "Amy, me hablaste con esa voz un par de veces"».

Según los informes, Cindy oró en el nombre de Jesús durante la visita al hospital y exigió a los demonios que salieran de Amy. «No recuerdo el momento en que salió el demonio; solo recuerdo que me dijo: "Ya expulsé a ese demonio"», dijo Amy. «Mi esposo notó que algo había cambiado».

Amy explicó que le tomó algún tiempo después de esa oración transformadora volver a la normalidad, considerando la cantidad de medicamento que había estado tomando, pero que finalmente dejó de tomarlos y desde entonces no ha experimentado ninguna aflicción mental. Pero el impacto de la experiencia, y en particular la caída, han sido duraderos.

«Estoy paralizada de la cintura para abajo», me dijo Amy. «Ha sido una gran lucha. Quiero decir, esta vida es realmente difícil de vivir. Todos los dormitorios de la casa en la que vivimos están en el segundo piso; así que terminé teniendo una cama de hospital en mi sala de estar y tuvimos que convertir nuestro garaje en un dormitorio».

Amy tardó un tiempo en comprender completamente todo lo que se había desarrollado antes de concluir sin lugar a dudas que había sido impactada por el reino demoníaco. Ahora espera ayudar a otros que podrían encontrarse enfrentando la misma batalla. En octubre de

2019 decidió dar a conocer su historia en un medio de comunicación local, y reveló los detalles de lo sucedido, algo que ha tenido su propia cuota de desafíos, considerando las extrañas reacciones y el escepticismo que a menudo pueden ocasionar estas historias.

Pero Amy no se amilana y, en cambio, explica a los que quieran oírla que su objetivo es mostrarle a la gente que «hay libertad en Jesús». Ha manifestado una profunda tristeza por los que han vivido o pasan por circunstancias similares. «O habría terminado encerrada en una casa de locos... o habría estado en prisión», concluyó sobre sus terribles perspectivas si no hubiera sido sanada. «Y me entristezco, porque la gente que está oprimida de ese modo, ahí es donde están y no sabe cómo lidiar con eso».

Ha pasado más de una década desde que cambió la vida de Amy Stamatis. Hoy, su fe es más profunda que nunca y está buscando activamente hacer crecer su relación con Cristo. «El enemigo viene a robar, matar y destruir», dice, «pero Jesús viene a dar vida en abundancia, y yo busco esa vida abundante».

Algo digno de mención en la historia de Amy es su incertidumbre sobre dos cuestiones clave: la causa de su aflicción y la naturaleza de su fe antes de que todo su drama tuviera lugar. Mucha gente puede señalar experiencias con el pecado o el ocultismo como la base de sus problemas con lo demoníaco, pero Amy dijo «No lo sé» cuando se le preguntó por qué cree que estuvo en esa terrible aflicción. «Yo era creyente. No buscaba a Dios como lo busco ahora, pero no era mala; más bien era una buena chica», nos contó. «No lo sé. Eso es difícil de entender».

Cristianos y posesión: dentro del debate

La historia de Amy plantea una pregunta teológica profundamente difícil que solo se insinuó en el capítulo anterior: ¿puede un cristiano ser afligido con una posesión total (también conocida como liberación avanzada)?

El doctor Shane Wood reformuló la pregunta de una manera verdaderamente estimulante: «Si eres salvo, ¿cómo puedes ser poseído por algo que está condenado? ¿Afecta eso mi salvación? Wood ofrece algunos elementos adicionales que deben considerarse.

Si bien es cierto que, en un sentido bíblico, los cristianos enfrentan varios grados de opresión, la capacidad de una conquista espiritual completa es algo muy diferente. Para el reverendo Benjamin McEntire, la mayoría de las personas con las que trabaja a través de su ministerio de liberación tienden a ser cristianos que están experimentando algún tipo de aflicción espiritual, pero cuando se trata de la opresión de los no cristianos, ve una dinámica intencionada en juego.

«Creo que cuando se trata de no cristianos, el enfoque del enemigo es típicamente hacer algo para que se interesen en lo oculto o mantenerlos completamente insensibles», dijo, y añadió que se han escrito libros sobre si un cristiano puede ser demonizado.

McEntire afirma que la dinámica se vuelve un poco turbia, dependiendo de cómo la gente elija definir los términos clave. Los católicos, por ejemplo, podrían argumentar que un cristiano podría ser poseído, ya que la posesión se considera un control sobre el cuerpo de una persona, algo que «puede suceder independientemente de la voluntad de la persona. Y cuando se trabaja en el ámbito protestante, su definición tiende a reducirse a algo así como: "No. Los cristianos no pueden ser poseídos. Incluso algunos ni siquiera tienen un marco para la opresión demoníaca como una categoría inferior de esclavitud, así que su conclusión es: No, un cristiano no puede tener un demonio porque la presencia del Espíritu Santo en la persona evita que eso suceda"».

Vemos esta dinámica en los argumentos del pastor Jack Wellman sobre este tema. Su respuesta a esta pregunta fue bastante clara en un artículo de opinión sobre el tema. Él dijo: «¿Necesita un creyente liberación? ¿Puede un cristiano estar atado por un demonio? No».[2]

El pastor reconoció que hay una guerra espiritual, pero que los cristianos ya han superado el reino demoníaco a través de Cristo. «Sí, hay una guerra espiritual en curso y nos enfrentamos a un enemigo poderoso, inteligente e invisible... pero no necesitamos la ayuda de ningún hombre para librarnos de nuestras fortalezas... Necesitamos la fuerza de Cristo», escribió Wellman. «Además, "sabemos que el que ha nacido de Dios no está en pecado: Jesucristo, que nació de Dios, lo protege, y el maligno no llega a tocarlo"» (1 Juan 5:18).[3]

Los argumentos de Wellman son claros, pero McEntire señaló que la discusión tiene algunos puntos más finos que requieren un análisis adicional. En su propio ministerio, McEntire no usa los términos *posesión* y *opresión* para describir la esclavitud demoníaca, y procede a explicar lo que las definiciones de estas palabras generalmente significan y cómo deben entenderse en la práctica.

«Para mí, la opresión es típicamente una actividad externa del enemigo que pesa sobre la persona desde afuera», dijo. «Además, la persona tiene la sensación de estar oprimida, como alguien que lleva mucho peso».

Como ya hemos explorado, la posesión (o liberación avanzada) es un escenario que por su naturaleza resulta mucho más severo e interno. El pastor Lucas Miles, quien cree que la opresión puede afectar tanto a los creyentes como a los no creyentes, ayudó a ilustrar aún más la diferencia entre cómo los actos de opresión y posesión pueden tomar forma.

En el caso de la opresión, dijo que una persona todavía tiene el control total de sí misma, un punto importante que debe aclararse para cualquiera que busque comprender las complejidades teológicas que rodean estos temas. «Cuando aceptamos a Jesús como espíritu en nuestra vida, él no se hace cargo de nuestra vida, todavía tenemos nosotros el control», dijo. «Pienso igual en el caso de que alguien está siendo oprimido por un espíritu; no pierde totalmente su libre albedrío. Todavía tiene la capacidad de ejercer autoridad».

En un nivel más amplio, algunos teólogos y pastores señalan que la opresión o influencia demoníaca toma forma en un espectro muy amplio. McEntire, por ejemplo, dice que el mejor término para cualquier tipo de esclavitud demoníaca es «demonizado», y explica que hay un amplio rango a través del cual puede manifestarse esta dinámica.

«Existe en un espectro», dijo, que puede abarcar desde puntos débiles o triviales de apego que «casi no ejercen control sobre un persona», y que podrían traducirse desde un simple pensamiento molesto aquí o allá, hasta una posesión total o a una fuerza mucho más generalizada.

A pesar de la creencia de McEntire de que la opresión espiritual puede afectar a los cristianos, explicó que hay «ciertos grados de esclavitud» que los creyentes no podrían experimentar. «Todavía pueden tener una demonización bastante severa, y ya lo he visto antes», dijo. «Sí, están comprometidos con Cristo, pero todavía tienen problemas de pecado muy serios, participación ocultista en el pasado, cosas así, que nunca se han tratado por completo, si es que se lo han intentado».

Y continuó: «Entonces pueden venir a la iglesia, afirmar a Cristo como Salvador, pero luego están todas estas otras cosas que suceden en sus vidas que muchas personas no conocen, y luego, cuando vienen para que se les ministre, quieren que se les ayude con esas cosas, y entonces al querer hacerlo, te encuentras que hay mucha esclavitud demoníaca. Eso es bastante común».

Otros, como el reverendo Samuel Rodríguez, explicaron que no creen que sea posible que un cristiano esté poseído, aunque sí estuvo de acuerdo en que la opresión, el acoso, la distracción y otras formas de guerra espiritual, experiencias que caerían en el espectro que McEntire discutió, ciertamente podrían ser experimentadas por los fieles.

Sin embargo, en particular, dijo que la presencia del Espíritu Santo dentro de un cristiano impediría que la bondad de Dios y la maldad del enemigo coexistan dentro de la misma persona. «Dos objetos no pueden ocupar el mismo espacio, ley simple», comentó Rodríguez, refiriéndose a la incapacidad del Espíritu Santo para coexistir con el interior demoníaco de un creyente.

Hank Hanegraaff se refirió a este sentimiento, cuando afirmó que «si eres un creyente, el tipo de batalla espiritual al que podrías enfrentarte es diferente del tipo de batalla al que se enfrenta un no creyente». Y para explicar esta diferencia, se refirió a las palabras de Jesús en Lucas 11:24-26, diciendo:

«Jesús señala que "cuando un espíritu maligno sale de una persona, va por lugares áridos buscando un descanso. Y al no encontrarlo, dice: ́Volveré a mi casa, de donde salí ́. Cuando llega, la encuentra barrida y arreglada. Luego va y trae otros siete espíritus más malvados que él, y entran a vivir allí. Así que el estado final de aquella persona resulta peor que el inicial"».

Para Hanegraaff, la conclusión principal es que una persona que elige estar «desocupada por el Espíritu Santo» se somete a sí misma a la posibilidad de ser habitada por lo demoníaco, mientras que aquellos que han elegido abrazar a Cristo están en una categoría diferente.

«Si nuestra casa es la casa de Cristo, la residencia de Cristo, entonces el diablo no encontrará lugar en esa casa para instalarse él», agregó. «Es una propuesta radicalmente diferente para alguien que no es habitado por el Espíritu Santo que para alguien que sí lo es».

Aunque con algunas salvedades, el doctor Michael Brown estuvo de acuerdo con estas evaluaciones. Si bien dijo que en última instancia no cree que «el Espíritu Santo more en el mismo lugar donde habita Satanás» y que aunque los cuerpos de los cristianos «se convierten en templos del Espíritu Santo», la posibilidad de que un creyente abra la puerta a lo demoníaco se mantiene.

«Puede ser una cuestión semántica nada más, porque si alguien ha abierto la puerta al enemigo y ahora está bajo su dominio, necesita que se le libere», dijo. «Si Satanás ha ocupado terreno en su vida, necesitamos expulsar a Satanás de ese terreno para que la persona pueda experimentar la libertad nuevamente».

En el caso de los cristianos, Brown se preguntó si *posesión* es la palabra correcta que se debe usar, pero postula que ciertamente es posible que un cristiano «sea demonizado» y caiga bajo el poder demoníaco. Los cristianos, dijo, «pueden abrir puertas como cualquiera otra persona» y «creer mentiras como cualquiera otra persona», caminos y falsedades que pueden ser perjudiciales para la vida de un creyente.

«Los cristianos pueden jugar con el pecado y con el reino de oscuridad como cualquiera, y llegar al punto donde necesiten ser liberados», agregó Brown. «Ahora, estando en Jesús, no podemos ser atados a menos que cedamos terreno, a menos que abramos la puerta». Entonces, si los cristianos abren la puerta, él cree que es posible que se arraigue un tipo de infestación demoníaca, un escenario que podría dejar a alguien entorpecido u oprimido.

Pero Brown tuvo cuidado de diferenciar este tipo de escenario del control espiritual total que vemos representado en la mayoría de las películas de Hollywood y en los relatos bíblicos. Si bien algunas personas podrían terminar «bajo el poder» de un espíritu, como se ve a lo largo del Nuevo Testamento, Brown argumentaría que no ve esta forma de posesión total como una posibilidad para un creyente.

Existe una discusión más amplia y atemporal sobre si un cristiano puede perder su salvación, y esta exploración teológica en verdad juega con puntos de vista sobre la opresión demoníaca. En una situación hipotética en la que una persona abre un camino hacia lo demoníaco y pierde su salvación, se podría especular que las formas diabólicas de influencia en el extremo superior del espectro de repente se convertirían en una posibilidad. Sin embargo, ese debate no se resolverá en estas páginas.

«Si caminas de regreso al mundo, de regreso al dominio de Satanás, puedes ser poseído y acosado», dijo Hanegraaff, diferenciando entre las dinámicas que él cree que se desarrollan en el «cristianismo transaccional» y en el «cristianismo transformacional».

«En el cristianismo transaccional, dices una oración y recibes una tarjeta que te lleva al cielo y te mantiene fuera del infierno. Eso es una transacción», señaló. «En el verdadero cristianismo, estamos hablando de transformación. Y esa transformación es progresiva y es muy difícil».

El punto de Hanegraaff es que el verdadero cristianismo requiere una relación y un esfuerzo continuos, y eso deja abierta la posibilidad, en su opinión, de que alguien pudiera finalmente alejarse de la fe o abrir la puerta al peligro espiritual.

«El problema con gran parte del cristianismo moderno es que es más transaccional que transformacional», dijo.

Con independencia de si una posesión completa puede tomar forma dentro de un cristiano, la principal conclusión de muchos de los teólogos y pastores entrevistados para este libro es que los cristianos están, por lo menos, en riesgo de sufrir un ataque espiritual.

Para Miles, los cristianos están en cierto sentido «sellados», pero hay grietas y aberturas que potencialmente pueden tomar forma dependiendo de lo que esté sucediendo en la vida del creyente. «Son salvos, son redimidos, su espíritu... es 100 %, de pared a pared, infundido por el Espíritu Santo en ese momento», dijo sobre las personas que han abrazado a Cristo.

Pero, al mismo tiempo, reconoce que no es raro ver a algunas personas que aman a Jesús luchando con una depresión intensa y otros problemas, lo que, en ocasiones, puede tener un arraigo espiritual. «Todos somos susceptibles a esto; por las mentiras del enemigo podemos vernos afectados en nuestras facultades mentales, en nuestra mente, en nuestra voluntad y en nuestras emociones», dijo Miles. «Esa es una de las razones por las que Pablo nos dice que necesitamos renovar nuestras mentes, y que esa es obra del creyente».

Y continúa diciendo: «Mi espíritu ha sido redimido, pero necesito renovar mi mente para que se vea como lo que hay en mi espíritu». Para él, esta noción de renovar la mente se ve claramente en las

Escrituras, en especial cuando Pablo escribe en Romanos 12:2: «No se amolden al mundo actual, sino sean transformados mediante la renovación de su mente. Así podrán comprobar cuál es la voluntad de Dios, buena, agradable y perfecta».

Para los cristianos, este versículo es un recordatorio de que la voluntad de Dios es discernible para cualquier persona que haga un esfuerzo concertado para negarse a seguir el ejemplo del mundo y, en cambio, permitir la transformación y renovación de su mente. Es algo que Pablo recalcó repetidamente en sus cartas del Nuevo Testamento, con el tema emergiendo de nuevo en 2 Corintios 4:16, donde dice que si bien el cuerpo se podría estar «desgastando» por fuera, «por dentro nos vamos renovando día tras día».

La idea aquí es que hay una responsabilidad por el crecimiento rutinario dentro del creyente, y Pablo explora más estos temas en Efesios 4:20-24, donde nuevamente llama a los cristianos a renovarse en sus vidas, espíritu y mentes:

> No fue esta la enseñanza que ustedes recibieron acerca de Cristo, si de veras se les habló y enseñó de Jesús según la verdad que está en él. Con respecto a la vida que antes llevaban, se les enseñó que debían quitarse el ropaje de la vieja naturaleza, la cual está corrompida por los deseos engañosos; ser renovados en la actitud de su mente; y ponerse el ropaje de la nueva naturaleza, creada a imagen de Dios, en verdadera justicia y santidad.

Miles dijo que el consejo de Pablo para transformar nuestras mentes es esencial para comprender la opresión espiritual; que aceptar a Cristo y luego no buscar la renovación espiritual dejará a las personas vulnerables a las fuerzas negativas en el ámbito espiritual.

«Si alguien se libera de una opresión demoníaca y se convierte en cristiano, todavía hay que hacer un esfuerzo para renovar su mente», comentó. «Puede que no se liberen automáticamente por completo de cualquier síntoma de este tipo de opresión. Pero es posible que les tome tiempo renovar su mente para lograr que estas mentiras se conformen a lo que la Palabra dice de nosotros».

Durante nuestra entrevista sobre el tema, Wood volvió a su pregunta original sobre si alguien que es salvo puede ser poseído «por algo que es condenable», y argumentó que es posible que tratar de llegar a una conclusión sobre el tema esté «simplemente más allá de la evidencia que la Biblia nos ofrece».

Apelando al ejemplo de Judas Iscariote, uno de los doce discípulos originales que entregó a Jesús a las autoridades judías, Wood, al igual que muchos otros consultados para este libro, está de acuerdo en que es completamente posible estar cerca de Cristo y aún permitir que Satanás impacte nuestras vidas. Es espantoso el relato de las Escrituras sobre esta traición a Cristo que condujo a su crucifixión.

«Puedes estar cerca de Jesús y aún permitir que Satanás entre en ti», dijo Wood. «Judas tiene que ser el arquetipo de esto; de lo contrario, no sabría cómo interpretar el caso de Judas... A pesar de seguir a Jesús, pudo permitir que Satanás entrara en él».

Wood se refirió a las palabras de Juan 13, donde encontramos algunos detalles intrigantes sobre Judas y Satanás. En este capítulo se nos dice que Jesús sabía que su tiempo en la tierra estaba llegando a su fin. Durante una cena justo antes de la Pascua, lavó los pies de sus discípulos.

Pero antes de ese momento crucial, en el versículo 2 se nos dice algo realmente sorprendente: «Llegó la hora de la cena. El diablo ya había incitado a Judas Iscariote, hijo de Simón, para que traicionara a Jesús». Según esta Escritura, sabemos que Satanás estaba impactando en la toma de decisiones de Judas, y un poco más adelante en el capítulo leemos algo aún más conmovedor y teológicamente perturbador sobre la condición espiritual del discípulo.

Después de lavar los pies a los discípulos, Jesús predijo la traición que pronto ocurriría. «Ciertamente les aseguro que uno de ustedes me va a traicionar», les dijo (Juan 13:21). Y que aquel a quien estaba a punto de darle un pedazo de pan sería quien lo traicionaría. Juan 13: 26-30 dice:

> Acto seguido, mojó el pedazo de pan y se lo dio a Judas Iscariote, hijo de Simón. Tan pronto como Judas tomó el pan, *Satanás entró en él.*
>
> —Lo que vas a hacer, hazlo pronto —le dijo Jesús.
>
> Ninguno de los que estaban a la mesa entendió por qué le dijo eso Jesús. Como Judas era el encargado del dinero, algunos pensaron que Jesús le estaba diciendo que comprara lo necesario para la fiesta, o que diera algo a los pobres. En cuanto Judas tomó el pan, salió de allí. Ya era de noche. (énfasis añadido)

«Satanás entró en él». Esas palabras son sin duda trágicas, inquietantes y sugerentes, y provocan una gran cantidad de preguntas sobre Judas, su corazón, su salvación y muchas más que quizás sean imposibles de responder dos mil años después. Hay teorías divergentes en torno a qué pasó con la fe de Judas antes de este momento, por qué se volvió tan duramente contra Jesús, y si podría haber sido perdonado después de su trágica traición.

Jesús dejó en claro que Judas, el hombre que estaba destinado a traicionarlo, estaba en graves problemas. Dijo: «A la verdad el Hijo del hombre se irá, tal como está escrito de él, pero ¡ay de aquel que lo traiciona! Más le valdría a ese hombre no haber nacido» (Mateo 26:24).

Y Jesús fue aún más lejos, cuando expresó: «¿No los he escogido yo a ustedes doce? —repuso Jesús—. No obstante, uno de ustedes es un diablo» (Juan 6.70-71). La Biblia es clara en que Jesús se refería a Judas.

Lo que quizás sea más interesante es que vemos a Judas dándose cuenta de todo el peso de su error cuando de repente se sintió «embargado por el remordimiento» después de ver a los principales sacerdotes y a los ancianos elaborar sus planes para matar a Jesús. Devolvió las treinta piezas de plata y reconoció que estaba muy equivocado, pero ya era demasiado tarde.

«He pecado», dijo, «porque he entregado sangre inocente» (Mateo 27:4). Después de devolver el dinero, se ahorcó, colocando los toques finales a su propio final trágico y al mismo tiempo dejándonos a todos con una letanía de preguntas. El debate sobre el alma de Judas es un libro en sí mismo, pero ese no es nuestro propósito aquí; la intención al hacer referencia a su historia es notar que incluso alguien que haya tenido la proximidad física a Jesús —que haya escuchado y aprendido de él— aún podría ser profundamente influenciado por Satanás.

Recordatorio: este fue un hombre elegido por Jesús para ser apóstol. Judas siguió a Jesús durante más de tres años, viajó con él y sacrificó sus propios caprichos por la causa de Cristo, vio personalmente los milagros que realizó Jesús, escuchó las palabras y los sermones más poderosos e imaginables, y fue un testigo de la verdad.[4] Que alguien como Judas pudiera «volverse atrás» es, en el mejor de los casos, algo perturbador. El meollo del problema es si alguna vez fue salvo según el concepto bíblico y, por lo tanto, creyente de verdad.

Pero la lección más amplia es que cualquier cristiano tiene el poder de conceder permiso para que el mal entre en su vida si así lo desea. «Los cristianos en realidad pueden serlo y aun así estar dando permiso para que lo impío sea parte de sus vidas», dijo Wood. «¿En qué manera eso afecta la salvación? No lo sé».

Para Wood, Judas es un excelente ejemplo de que «un seguidor de Jesús puede ser poseído por Satanás». Otros son más drásticos sobre Judas y lo ubican definitivamente en el campo de «nunca salvo». Por ejemplo, Matt Slick, del Ministerio de Apologética e Investigación Cristiana, cree que Judas nunca fue un verdadero cristiano, por lo que las conversaciones sobre su viaje de fe, en Slick's view, son un poco más fáciles de descartar.

«Judas nunca fue un verdadero cristiano» escribió.[5] «Por lo tanto, él nunca perdió su salvación». Otros están de acuerdo con esta evaluación, con Crosswalk escribiendo lo siguiente sobre Judas y el debate sobre la salvación:

> Si alguien pregunta: «¿Judas perdió su salvación?», la respuesta es No. No perdió su salvación porque nunca la tuvo. Cualquier cosa puedes decir sobre él, nunca fue un seguidor de Jesucristo en el mismo sentido que los otros apóstoles. No fue salvo y luego perdido. Estaba perdido porque nunca fue salvo.[6]

Una vez más, la vida y la muerte de Judas nos dejan con muchas preguntas. Pero si condensamos esas preguntas, nos quedamos con una realidad con la que muchos de estos expertos en fe están de acuerdo: cualquiera, incluidos los cristianos, puede convocar o invitar al mal. Y aunque hay una disputa en torno al nivel en que la opresión espiritual puede tomar forma en la vida de los cristianos, está claro que jugar con fuego puede tener implicaciones espirituales profundas para todos y cada uno de los seres humanos.

> Jugar con fuego puede tener implicaciones espirituales profundas para todos y cada uno de los seres humanos.

En cuanto a Amy Stamatis, su caso sigue siendo fascinante, y hay muchos otros como ella, personas que creen que sus vidas han sido profundamente impactadas por el reino demoníaco. Con independencia de lo que la gente crea sobre el impacto potencial de la posesión en la vida de un cristiano, la Biblia proclama que todos los creyentes están expuestos a experimentar la guerra espiritual.

Y si esta experiencia y sus peligros potenciales son universales, debemos explorar por qué tantas iglesias optan por ignorar o restar importancia a este tema bíblico.

PARTE CINCO

A TRAVÉS DE UNA LENTE CRISTIANA AUTÉNTICA

12

Rompiendo el silencio de la iglesia

«Hubo una guerra en el cielo. Esa guerra bajó a la tierra. Adán y Eva perdieron esa guerra. Jesús vino, ganó esa guerra».

Esas palabras, pronunciadas con pasión por el pastor Mark Driscoll durante una entrevista de 2019 en The Pure Flix Podcast, me hicieron pensar más profundamente en la guerra espiritual. Este concepto de una guerra en el cielo y una batalla espiritual que se desarrolla en la tierra es el núcleo de la fe cristiana; no obstante, ¿cuántos de nosotros realmente entendemos estas implicaciones teológicas? ¿Cuántos de nosotros procesamos lo que significa en la práctica?

Sin embargo, lo que dijo Driscoll a continuación despertó aún más mi interés, curiosidad y asombro, ya que enmarcó esta narrativa de guerra como teniendo algunas implicaciones definitivas para cada una de nuestras vidas: partes del rompecabezas que todos necesitamos armar a pesar de nuestros caprichos.

«Ahora tenemos la opción de caminar en la derrota de Adam o caminar en la victoria de Jesús, y un día, Jesús regresará y entonces habrá una gran guerra para poner fin a todas las guerras, y así... las decisiones que tomes, estarán invitando al cielo que baje a tu vida o trayendo el infierno a tu vida», dijo. «Porque al final solo habrá dos culturas: la cultura del cielo y la cultura del infierno».

Aparte de tener el poder para condenarnos, estos comentarios abren una discusión sobre el bien y el mal que hay que afrontar. Una lectura básica de la Biblia hace que negar la existencia de los demonios, al menos desde una lente cristiana auténtica, sea una imposibilidad.

Una lectura básica de la Biblia hace que negar la existencia de los demonios, al menos desde un lente cristiano auténtico, sea una imposibilidad.

Como hemos explorado en este libro, una gran parte del ministerio de Jesús se dedicó a la sanidad espiritual, con Jesús el Salvador expulsando espíritus que se habían apoderado de las vidas de las personas causándoles un mal intenso; hablar de ángeles en la Biblia también es bastante frecuente. «La Biblia habla de ángeles más de trescientas veces, y el 90 % de los libros de la Biblia tienen menciones a ángeles y demonios», señaló Driscoll.

Se podría elaborar un argumento teológico para negar que los demonios hoy en día todavía tienen las mismas capacidades que vemos en las Escrituras; sin embargo, una negación general de su existencia parecería extraña para cualquiera que se tome la Biblia en serio. Un punto afirmado por el pastor y autor de *Good God* [Dios es bueno], Lucas Miles, establece que: «La Biblia es muy clara. Si creemos en Dios, tenemos que creer también en el diablo y creer en la opresión demoníaca y esas cosas», me dijo. «Porque si creemos que la Biblia es verdadera, y a eso nos aferramos, también tendríamos que reconocer que estas cosas son reales, y que no podemos ignorarlas».

El doctor Michael Brown estuvo de acuerdo, apuntando a la discusión descarada e intencional sobre la existencia y naturaleza activa del reino espiritual. «La Biblia habla libremente sobre demonios y ángeles. La Biblia nos dice que estamos en una batalla con el mismo

Satanás», expresó. «La Biblia nos dice que no estamos luchando con carne y sangre, sino con poderes demoníacos que operan de manera sistemática y coordinada. Entonces ser sobrio significa reconocer la realidad del reino espiritual».

Una de las dinámicas en el centro de este tema son las formas divergentes en que las distintas denominaciones y movimientos cristianos manejan lo demoníaco. Algunos pastores e iglesias consideran que estos temas tienen una gran prevalencia y relevancia en la era moderna, y los abordan como tales, mientras que otros adoptan una postura más reservada o apática. Algunas iglesias pueden simplemente optar por no enfatizar la existencia del mal, optando por minimizarlo o ignorarlo durante los sermones y las enseñanzas oficiales de la iglesia. La pregunta clave es ¿por qué? ¿Qué impulsa estas diferencias y cómo se manifiestan en la práctica?

Algunos predicadores optan por no prestar atención a Satanás y a los demonios, creyendo que al hacerlo se atribuye un crédito indebido al mal. Para otros, tal vez haya una especie de miedo: una preocupación por la extrañeza percibida del tema en cuestión.

«Creo que a veces es una reticencia incluso hablar de ello porque se sienten tontos o tal vez tengan miedo, o tal vez el enemigo los ha atemorizado», me dijo Grace Driscoll en The Pure Flix Podcast. «Dado que no sabemos mucho al respecto o porque la persona, la escuela de pensamiento, no habla mucho de eso, tal vez simplemente sientan miedo de siquiera participar en una conversación sobre el tema».

Grace Driscoll, que escribió el libro de guerra espiritual: *Win Your War: FIGHT in the Realm You Don't See for FREEDOM in the One You Do* [Gana tu guerra: PELEA en el reino que no ves por la LIBERTAD en aquel por lo que lo haces], junto con su esposo, el pastor Mark Driscoll, dijo que es importante mostrar a la gente que Dios ya ha ganado la guerra y que los cristianos tienen el poder de luchar día a día. «No es que la mayoría de los pastores o iglesias cristianos no dicen nada», señaló el pastor Driscoll. «Simplemente dicen poquísimo y lo dicen muy rápido».

Chad Norris, pastor principal de la iglesia Bridgeway en Greenville, Carolina del Sur, piensa que el miedo a perder el apoyo por ser demasiado elocuentes sobre el tema podría ser una de las causas que genere silencio. «Muchos de mis hermanos y hermanas que lideran tienen un miedo tan fuerte al hombre», dijo. «Miedo que está ligado al dinero. Quieren proteger sus trabajos. Estoy aquí. Eso no me preocupa. Voy a decir la verdad, lo que veo bíblicamente, lo que he visto en la vida real».

Miles también se preguntó si el miedo, la preocupación y el malestar podrían influir en este escenario. «Hoy día, pareciera que muchas iglesias... tienen miedo a abordar el tema. Si vieran las estadísticas, quizás pienses que la gente querría hablar de ello, porque las estadísticas muestran que la cultura pop está acogiendo estas cosas, por lo que pensarían que sería seguro hablar de ello en la iglesia».

Para Miles, hablar sobre temas que tengan que ver con lo demoníaco pudiera sentirse como algo «impopular» o extraño, lo que puede llevar a una serie de precauciones para garantizar que las historias sobre la guerra espiritual estén adecuadamente amortiguadas para que sean bien recibidas por los oyentes. «Si cuentas una historia sobre un encuentro de guerra espiritual, deberás insertar todo tipo de preámbulos: «Bueno, no lo sé con certeza» o «Puede que esto no haya sido así, pero esto es lo que creo», dijo.

El problema para Miles no se limita solo a las discusiones sobre lo demoníaco, ya que ve que la gente deja de hablar del poder del Espíritu Santo de la misma manera. «Hay una vacilación generalizada entre [algunos] líderes de las iglesias... tenemos miedo de hablar sobre la guerra espiritual y el poder del Espíritu, algo más allá de lo que se pueda razonar con lógica», añadió. «Nos hemos convertido en una especie de sociedad griega, en lo que, hasta cierto punto, es una forma de gnosticismo, donde adoramos lo que se puede conocer. Si no se puede entender, no vamos a hablar de ello ni vamos a intentar entenderlo».

Otros ven una especie de reticencia o silencio por parte de pastores e iglesias para hacer evidente un problema teológico aún más penetrante: un alejamiento de la creencia que rodea lo demoníaco. «¿Por qué creo que algunos cristianos prestan tan poca atención a los temas de los demonios y la guerra espiritual?» Shane Idleman, pastor fundador de Westside Christian Fellowship en Lancaster, California, retóricamente declaró en una entrevista para este libro: «Bueno, muchas personas simplemente ya no creen que existan, y simplemente lo minimizan».

Y siguió diciendo: «Pero si lees la Biblia, verás claramente que el reino demoníaco es real. Jesús expulsó a los demonios imponiendo su autoridad sobre ellos». Al mismo tiempo, en opinión de Idleman, hay una dinámica en el extremo opuesto del espectro que a veces puede presentar problemas teológicos y prácticos: un énfasis excesivo en o una obsesión con lo demoníaco.

Algunas personas, dijo, ven lo demoníaco como la raíz de cualquier cosa o problema, atribuyendo todos los sucesos a un reino maligno y esotérico, una cosmovisión que puede llevar a una falta de responsabilidad personal por los asuntos que puedan ocurrirnos como resultado de nuestros propios errores o equivocaciones. «Tampoco debemos dar demasiado crédito a los demonios. Hay mucha gente que piensa que hay un demonio debajo de cada piedra, o un demonio en cada problema, o un demonio aquí o allá, en esto o en aquello», expresó Idleman. «Lo que muchas veces necesitas es humillarte, arrepentirte y disciplinar la carne... Por lo tanto, hay que ser muy cuidadoso para encontrar ese equilibrio».

Miles estuvo de acuerdo con Idleman, y agregó que no hay necesidad de magnificar elementos en el reino demoníaco, y que los seres humanos tampoco necesitan temerles. «Si creemos en la presencia del bien, no podemos ignorar la presencia del mal en este mundo», afirmó.

El reverendo Samuel Rodríguez resumió todo esto presentando su opinión sobre las «dos corrientes del espectro de la iglesia» que se están desarrollando activamente en la actualidad. Primero, describió a un grupo al que denominó «los cristianos cerebrales», formado por personas que reconocen la realidad del mal a nivel cerebral.

«Tenemos la iglesia cognitiva cerebral que dice: "Sabemos que el mal existe, pero muchas de las manifestaciones, muchas de las acciones, interacciones o reacciones de ciertos elementos del mundo cristiano, principalmente el mundo carismático, pueden ser enormemente exageradas. Por lo tanto, vamos a mantener esto a nivel cerebral», dijo.

Rodríguez pasó a una segunda corriente de cristianos, que él apodó como «cristianos del corazón». Estos son creyentes que ven el mal por lo que es, y que quieren enfrentarlo y animar a otros cristianos a combatirlo en su vida diaria.

«[Ellos creen que] no solo el mal es real, sino que debe ser confrontado a diario, porque hay manifestaciones del mal a cada rato y si lo confrontamos, más personas serán libres», dijo. «Es ese grupo que realmente cree que el propósito de la iglesia no solo es predicar el evangelio y hacer discípulos y cumplir la gran comisión, sino liberar a las personas de la opresión espiritual».

Y continuó diciendo: «Ese es un principio fundamental de las iglesias que quieren abordar el mal de una manera más mensurable, viable y sostenible».

Puede parecer sorprendente, pero a veces pareciera que Hollywood está cubriendo el tema con más intensidad que algunas iglesias. Y aunque Tinseltown no siempre es bíblicamente exacto cuando presenta posesión y otros problemas espirituales, la atención que las películas y la televisión han prestado a estos temas es notable. «Con la excepción de probablemente algunas iglesias más carismáticas que conozco, diría que pareciera que Hollywood y la cultura pop hablan más sobre el lado de la fe en la guerra espiritual y lo demoníaco que la iglesia», expresó Miles.

El pastor, que también es productor de cine, no dijo que Hollywood esté describiendo con precisión estos problemas, pero habló del hecho de que ciertas películas y programas presentan historias sobre batallas espirituales o enfrentamientos entre el bien y el mal. Y estos temas, que durante mucho tiempo han sido un elemento básico del horror de Hollywood, parecen estar ganando popularidad.

Sin embargo, en la vida real, la lucha por el equilibrio es intrigante. Algunos simplemente creen que todo lo que se ha escrito sobre «el demonio detrás de cada puerta» está siendo contrarrestado con una mentalidad de «solo podemos concentrarnos en el aquí y el ahora». «Pareciera que el péndulo se ha movido hacia el otro lado del espectro, y ahora estamos en un punto en el que esto realmente ha pasado a un segundo plano en la comunicación y el lenguaje cristianos», dijo Miles.

Brown enfatizó este mismo punto, agregando su creencia de que tendemos a «irnos hacia los extremos». Dice que cuando la gente «culpa al diablo por todo», tiende a fallar en las cosas que suceden por causas naturales; que a menudo es «fácil solo fijarse en lo natural y mirar las cosas terrenales y tener explicaciones terrenales para ellas».

Y cuando consideramos el ritmo rápido al que se mueven nuestras vidas y cultura, y las distracciones constantes que nos mantienen consumidos y enamorados de lo material, se puede entender por qué algunos podrían estar demasiado obsesionados con el aquí y el ahora. Los teléfonos inteligentes y las tabletas casi han superado nuestra atención y los tiempos de inactividad diarios, y los mensajes de los medios nos llegan cada vez con mayor frecuencia sea que estemos en casa o en la calle.

Con tanto del mundo material ante nosotros, no es de extrañar por qué muchos hayamos perdido nuestro sentido de la realidad bíblica, especialmente si no estamos haciendo nada para crear y fomentar una vida de espiritualidad viva y activa. Tal vez ahí es donde comienza gran parte del problema. «A veces es una falta de mentalidad espiritual», confirmó Brown. «Es mucho más fácil para mí, en lo natural, simplemente fijarme en las cosas terrenales, observar las tendencias políticas y las tendencias sociales, y ver lo que está sucediendo en mi propia familia sin reconocer que a menudo hay fuerzas espirituales detrás de esto. Y la Escritura habla a este plano. Esto no es realmente un tema debatible para alguien que cree que la Biblia es la Palabra de Dios».

Rodríguez, que se describió a sí mismo como un cristiano «bapticostal», dice que hoy en día es demasiado fácil volverse apático hacia el ámbito espiritual, y agregó su creencia de que hay un «cristianismo burgués» en marcha.

«Sé que el mal existe. Lo he enfrentado. Sé lo que es la guerra espiritual y lo que implica luchar contra los esteroides; lo viví, pero a veces todo se vuelve tan cerebral, que yo lo llamo cristianismo burgués. Nos volvemos demasiado burgueses... nos volvemos tan sofisticados en nuestro pensamiento que perdemos la conciencia, el hecho, el sentido de que existe una guerra espiritual, que hay oscuridad contra la que hay que luchar».

Luego, Rodríguez señaló a Juan 10:10 como un versículo que él cree que capta perfectamente «la realidad de la guerra espiritual» y la «realidad de nuestra existencia colectiva». Ese pasaje de las Escrituras dice: «El ladrón no viene más que a robar, matar y destruir; yo he venido para que tengan vida, y la tengan en abundancia». Para él, la dinámica descrita en este versículo es la «gran dicotomía», refiriéndose a las palabras de Jesús que lo señalan a él (Cristo) como la solución.

«Aquí está el diablo; aquí está quien yo soy. Y aquel viene a robar, matar y destruir. Todos los días hace el intento de robar, matar y destruir».

La guerra espiritual se manifiesta de diversas formas en las vidas de las personas, y los pastores y teólogos explican el impacto del que ellos han sido testigos. Hemos cubierto tanto las historias bíblicas como las afirmaciones modernas, y lo más interesante es que estas experiencias comparten similitudes con las manifestaciones de enfermedades mentales.

A continuación, exploraremos el debate sobre la posesión y la enfermedad mental, y cómo se diferencian pastores, teólogos y expertos en salud mental. Comenzaremos explorando cómo se ve supuestamente cuando el diablo actúa sobre estos planes.

13

Posesión versus enfermedad

Objetos volando desde los estantes. Detalles personales que nadie podría haber conocido y que salen de la boca de un extraño. Voces diabólicas que se manifiestan de la nada.

Estos fueron solo algunos de los acontecimientos impactantes que el respetado psiquiatra, Richard Gallagher, encontró cuando conoció a una mujer a la que se refiere como Julia, una adoradora del diablo, como se describe a sí misma, y que de manera simultánea reverenciaba a Satanás mientras buscaba liberarse de las garras de las fuerzas demoníacas que supuestamente se habían hecho presentes junto con su enamoramiento.[1]

Gallagher, que estudió medicina en Yale y Columbia, y ahora enseña tanto en Columbia como en la New York Medical College, fue transformado por su experiencia con Julia, como relató en una entrevista con CNN[2] y detalló en un fascinante artículo de opinión para el *Washington Post*.[3]

«A finales de la década de 1980, me presentaron a una mujer que se autodenominaba sumo sacerdotisa satánica. Decía que era bruja y se vestía como tal: ropa oscura suelta y sombra de ojos negra alrededor de sus sienes. En nuestras muchas conversaciones, reconoció ser adoradora de Satanás como su "reina"».[4]

Gallagher, que se enorgullece de ser un hombre de ciencia, fue abordado inicialmente por un sacerdote católico para ver si podía intervenir y evaluar si Julia estaba sufriendo algún tipo de dolencia mental o si realmente estaba experimentando lo demoníaco. Dijo que al principio su reacción fue de escepticismo, pero que pronto se dio cuenta de que el comportamiento de Julia iba más allá de lo que había experimentado en su formación profesional.

Desde hablar lenguas durante sus trances, que supuestamente no conocía, como el latín, hasta la capacidad de revelar las debilidades secretas de una persona y tener información privada sobre la muerte de personas que nunca había conocido —incluida la propia madre de Gallagher—, no faltaron elementos extraños en torno al caso de esta Julia.[5]

Pero el momento más impactante e indudablemente más espeluznante llegó cuando Gallagher se encontraba hablando por teléfono con el sacerdote de Julia. Ella no participaba en la conversación, sino que se encontraba a miles de kilómetros de distancia. De pronto, Gallagher y el sacerdote escucharon por la línea telefónica algo que había salido de la boca de Julia en uno de sus trances demoníacos.[6]

«Aquello no fue psicosis», escribió Gallagher, «fue lo que solo puedo describir como capacidad paranormal. Llegué a la conclusión de que Julia estaba poseída».[7] Desafortunadamente según recuerda, Julia nunca se curó de su aflicción; estaba trastornada y parecía disfrutar algo de lo que se desarrollaba durante sus supuestos trances. A medida que el tiempo fue pasando, ella dejó de buscar la ayuda de Gallagher.

Pero aunque no se logró su liberación, fue el comienzo de la incursión de Gallagher en la lucha contra lo demoníaco. Esta experiencia puso a Gallagher, un católico de toda la vida, en un camino poco probable para convertirse en una especie de consultor de la

Iglesia católica, interviniendo en casos como el de Julia para ofrecer explicaciones científicas y al mismo tiempo señalar los casos raros de la llamada posesión total que la gente está experimentando.

Gallagher ha estado involucrado en esta tarea durante veinticinco años y ha dicho que en estos años cree que es posible que haya visto más casos de posesión que cualquier otro médico en el mundo, una afirmación que lo coloca en una posición verdaderamente única.[8]

Después de atender consultas de cientos de casos, ahora habla abiertamente sobre su trabajo, contando detalles sobre su escepticismo inicial, sobre su enfoque de lo demoníaco basado en la evidencia, y cómo él remedia siendo un practicante acérrimo de la ciencia que simultáneamente cree que las manifestaciones diabólicas de lo sobrenatural son posibles, plausibles y, en algunos casos, una realidad indiscutible.

Su papel como médico no es necesariamente diagnosticar la posesión, sino que, como lo señaló en su artículo de opinión para el *Washington Post*, su objetivo es «informar a los sacerdotes que los síntomas en cuestión no tienen una causa médica concebible».[9] Quizás lo más interesante de Gallagher sea su cuidadoso acercamiento al tema. Es plenamente consciente del manejo mal concebido y peligroso de las afirmaciones demoníacas, lo que puede prestarse a un sobrediagnóstico de influencia demoníaca dentro de algunos círculos eclesiásticos.

Pero tampoco tiene miedo de hablar sobre su creencia de que algunos en el campo de la medicina se equivocan al negarse a buscar pruebas de lo sobrenatural. Al final, Gallagher cree que todo se reduce a los hechos, las pruebas y la debida diligencia. «Los mismos hábitos que dan forma a lo que hago como profesor y psiquiatra —mente abierta, respeto por la evidencia y compasión por las personas que sufren— me llevaron a ayudar en el trabajo de discernir los ataques de lo que creo que son espíritus malignos y, de manera tan crítica, diferenciando estos sucesos extremadamente raros de las condiciones médicas», escribió.[10]

Gallagher dijo que no está solo. Si bien algunos tienden a ver a los psicólogos, psiquiatras y otros profesionales médicos aislados en el mundo de la ciencia, que solo buscan respuestas para nuestras vidas y el mundo a través de una lente material, él conoce a otros profesionales de la salud mental que están abiertos a sus conclusiones.

Tampoco es el primer médico en hablar sobre este tema, ya que el difunto doctor M. Scott Peck también se sumergió tan profundamente en la incursión que participó en persona en dos exorcismos, experiencias que reveló a través de sus escritos. Estas historias fueron cubiertas en detalle por *Los Angeles Times*, y el medio escribió lo siguiente en un reporte de 1985:

> El psiquiatra insiste firmemente en que se encontró con Satanás. Describió a uno de los pacientes poseído como si realmente tuviera una apariencia serpenteante, con párpados encapuchados; y al otro, como volviéndose tan grotesco e inhumano que Peck, cuando intentó más tarde mirarse en un espejo, no pudo evitar contorsionar su rostro en una mueca diabólica.[11]

Peck, también educado en Harvard, detalló estas experiencias en su último libro: *Glimpses of the Devil: A Psychiatrist's Personal Accounts of Possession* [Vislumbres del diablo: Relatos personales de posesión por un psiquiatra] con una nota promocional en la que ofrece «unos asombrosos relatos verídicos de su trabajo como exorcista... en dos historias profundamente humanas de posesión satánica».[12]

Lo más convincente de esto es que mientras no tomó contacto con uno de los individuos envueltos en los exorcismos, Peck no creía en la existencia de Satanás. Incluso, cuando se involucró en estos casos, pensó que su participación ayudaría a afirmar la creencia de que la existencia del diablo era injustificada.

Pero lo que se encontró le hizo ver que estaba equivocado. En la descripción que hace, dice que «lo que descubrió no podía explicarse simplemente como una locura o por cualquier diagnóstico clínico estándar».[13] Y, en una entrevista que concedió en 2005 a *Salon* expresó: «la evidencia que encontré desafió mi creencia y terminé creyendo».[14]

Según el *Times*, estos exorcismos involucraron a equipos compuestos por profesionales médicos y líderes religiosos. El primero incluyó a una monja, un obispo, una ama de casa, un psicólogo, un médico retirado y un laico; y el segundo incluyó a dos psicólogos, dos psiquiatras, tres laicos y un ministro.[15] Ambos exorcismos tomaron meses desde estudiar los diagnósticos de posesión hasta enfrentar los exorcismos.[16] El primero duró un total de siete meses y el segundo, nueve.

«En el primer caso, nos deshicimos de cuatro demonios diferentes, cada uno representando una mentira particular. Después de deshacernos de estos cuatro, nos pareció que quedaban solo dos, de la lujuria y el odio», dijo Peck al medio. «Esos dos fueron sorpresas para el equipo. Los demonios hablaron en tercera persona. Si eso refleja algo sobre la realidad de los demonios, no lo sé, pero se escondió detrás de Jesús».[17]

La yuxtaposición que rodea a los dos casos es bastante fascinante, el primero involucró a una joven que Peck llamó Jersey. Ella dijo que había sido afligida por demonios durante quince años, pero el relato de su exorcismo, como se cuenta en *Glimpses of the Devil*, era relativamente benigno.[18]

Salon lo describió como «un asunto tranquilo y civilizado, casi decepcionantemente libre del tipo de escupir bilis, levitar y rechinar los dientes que conocemos de películas como *El exorcista* de William Friedkin», y señaló nuevamente lo que muchos expertos han dicho: que los exorcismos no siempre son el espectáculo de terror que la gente asume.[19]

El exorcismo de Jersey fue un éxito, pero el segundo, de una paciente identificada

> Los exorcismos no siempre son el espectáculo de terror que la gente asume.

como Beccah, no lo fue. Su comportamiento durante el exorcismo resultó más caótico. Muy deprimida y con tendencias al suicidio, trató de morder a Peck y al equipo, tuvo que ser inmovilizada e incluso atravesó con la mano la ventana de un baño, como recapituló *Salon*.[20] Trágicamente, no se liberó de la supuesta infestación demoníaca y luego murió.

La conclusión clave al explorar el trabajo de Peck y Gallagher es que estos hombres, psiquiatras conocidos y respetados, se arriesgaron desde el punto de vista profesional al presentar estas afirmaciones. Muchos han dudado, y ciertamente lo harán, de sus supuestas experiencias, pero es esencial considerar la importancia de su estatura y su disposición a abordar las complejidades que rodean la salud mental y la opresión espiritual.

También es importante señalar que su experiencia incluye ejemplos más extremos de guerra espiritual, ya que muchos expertos consultados para este libro señalaron que la posesión total es increíblemente rara. El propio Gallagher ha dicho que pasa «más tiempo convenciendo a la gente de que no están poseídos de lo que ellos creen que están».[21]

Pero también es importante tener en cuenta que Gallagher y Peck no están solos en sus afirmaciones. El doctor Mark Albanese, psiquiatra durante décadas que se educó en la Universidad de Cornell y es amigo de Gallagher, ha defendido abiertamente al psiquiatra. Le dijo a CNN que piensa que hay una creencia creciente entre los médicos de que la dimensión espiritual de los seres humanos debe considerarse con independencia de la postura personal del médico involucrado.

«Hay una cierta apertura a las experiencias que están sucediendo que están más allá de lo que podemos explicar mediante resonancias magnéticas, neurobiología o incluso teorías psicológicas», dijo.[22]

Con seguridad se justifica una atención más amplia a la intersección de la influencia demoníaca y la aflicción mental, especialmente si se considera que muchos de los síntomas atribuidos a problemas espirituales parecen deberse a problemas de salud mental que padecen las personas.

El viaje a la fe de una enfermera psiquiátrica

La doctora Mary D. Moller ha sido enfermera psiquiátrica durante casi cuarenta años. En 1992 fundó la primera clínica psiquiátrica independiente, propiedad de enfermeras que la administran y operan. La doctora Moller tiene una perspectiva cautivadora sobre la salud mental y el reino demoníaco; y cree que hay piezas esenciales del rompecabezas humano que deben ensamblarse por completo para comprender adecuadamente lo que se está desarrollando dentro de una persona.

«Creo que el ser humano es cuerpo, mente y espíritu. Nuestro cerebro, que es parte de nuestro cuerpo... puede tener fallas que lleguen a provocar una enfermedad mental», me dijo. «Esto está bien documentado; de modo que no hay dudas al respecto». Pero no se quedó en eso, pues pasando a abordar el ámbito espiritual, agregó: «De verdad creo que nuestro espíritu es inspirado por Dios y que la vida espiritual es lo que Dios quiere que tengamos, por eso con frecuencia va a entrar en conflicto con lo que nuestro cuerpo quiere y lo que nuestro cerebro quiere». Experta en el tratamiento de la esquizofrenia, la doctora Moller ha compartido abiertamente su viaje al cristianismo, algo que surgió como resultado de una profunda exploración de las intersecciones entre fe y psiquiatría. Gran parte de esta experiencia está incluida en un artículo que apareció publicado en una revista académica en 2014 con el título «Narrative Inquiry in Bioethics» [Investigación narrativa en bioética], en el que afirma haber tratado a muchos pacientes que habían sido víctimas de «traumas graves y a menudo brutales» a manos de familiares, líderes espirituales, amigos.[23]

Otra área en la que ha visto a pacientes sufrir ha sido el ocultismo. «También nos encontramos con fuentes de abuso sufridas por aquellos involucrados en prácticas ocultas que van desde la brujería blanca aparentemente inocente (Wicca, paganismo, Nueva Era), que incluye actividades como la proyección astral y la visión remota, hasta la brujería negra más extrema (perpetrar el mal, encantar los malos espíritus, echar hechizos y maleficios, crear identidades disociativas) como ocurre en el abuso ritual y los ritos satánicos», escribió.[24]

Aunque consciente de que existe mucha controversia en torno a la realidad de la brujería, Moller dijo que quiso contar su historia en un esfuerzo por ayudar a «romper las barreras que impiden que muchos pacientes reciban el tratamiento que les proporcionaría el mayor beneficio para su recuperación». Y esa decisión la llevó a una transformación sorprendente, no solo en lo personal, sino también en cuanto a sus pacientes. Fue al buscar servicios para las personas afectadas por estos fenómenos que a los cincuenta años experimentó el «nuevo nacimiento espiritual», una transformación que cambió su vida.

Fue una conversión que echó raíces en el invierno de 1997 cuando Moller conoció en una misión local a un paciente que se creía que había estado involucrado en un culto satánico.[25] La doctora, que por entonces no tenía experiencia con este tipo de problemas, no le dio mucha importancia hasta que se encontró con otro paciente, esta vez del sexo femenino, en marzo de aquel mismo año.

Esta mujer, que estaba siendo evaluada por esquizofrenia y había viajado desde Portland, Oregón, para conocer a la doctora, había estado hospitalizada en varias ocasiones, pero el tratamiento no había funcionado. Moller se sentó con la joven para oír su historia. Recuerda que le dijo: «¿Te ha ocurrido algo horrible?». Y esa sola pregunta abrió las compuertas. La joven empezó a sollozar. Moller dijo para sí: «Dios mío, ¿qué tenemos aquí?».

Lo que la joven le dijo a continuación la conmocionó totalmente. «A lo largo de la entrevista supe que había sido víctima de repetidos abusos rituales satánicos a manos de su padre, el brujo principal de un aquelarre», escribió más tarde. «Me dijo que por lo menos diez veces la habían embarazado ritualmente y luego abortado ritualmente para disponer de un feto vivo para los rituales de sacrificio humano».[26]

La historia suena como algo sacado de una película de terror de Hollywood, pero la propia doctora Moller estuvo de acuerdo con esto cuando compartió otros supuestos detalles, demasiado horribles para incluirlos aquí y dijo: «Eso ni siquiera ha estado en las películas». Pero a pesar de la naturaleza casi increíble de la historia, le creyó a la joven.

Aconsejó a la familia que reportara el caso a la policía local. Años después, supo que los oficiales del área habían confirmado que la historia era cierta y que el padre de la joven estaba preso. Esta historia y sus deslumbrantes secuelas fueron el comienzo de una experiencia que llevó a la doctora Moller a mirar más allá de los ámbitos físico y mental para explorar cómo la fe también se puede integrar para ayudar a los pacientes. Su propio viaje personal descubrió lo que ella cree es evidencia definitiva de la existencia de los demonios y la guerra espiritual.

Con el tiempo, comenzó a integrar a su práctica la oración y la fe, pero tropezó con algunos obstáculos en el camino. Cuando comenzó a aprender más sobre el ámbito espiritual, intentó hablar con algunos sacerdotes católicos, pero estos le dijeron repetidamente: «¡No sabes con qué te estás metiendo!».

Se sintió echada a un lado. Después de todo, era muy consciente de que algunos de sus pacientes estaban experimentando fenómenos con los que ella nunca había lidiado, pero quería respuestas, no solo sobre los factores causales, sino también sobre cómo podría ayudar a iniciar la liberación. «Comencé a estudiar para aprender sobre liberación, psiquiatría y demonismo, y saber identificar a quién era realmente un maestro sólido», me dijo. Así, llegó a aprender más sobre la liberación y su fe, y comenzó a encontrar pacientes adicionales que necesitaban ayuda.

El resultado final fue un esfuerzo sólido y exitoso para ayudar a los necesitados. «Mi carrera profesional creció en términos casi indescriptibles como resultado de la incorporación del ministerio de oración y liberación como parte de los servicios que proporcionamos de manera selectiva», escribió.[27] «Hoy en día siempre incluyo la evaluación de las experiencias espirituales que un paciente tiene, así como apoyo las que están disponibles con cada nuevo ingreso de pacientes».

Moller enfatizó la importancia de abordar cuidadosamente estos temas y «distinguir entre experiencias religiosas y delirios religiosos», y también enfatizó la necesidad de que los profesionales de la salud mental comprendan las creencias de los pacientes y no juzguen basándose en prejuicios personales.

La negación de la existencia de estos problemas puede, en ocasiones, dañar la recuperación. Y agregó: «Una vez fui testigo del nivel de sanidad que ocurre en intervenciones espirituales cuidadosamente administradas que están relacionadas con experiencias espirituales específicas basadas en el sistema de creencias del paciente, no había vuelta atrás para usar solo medicación alopática e intervenciones psicosociales no espirituales, incluso a pesar de las críticas de otros».[28]

La experiencia de la doctora es notable, especialmente cuando incursionamos por ámbitos en los que algunos profesionales médicos no están de acuerdo con afirmaciones como las de ella.

Equilibrar la salud mental y la aflicción demoníaca

La discusión sobre demonios, guerra espiritual y salud mental puede ser en ocasiones muy compleja, especialmente en nuestra era materialista. Un elemento que no se puede ignorar es el temor legítimo de que la mala gestión de la salud mental, la falta de experiencia en el manejo de estos asuntos y la espiritualización excesiva de casi todos los escenarios pueden conducir a situaciones peligrosas.

Cuando alguien cree que «detrás de cada puerta hay un demonio», podría cometer el error de hacer suposiciones incorrectas sobre los factores causales, suposiciones que pasarían por alto los escollos de la responsabilidad personal y los errores y efectos de las enfermedades mentales. Desde los trágicos intentos de sacar los demonios de los afligidos a golpes hasta otras acciones cuestionables destinadas a expulsar el mal, algunos «remedios» han puesto en peligro la seguridad y la vida de las personas. Los críticos señalan estas tácticas al explorar el impacto negativo potencial de las posesiones y las curaciones espirituales.

Y no se necesita mucho esfuerzo para descubrir algunos de los ejemplos más inquietantes, ya que una simple búsqueda en Internet expone lo que ocurre cuando los intentos de expulsar el mal supuesto salen terriblemente mal.

Tal es el caso de un hombre de Arizona acusado de ahogar a su hijo de seis años sumergiéndole la cara en agua caliente en un esfuerzo por eliminar lo que supuestamente creía que era un demonio.[29] Luego está el caso de Vilma Trujillo, una joven nicaragüense de veinticinco años que murió después de que un pastor intentó expulsar de ella lo que aparentemente era un demonio.[30]

Trujillo comenzó a tener alucinaciones, a hablar sola y a experimentar signos que algunos atribuirían a una enfermedad mental. Cuando una iglesia local en su pueblo remoto intervino, según los informes, la «mantuvieron cautiva», no le dieron comida ni agua, la ataron a un árbol y la quemaron viva. La creencia era que el fuego expulsaría el mal; sin embargo, el resultado final fue una muerte horrible, algo que conmocionó a su nación.[31]

Podríamos pasar una gran cantidad de tiempo citando otros ejemplos, pero no es necesario. La conclusión es que la mala teología y las «soluciones» fuera de lugar a los problemas espirituales percibidos pueden causar daños y hasta la muerte. Por esta razón, cualquier experto legítimo en el tema dedicará un esfuerzo significativo a comprender los estados mentales de las personas que se cree, o incluso se sospecha, que enfrentan opresión, posesión o influencia demoníaca.

«La guerra espiritual puede afectar a alguien mentalmente, pero también hay enfermedades mentales que deben tratarse como tales», me dijo Hank Hanegraaff. «Lo que quiere decir que si tienes una enfermedad mental y la estás tratando de manera incorrecta o no la estás tratando en absoluto relegándola a solo una guerra espiritual... para usar la analogía médica, lo llamaríamos mala práctica».

Está implícito que este tipo de diligencia se da en el trabajo de personas como Gallagher y Peck, y también se puede ver entre los líderes religiosos que a menudo son los primeros en escuchar a personas que sienten el peso de una aflicción espiritual. Antes de sumergirse en un exorcismo o liberación, estos expertos generalmente intentan comprender cada elemento del caso de un paciente. «Si eres sacerdote o pastor deberás tener mucho cuidado para no incurrir en mala práctica. En estos días, cualquier médico necesita cuidarse para no incurrir en negligencia», dijo Hanegraaff. «Lo cual significa que si hay problemas psicofísicos, hay que buscarles una solución psicofísica a esos problemas».

Cómo diferencian los cristianos lo mental de lo espiritual

Hay que destacar que un área en común entre los líderes protestantes y católicos es investigar si una persona está experimentando aflicciones mentales en lugar de manifestaciones espirituales, con énfasis en evaluarla para explorar consideraciones psicológicas, psiquiátricas y médicas antes de entrar en exorcismos.[32]

El *Catecismo de la Iglesia Católica*, que detalla la fe y la teología católica, aborda el exorcismo y describe el proceso como algo que se desarrolla «cuando la Iglesia pide pública y autoritariamente en el nombre de Jesucristo que una persona u objeto sea protegido contra el poder del Maligno y sacado de su dominio».[33]

Si bien el catecismo continúa describiendo brevemente lo que significa expulsar el mal, hace diferencia entre asuntos espirituales y mentales. «La enfermedad, especialmente la psicológica, es un asunto muy diferente; tratar esto es asunto de la ciencia médica», se lee en el documento. Por lo tanto, antes de realizar un exorcismo, es importante asegurarse de que se está lidiando con la presencia del Maligno y no con una enfermedad».[34]

Está claro que la mayoría de los protestantes y católicos hacen un esfuerzo concertado con el fin de participar en una exploración sólida y basada en la evidencia para comprender exactamente lo que se está desarrollando en los planos espiritual y mental.

Como hemos explorado a lo largo del texto de *Cuando jugamos con fuego*, la mayoría de los expertos están claramente de acuerdo en que la posesión total es muy rara, y el reverendo Benjamin McEntire, el sacerdote anglicano que se ocupa de lo demoníaco, no es una excepción. «Si encuentro a alguien que no conozco [y] viene a mí y me dice: "Estoy poseído" o "Tengo muchos demonios dentro de mí", mi respuesta inmediata es el escepticismo», me dijo. «Al menos en esta sociedad, el enemigo se centra principalmente en tratar de esconderse, por lo que si una persona cree que su problema es demoníaco, hay un alto grado de probabilidad de que no lo sea y que en realidad se trate de problemas de salud mental».

Tomando en cuenta que los síntomas de la aflicción espiritual y mental parecen reflejarse entre sí, vale la pena explorar los síntomas más comunes que las personas que supuestamente sufren de aflicción demoníaca afirman experimentar. McEntire ha visto algunos puntos en común en varios casos relacionados con la aflicción espiritual, aunque no puede decir con certeza que estos mismos síntomas se presenten en todos los casos.

«Normalmente, los pensamientos o sentimientos intrusivos tienden a influir», dijo. «Entonces, eso puede ser desde que estás escuchando voces en tu mente hasta que solo ciertos tipos de pensamientos vienen a tu mente en momentos particulares o sobre temas específicos». Además, señaló que hay ciertos tipos de impulsos emocionales que pueden desarrollarse, incluidos los comportamientos compulsivos.

En la superficie, estos parecen elementos que sin duda se podrían atribuir a la aflicción mental, por lo que cuando se le pidió más específicamente que explicara cómo se diferencia, McEntire accedió. «Los demonios reaccionan a ciertos tipos de órdenes, y las enfermedades mentales no», expresó, y señaló que una fuerza demoníaca dejará de emitir voces y dejará el caos en la mente de alguien si un ministro calificado exige que el espíritu deje de hacerlo.

Pero se desarrolla una dinámica diferente cuando se trata de voces y caos que resultan de la aflicción mental. «La enfermedad mental simplemente no responde a ninguna forma de exorcismo y liberación. Una persona puede tener problemas demoníacos y no tener problemas de salud mental», dijo. «Descubrí que es bastante raro que una persona tenga problemas de salud mental y no tenga algún tipo de interferencia demoníaca. Para mí, eso tiene sentido. ¿Por qué no interferirían con eso?».

Moller también me dijo que ha aprendido a través de su trabajo cómo diferenciar entre enfermedad mental y aflicción espiritual, reflejando la experiencia de McEntire. «Conozco las enfermedades mentales y sé que cuando alguien me está describiendo cosas y no me está dando una trayectoria, eso es enfermedad mental», dijo. «Son muy lúcidos, saben de lo que están hablando, y escucho y veo en sus ojos que hay algo más».

El doctor Mohab Hanna, psiquiatra de niños y adolescentes de New Jersey, también abordó las complejidades del corazón y la mente humanos en una entrevista para este libro, coincidiendo con la perspectiva de Moller sobre nuestros componentes mentales, físicos y espirituales. Hanna sostuvo que todos somos seres físicos con un «componente espiritual». La interacción entre lo material y lo espiritual puede crear escenarios en los que una condición psiquiátrica haga que alguien sea vulnerable al ataque espiritual». «Cuando las personas están ansiosas, deprimidas o psicóticas, su visión está sesgada», dijo Hanna. «No es fiel».

El nivel de angustia emocional, señaló Hanna, puede distorsionar la capacidad para reconocer y procesar la verdad, y cree que esa es una realidad que debe confrontarse y entenderse. «Cuando la gente está realmente ansiosa, y obviamente veo personas en condiciones bastante graves, con depresiones severas o marcadas tendencias suicidas... su situación es tan angustiosa que les resulta muy difícil ver la verdad de la bondad de Dios», dijo.

El pastor Mark Driscoll señaló que los seres humanos tienen un «cuerpo físico y un alma inmaterial» y él cree que estos componentes se afectan entre sí. "Si estás lidiando con un dolor, una enfermedad y falta de sueño, tu estado espiritual se ve afectado», le dijo a The Pure Flix Podcast. «De igual forma, todo podría ir bien en tu vida, pero las cosas podrían ir mal en tu alma. Y así, estos dos reinos, están tipificados incluso en nuestra existencia, y chocan entre sí».[35]

Hanna relató el ejemplo de una paciente que tenía síntomas psiquiátricos reales, pero que también experimentaba una enorme cantidad de dudas sobre su fe y el amor de Jesús. Dijo que esta mezcla de lo mental y lo espiritual muestra un área importante de superposición en la que un componente fluye hacia el otro. «Cuando un creyente está luchando de esa manera, psiquiátricamente en mi mente cruza la línea donde realmente creo que hay un componente espiritual que está atacando la fe fundamental», dijo.

Algunos cristianos también pueden experimentar ansiedad por sus pecados pasados, enfrentar repetidos recordatorios de sus errores y preguntarse si Jesús realmente puede perdonarlos por lo que han hecho. Un asalto directo a los elementos básicos de su fe: salvación y dignidad del perdón.

«No es raro para los cristianos, específicamente... donde... lo que se cuestiona es la base de su fe», dijo Hanna. «Encuentro extraordinario que haya visto esto repetidamente en los creyentes... donde lo que está siendo atacado es la parte más fundamental de su sistema de creencias».

Si bien algunos pastores y profesionales de la salud mental ven algunos de los ejemplos más diabólicos descritos por Gallagher y otros, Hanna dijo que su trabajo lo llevó a observar ataques espirituales más sutiles, aunque diabólicos, en el núcleo de los creyentes. «Mi experiencia no ha sido dramática, pero creo que igual de angustiosa es la vulnerabilidad en la que estás luchando contra la depresión [y] hay un ataque directo a toda tu identidad en Cristo, seas amado o no, si Jesús perdona cierto pecado», dijo. «Para mí, ese es un ataque bastante atroz, y pienso en la cantidad de angustia que esto genera».

Hanna continuó diciendo: «Ahí es donde veo que cuando las personas luchan psiquiátricamente, son vulnerables al ataque espiritual, y sobre la identidad de Cristo y su identidad en Cristo». En estas circunstancias, Hanna dijo que todo se reduce a la «verdad» y a ayudar a los pacientes a ver a través de la niebla de su caos interno para recuperar la realidad de la base de su fe.

Él ayuda a estos pacientes a darse cuenta de que «la ansiedad y la depresión ponen muchos pensamientos en sus mentes, y Satanás puede aprovecharse de ellos». Y que el diablo hará que la gente crea sus mentiras, por lo que es importante ayudar a los cristianos que luchan en este sentido a mirar hacia su máxima autoridad: Dios y la Biblia. «Tratamos de ayudar a la gente a darse cuenta de qué es la verdad».

Su mención de estas aflicciones más sutiles es un componente importante de esta discusión, ya que gran parte del enfoque en lo demoníaco está en la fanfarria al estilo Hollywood que vemos en las representaciones cinematográficas de posesiones e incidentes de opresión.

Pero, ¿y si hubiera una forma más siniestra y sutil de sufrimiento espiritual que nos lleve a cuestionar la base de la creencia de que pudiese existir un catalizador de movimiento lento y oculto para el caos espiritual que pudiera filtrarse en nuestros corazones y mentes y dañarnos en nuestros momentos más débiles? «Siempre estamos buscando las cosas grandes y dramáticas que llamen la atención», apuntó Hanna. «Pero yo pienso: ¿Qué pasa con las cosas diarias que cuando se experimentan, las personas se sienten vulnerables, incluso cuando sufren de alguna enfermedad física?»

La mención de los peligros de estas influencias demoníacas «sutiles» invita a la reflexión, y es algo que otros expertos han explorado. Albanese, por ejemplo, que defendió la creencia de Gallagher en lo demoníaco, en una carta de 2008 al editor de la revista católica *New Oxford Review*, afirmó que la posesión es rara, pero ofreció algunas ideas en esta misma longitud de onda.

«Como dice el doctor Gallagher», escribió Albanese, «la posesión es muy rara. Mucho más común es la influencia satánica sutil. Si se pierde la sutileza, a veces puede resultar obvio. Estoy escribiendo esta carta el Viernes Santo. Este mismo día, en un pueblo cercano, varias iglesias cristianas fueron vandalizadas con símbolos satánicos hechos con pintura spray. Dudo que se tratara de una simple coincidencia».[36]

Si estas influencias sutiles y no tan sutiles son de hecho causadas legítimamente por el reino demoníaco, hay ramificaciones para el individuo tanto como para nuestra cultura en general. Hay ocasiones en que Hanna podría recomendar asesoramiento pastoral en lugar de atribuir erróneamente varios problemas a la aflicción mental. La diferenciación proviene de la investigación de los problemas en juego en un esfuerzo por ayudar a las personas a procesar los problemas que enfrentan y las causas fundamentales de su angustia.

«Somos seres espirituales, y cada decisión que tomamos, cada pensamiento que tenemos a medida que transcurren nuestros días, tienen un componente espiritual», dijo Hanna. «Realmente creo que hay demonios, pero creo que la enfermedad psiquiátrica por su naturaleza simplemente abre a las personas a un ataque espiritual sobre las cosas fundamentales más básicas de quiénes son como seres humanos creados a la imagen de Dios y de Jesús».

Al leer a través de las líneas la perspectiva de Hanna, es fácil ver cómo se podría argumentar que una enfermedad psiquiátrica podría abrir la puerta a la opresión, pero también tuvo cuidado de notar que la opresión «podría parecer una enfermedad mental». Por eso él está entre los que sostienen que «un médico astuto o un pastor» debería participar en cuanto a ayudar a descifrar entre las dos.

Vale la pena mencionar un punto importante de Driscoll, que señaló que los libros de Lucas y Hechos, ambos escritos por Lucas, médico que también es una figura cristiana esencial, abordan la posesión y lo sobrenatural.[37] Considerando el papel dual de Lucas y los roles polivalentes de personas como Gallagher, Peck y Moller, Driscoll hizo un comentario que invita a la reflexión sobre la intersección de lo mental y lo espiritual:

«Creo que la mejor manera de ministrar a una persona es ministrar a la persona en su totalidad. Si en cambio, no se hace más que tratar los síntomas físicos y no algunas de las causas que son espirituales, no se dará el tipo de curación y salud que la gente podría desear y disfrutar», dijo. «Si no haces más que espiritualizar todo y decirle al paciente, "No necesitas tomar medicamentos. No es necesario ir al médico", creo que estaríamos descuidando el cuerpo».

Este libro no resolverá el debate sobre nuestros componentes mentales y espirituales, pero, al menos, los líderes y los profesionales de la salud mental que se presentan en este capítulo nos dejan mucho para reflexionar mientras consideramos las formas en que se manifiestan estas complejidades en el mundo real.

14

Impacto espiritual en nuestra cultura

«**S**i tuviera que elegir una palabra para explicar nuestra cultura actual, usaría la palabra *guerra*».[1]
El simple resumen del pastor Mark Driscoll de nuestro estado actual de cosas me hizo hacer una pausa para pensar y reflexionar sobre el peso de sus palabras.

Guerra.

Es una palabra importante y provocativa, pero quizás sea la manera perfecta de enmarcar el estado actual de asuntos idiosincrásicos, caóticos y moralmente relativistas que continúan aumentando en nuestra sociedad. ¿Por qué nos adentramos en un vacío moral tan profundamente desconcertante?

¿Cómo diablos fue que llegamos aquí?

La historia de la humanidad está, sin lugar a duda, plagada de caos, división, decisiones mortales y errores inmensamente dañinos, por lo que la inmoralidad y los vaivenes éticos no son nada nuevo. Las mismas Escrituras exponen innumerables historias sobre travesuras humanas diabólicas y comportamientos preocupantes;

y por lo tanto ya eran cosa corriente (e incluso normativas) hace miles de años.

Aun así, en nuestra cultural actual, con la Internet y las redes sociales conectando a las personas como nunca antes y perpetuando ideas y normas retorcidas a través de fronteras geográficas, parece haber algo diferente, trascendentemente amplio y extrañamente uniforme.

Cuando vemos los muchos frentes de «guerra» cultural que Driscoll describió que se desarrollan ante nuestros ojos, nos enfrentamos a preguntas más profundas sobre qué es lo que está impulsando este cambio cultural e ideológico y cómo vamos a navegar a través de estas evoluciones para mantener una cosmovisión bíblica. También está el elemento inesperado de preguntarse qué sucederá a continuación.

La mayor parte de este libro se ha ocupado de cuestiones individuales relacionadas con las afirmaciones de la guerra espiritual, pero no hace falta decir que nuestros viajes y experiencias individuales se unen para formar un todo colectivo. Además, cualquier cristiano serio está obligado al menos a prestar atención al hecho de que la Biblia misma ofrece palabras proféticas sobre cómo será la sociedad a medida que la humanidad avanza hacia el fin bíblico de los días y, en última instancia, al regreso de Cristo.

Secularistas, ateos y agnósticos se encuentran entre los que no dudan en descartar la creencia de que Jesús algún día regresará o que las personas que escribieron textos bíblicos hace miles de años de alguna manera tenían conocimiento profético dado por Dios sobre acontecimientos futuros que se desarrollarían durante milenios después de sus muertes. Con independencia del escepticismo que rodea a la profecía, no se puede negar que la revelación y la teología de los últimos tiempos son componentes centrales para la comprensión bíblica.

No profundizaremos aquí en el análisis de los últimos tiempos, aunque vale la pena su mención en lo que respecta a la guerra espiritual. Hay una gran cantidad de contenido bíblico sobre el tema y mucho debate en torno de ellos, pero Mateo 24 nos cuenta cómo los discípulos de Jesús le piden señales de su segunda venida y el fin de los días. La respuesta de Cristo es fascinante:

> Tengan cuidado de que nadie los engañe —les advirtió Jesús—. Vendrán muchos que, usando mi nombre, dirán: «Yo soy el Cristo», y engañarán a muchos. Ustedes oirán de guerras y de rumores de guerras, pero procuren no alarmarse. Es necesario que eso suceda, pero no será todavía el fin. Se levantará nación contra nación, y reino contra reino. Habrá hambres y terremotos por todas partes. Todo esto será apenas el comienzo de los dolores. Entonces los entregarán a ustedes para que los persigan y los maten, y los odiarán todas las naciones por causa de mi nombre. En aquel tiempo muchos se apartarán de la fe; unos a otros se traicionarán y se odiarán; y surgirá un gran número de falsos profetas que engañarán a muchos. Habrá tanta maldad que el amor de muchos se enfriará, pero el que se mantenga firme hasta el fin será salvo. Y este evangelio del reino se predicará en todo el mundo como testimonio a todas las naciones, y entonces vendrá el fin. (vv. 4-14)

Aquí hay mucho más para explorar. Del debate general de los últimos tiempos me ocupé en mi libro, *The Armageddon Code: One Journalist's Quest for End-Times Answers* [El Código Armagedón: La búsqueda de respuestas que hace un periodista sobre los tiempos finales]. Una de las creencias centrales que muchos cristianos adoptan es que la sociedad avanza hacia un caos aún mayor, con una gran cantidad de acontecimientos proféticos que tendrán lugar en Israel y el Medio Oriente (si se considera que Israel no resurgió hasta 1948, estos escritos se vuelven aún más fascinantes).

Las palabras de Jesús en Mateo apuntan a algo de este desorden individual y social que se desarrollará durante los últimos tiempos.

Después de leer el pasaje de Mateo 24, es difícil negar que nuestra cultura actual recuerda mucho de lo que Jesús describe en estos versículos.

Este es el punto que Driscoll tocó con su referencia a la «guerra», y que amplió. «Hay guerras políticas, hay guerras financieras, hay guerras reales, hay guerras terroristas, hay guerras culturales, hay guerras sociales, hay guerras morales. Lo que quiero decir, es que creo que la gente está cansada de tanta guerra... enciendes tu teléfono y te preguntas: "¿Qué guerras tenemos hoy?"».[2]

Y a medida que se desatan estas inflamables guerras políticas y culturales, parece clave comprender lo que está en el corazón del caos y la consternación. La naturaleza humana nos abre al pecado individual y colectivo, pero la Biblia también nos habla abiertamente de un «enemigo» que busca destruir. Cuando miramos hacia atrás y nos detenemos en las menciones bíblicas de Satanás que aparecen en este libro, nos enfrentamos a algunas descripciones impactantes que vale la pena revisar brevemente. Al diablo se le llama «enemigo», «tentador», «engañador», «acusador», «merodeador como león rugiente».

Hemos hablado del impacto de Satanás a nivel individual, pero Apocalipsis 12:9 nos habla del impacto colectivo, diciéndoles a los lectores que el diablo lleva al mundo entero por mal camino. Es difícil, entonces, no preguntarse cómo esta realidad impacta nuestro caos cultural actual y los sucesos que se desarrollan bajo la superficie espiritual, una realidad que se comprende más claramente a través de la lente de la fe.

El reverendo Samuel Rodríguez, uno de los consultados para este libro, se refirió a algunos de estos temas más amplios, expresando su creencia de que «vivimos en los últimos días», y que estamos viendo cómo esta realidad se desarrolla a diario. «Vivimos días en los que el nivel de oscuridad se exacerba exponencialmente», apuntó. «Eso se lo dijo el apóstol Pablo a Timoteo; lo repite Santiago y también

Apocalipsis… y debido a que vivimos en los últimos días, la oscuridad sigue en aumento».

Es fácil ir descartando acontecimientos como si se desarrollaran de forma aislada, pero ¿qué pasa si algo más uniforme y generalizado está tomando forma, causando estragos, caos y un dolor intenso? ¿Qué pasa si hay una conversación más profunda en que nuestra cultura obsesionada con lo material esté totalmente ausente? ¿No será que las guerras culturales y las guerras políticas y las otras guerras son parte de una guerra mucho más grande?, preguntó Driscoll.

Cómo la confusión está superando nuestra cultura

A partir del año 2000, la cultura estadounidense ha pasado de ser una cultura profundamente impactada por la tradición judeocristiana, a una cultura que ha adoptado repentinamente perspectivas relativistas sobre una serie de temas importantes. Desde la confusión de hechos hasta una ética de incertidumbre, Estados Unidos, como muchas otras naciones del mundo, ha continuado desplazando su centro moral lejos de Dios y más hacia el yo en un cambio problemático que ha impactado al mundo secular en casi todos los niveles perceptibles.

Pasar de una conciencia más colectiva, con una visión más clara y un sentido menos desenfrenado del bien y el mal, a una en que la moralidad se ve cada vez más como fluida y afluente, la América contemporánea es marcadamente diferente de ese Estados Unidos de hace no mucho tiempo. A medida que la tecnología ha aumentado, también lo ha hecho el acceso a los medios y el contenido de entretenimiento, dos escenarios conocidos por sus tendencias progresistas y seculares.

En mi libro *Fault Line: How a Seismic Shift in Culture Is Threaeding Free Speech and Shaping the Next Generation* [Línea de falla: Cómo un cambio sísmico en la cultura está afectando la libertad de expresión y dando forma a la próxima generación] profundizo en el impacto que Hollywood, los medios de comunicación y la cultura universitaria están teniendo en los estadounidenses, y exploro cómo el dominio ideológico triangular en estos campos ha destruido colectivamente los estándares morales que los estadounidenses alguna vez apreciaron.

Con el tiempo, la información ha transformado corazones y mentes, y esta letanía de contenido sesgado tiene un costo social y espiritual. Gran parte de lo que las personas han estado consumiendo ha transformado lentamente nuestros sistemas de creencias. Como resultado de estas rápidas transiciones, muchos cristianos sienten que se han despertado en medio de la nada, buscando respuestas y soluciones a estos desafíos. Pero a medida que buscamos soluciones, también debemos comprender el peso de estas transformaciones.

«A menudo consideramos las elecciones como la solución al problema. Las elecciones son necesarias, pero no suficientes», me dijo Hank Hanegraaff. «A menudo, las cosas que cambian la cultura tienen que ver con las industrias del entretenimiento, la educación y el medio ambiente que crean, manipulan y difunden construcciones ideológicas... y cuando la cultura cambia, lo que hace es abrir caminos para el Príncipe de las tinieblas de muchas formas diferentes».

«La única solución real para un Occidente en desintegración es el poder del evangelio de Jesucristo», agregó.

Con independencia de si uno cree en Satanás o ve al diablo como un catalizador de varios problemas sociales, hay algunos hechos innegables sobre el estado actual de las cosas. Los estadounidenses de hoy tienen un sentido innato de que algo no está del todo bien, con un 49 % que califica los valores morales de Estados Unidos como «pobres», un récord desde que en el año 2002 Gallup comenzó estas mediciones.[3] Un 37 % califica los valores morales como «solo justos» y un 14 % dice que son «buenos» o «excelentes».

Pero hay un enigma real en lo profundo de la investigación de Gallup: «Mientras que los estadounidenses... han ido cambiado en forma sostenida hacia decir que muchos temas son moralmente aceptables, la gran mayoría continúa creyendo que los valores morales en general están empeorando». Está claro que hay una desconexión, y resulta curioso que a medida que el individuo se liberaliza, colectivamente se siente como si la moral estuviera en un continuo proceso de denigración.

Esta dinámica se vuelve aún más evidente cuando comenzamos a explorar cambios de perspectiva sobre cuestiones morales específicas, con Gallup pidiendo a los estadounidenses que expresen sus puntos de vista sobre si algo es «moralmente aceptable o moralmente incorrecto», independientemente de si los encuestados creen que debería ser legal.[4]

Algunos de los indicadores muestran cuán crudamente ha cambiado nuestra cultura, y en un período de tiempo relativamente corto. Si bien en 2001 el 53 % de los estadounidenses sentía que el sexo entre una mujer soltera y un hombre era moralmente aceptable, esa proporción aumentó al 69 % en 2018. Asimismo, el porcentaje de personas que dicen que tener un bebé fuera del matrimonio es moralmente aceptable aumentó del 45 % en 2002 al 65 % en 2018.

El divorcio también ha visto trágicamente un gran aumento en el apoyo moral, y la proporción que cree en sus méritos éticos aumentó del 59 % en 2001 al 76 % en 2018.[5] Incluso la poligamia, un tema cultural más extraño y menos frecuente (pero que está aumentando con el surgimiento de una relación romántica de tres personas conocida como *trío*) vio el apoyo moral aumentar del 7 % en 2003 al 19 % en 2018.

En cuanto al uso de esteroides, el ritmo del cambio cultural se ha manifestado, en especial, en los últimos ocho años. En 2011, el

30% de los estadounidenses dijo que la pornografía era moralmente aceptable; siete años después, esa proporción llegó al 43 %.[6] Por otra parte, la mayoría de los estadounidenses ya no quiere que el gobierno promueva los valores tradicionales, optando, en cambio, porque permanezca neutral.

Mientras que en 1993 el 57 % de los estadounidenses quería que el gobierno promoviera los valores tradicionales, en ese mismo año el 37 % dijo que quería que el gobierno permaneciera neutral. En el año 2017, ese 37 % pasó al 51 % sobre el 45 % que quería ver la promoción de los valores tradicionales.[7] Estos números cuantifican las ondas culturales de inmoralidad que las personas y, en particular, los creyentes han sentido y discutido durante las últimas décadas.

La prevalencia y el aumento del secularismo y el antievangelio a través de la mensajería y el entretenimiento encajan perfectamente con estos cambios relativistas, pero ¿qué está impulsando esos cambios? ¿Hay algo más profundo burbujeando bajo la superficie espiritual? Si tomamos la Biblia en serio y creemos en Efesios 6, que dice que nos enfrentamos a «las fuerzas espirituales del mal», ciertamente hay mucho que analizar.

Es posible que algunos que estén leyendo esto se rían de la idea de que Satanás tiene poder para influir en la cultura. Pero si consideramos que cada corazón individual puede verse afectado, y observamos la inclinación de los mensajes que nos inundan solo desde Hollywood y los medios de comunicación, es lógico concluir que el conjunto colectivo también podría estar siendo influenciado fácilmente si se eliminan los mensajes alternativos.

Efesios 6:11-12 recuerda a los creyentes que deben «ponerse toda la armadura de Dios» para que cada uno pueda «hacer frente a las artimañas del diablo». En una cultura que nos dice que no necesitamos tal armadura y que en cambio todo está permitido, ¿somos realmente capaces de mantenernos firmes? Si la Palabra de Dios nos dice que «nuestra lucha no es contra seres humanos, sino contra poderes, contra autoridades, contra potestades que dominan este mundo de tinieblas, contra fuerzas espirituales malignas en las regiones celestiales», ¿estamos tomando en serio esa advertencia si nos quedamos apáticamente inactivos y no hacemos nada?

Pablo afirmó en 2 Corintios 4:4 que «el dios de este mundo ha cegado la mente de estos incrédulos para que no vean la luz del glorioso evangelio de Cristo, el cual es la imagen de Dios». Si nuestra cultura es ciega, quizás los teólogos y pastores tengan razón al concluir que existe una pendiente cultural resbaladiza que ha ayudado a catapultar a nuestra sociedad a la confusión.

En este momento, casi todos los ámbitos de la cultura se han visto afectados por el desorden espiritual, y eso incluye a la iglesia. El lugar que una vez fue dominante en la sociedad del cristianismo cultivó previamente un escenario en el que ciertos valores y perspectivas bíblicos fueron ampliamente adoptados o al menos respetados, incluso entre ateos, agnósticos o espiritualmente apáticos. Pero con la rápida secularización de la cultura ha venido una erosión de esos valores, como lo demuestran las impactantes estadísticas presentadas unas cuantas páginas atrás.

Por desgracia, estos cambios negativos no se limitan simplemente a la cultura en general, ya que cuando se trata del evangelio, muchos creyentes se han confundido con creencias extrañas y no bíblicas que se filtran en sus conciencias. A nivel teológico, esta confusión es profundamente preocupante pues ha hecho que esos creyentes sigan las señales del mundo que los rodea en lugar de las Escrituras, un mundo que la Biblia nos dice que se ha «enceguecido».

Aquí hay una estadística sorprendente que debería dejarnos sin aliento. Según el Grupo Barna: «Solo el 17 % de los cristianos que consideran importante su fe y asisten a la iglesia con regularidad ven el mundo desde una perspectiva bíblica».[8] Sí, lo leíste correctamente. Menos de uno de cada cinco cristianos devotos ve el mundo a través de una lente espiritual clara que se alinea con la Biblia que dicen apreciar.

El preocupante estudio de Barna encontró que el 61 % de los cristianos practicantes está de acuerdo con al menos algunos ideales adoptados por la Nueva Espiritualidad; casi tres de cada diez (28 %) están totalmente de acuerdo en que todas las personas están orando al mismo espíritu o dios (sin importar el nombre que se use para apelar a ese ser espiritual).

Y eso no es todo. Más de la mitad (54 %) encontró al menos algún acuerdo con los ideales posmodernistas, la creencia de que solo podemos saber lo que es mejor para nosotros y que estamos limitados en función de nuestra propia experiencia.

Por último, el 36 % de los cristianos abrazó algunos pensamientos adoptados por el marxismo, y el 29 % se adhirió a ideologías secularistas.[9]

Brooke Hempell, vicepresidente sénior de investigación en Barna, respondió a la investigación señalando que es «sorprendente» comprobar cuán generalizados están estos ideales entre los cristianos practicantes. «Lo que más nos llamó la atención fue lo marcado del cambio entre las generaciones Boomer [los nacidos entre 1946 y 1964] y Gen-Xer [los nacidos entre 1965 y 1980]. Esperábamos que los Millennials [los nacidos entre 1981 y 1996] estarían más influenciados por otras visiones del mundo, pero el aumento más dramático en el apoyo a estos ideales ocurre con la generación anterior a ellos», dijo Hempell. «No es de extrañar, entonces, que el impacto que vemos hoy en nuestro tejido social sea tan generalizado, dado que estas ideas se han estado arraigando a lo largo de dos generaciones».[10]

Estos datos solo arañan la superficie cuando se trata de medir las formas en que algunas facetas de la cultura cristiana se están desmoronando. Y aunque gran parte de la atención se ha centrado en los cambios culturales y su impacto en los puntos de vista morales, un tema relacionado al que se le ha prestado menos atención es el impacto que ha tenido en la política y el nivel de disfunción, inmoralidad y caos que la gente ahora está dispuesta a abrazar —o, al menos, pasar por alto— en nuestro sistema político.

En un mundo en el que más personas dicen: «la única verdad que conoces es la verdad que experimentas» y «todo vale, siempre y cuando no me afecte», la progresión natural es un ámbito político en el que los candidatos elegidos de repente se liberan de las limitaciones morales y éticas que una vez gobernaron el proceso electoral. Todo esto no es más que una madriguera de conejo por el que podemos seguir viajando; pero volviendo al punto de Hanegraaff, la pérdida de la verdad en nuestra cultura podría dejarnos con amplias ramificaciones, particularmente en el frente de la guerra espiritual.

«La civilización occidental ha sido una luz increíble para el mundo... ¿y si Jesús nunca hubiera vivido? No tendríamos las instituciones médicas que tenemos hoy. No tendríamos muchos de los beneficios sociales que estamos experimentando en términos de liberación e igualdad; la liberación de la gente de la esclavitud, la liberación de la mujer, todo eso es resultado de la ética cristiana», dijo. «Cuando comienzas a perder eso en una cultura, y cuando comienzas a perder la ética del lenguaje de una cultura donde las palabras no significan lo que alguna vez significaron, cuando el vocabulario comienza a cambiar, entonces abres grandes perspectivas para el maligno y sus secuaces para operar».

Entonces, ¿cuál es la solución para estas transformaciones? Rodríguez dijo que los cristianos tienen el poder de «encender la luz y brillar con gran resplandor», incluso en medio de estos tiempos desafiantes espiritualmente. Y que la situación exige cierta madurez espiritual intacta. «Yo diría que nunca ha habido un oscurantismo opresivo más satánico como lo hay hoy», apuntó. «El nivel de guerra espiritual ha aumentado exponencialmente porque el enemigo está al tanto del hecho de que este es el final de la novena entrada, dos *outs*, nadie en la base, y se quedan atrás por treinta carreras. Entonces, ¿qué hace un león herido?».

Rodríguez cree que el diablo tiene como objetivo descarrilar a la gente a través de la opresión y la posesión con el objetivo de llevar a la mayor cantidad posible de personas a la condena eterna, y argumentó que es hora de que la iglesia «despierte».

«La iglesia debe tener un llamado de atención en el que reconozcamos que no solo estamos aquí para predicar el evangelio y que la gente se salve, lo cual es genial y la tarea principal», dijo, «pero la sanidad también es clave. «[También debemos] hacer que la gente se salve, se libere y se sane, y la parte de liberación es que se libere de la opresión espiritual».

Con independencia de la posición de la gente, somos llamados a la oración al enfrentar estas «guerras» diarias y diversas, orando no solo por nosotros y nuestros seres queridos, sino por la nación, la cultura y el mundo en general.

CONCLUSIÓN
Extinguiendo los fuegos
del maligno

Es casi imposible alejarse de la narrativa bíblica sin sentirse perturbado por las descripciones cautivadoras y convincentes de las batallas espirituales que registran sus ilustrísimas páginas. La atracción descrita en las Escrituras que hala los corazones y las mentes de los seres humanos y, a su vez, transforma y oprime a las naciones y culturas, simplemente no puede ser ignorada.

Habrá quienes intentarán apartar la mirada de estas poderosas corrientes, pero podemos ver la evidencia de su omnipresencia en nuestro propio interés por ellas, un interés innato que impulsa a millones a acudir a ver las películas de terror de Hollywood y a dedicar toda la atención cuando se trata de historias de maldad desenfrenada.

La Biblia nos dice que estos males demoníacos son reales, y no mera ficción. Los creyentes pueden estar en desacuerdo sobre la naturaleza del mal, las formas en las que se manifiesta y los recursos que se requieren para combatirlo, pero la Palabra de Dios no deja dudas en cuanto a que ignorar la existencia de Satanás y la maldad asociada al diablo no es una elección.

CONCLUSIÓN

Después de investigar la multitud de afirmaciones, escritos y opiniones sobre el reino demoníaco que se presentan en este libro, no puedo sino concluir que el mayor peligro relacionado con la guerra espiritual y su papel en nuestras vidas tiene sus raíces en nuestra propia apatía tóxica.

En el meollo del asunto existe una rabiosa distancia material que engaña a tantos críticos para que nieguen la existencia del bien, el mal y todo lo demás.

Este tipo particular de indiferencia, e incluso de hostilidad hacia la verdad, se concentra demasiado en lo temporal y tiende a ocultar las fuerzas diabólicas, favoreciendo así su impacto en nuestras vidas cotidianas y descartando todas y cada una de las afirmaciones de guerra espiritual para tratarlas como una casualidad. Algunos en este campo podrían preguntarse por qué no vemos estas manifestaciones demoníacas de manera más vívida y rutinaria, lo cual es una pregunta apropiada para plantearse.

Dicho esto, hay algunas respuestas suficientes. Si es cierto que hay un enemigo que busca matar y destruir, ¿por qué buscaría ese enemigo la luz del sol y la atención de las gentes? ¿No preferiría seguir acechando en las sombras, causando estragos en secreto? Al parecer, esconderse sería la táctica más eficaz, y muchos en el espacio de la fe están de acuerdo. «Es una gran táctica del enemigo permanecer en la oscuridad», dijo Grace Driscoll a The Pure Flix Podcast. «Porque si lo sacamos a la luz, quedan expuestas muchas de sus tácticas».[1]

Una obsesión por lo material hace que demasiadas personas no quieran tomar las medidas necesarias para protegerse ellas y a otras; sin embargo, la apatía u hostilidad de los secularistas no es el único problema que enfrentamos, ya que esa misma actitud dentro de los círculos cristianos también es rampante. Es demasiado fácil culpar al mundo por los problemas espirituales que a la iglesia se le ha encomendado (y no ha logrado) ayudar a resolver.

Demasiados cristianos, pastores e iglesias se han vuelto complacientes cuando se trata de discutir el alcance completo del evangelio, en específico el impacto de la guerra espiritual. Dios no nos llama a tener todas las respuestas, pero ignorar un ministerio que fue claramente una de las partes más sustanciales del andar terrenal de Jesús, mientras nos comprometemos a tratar de vivir como lo hizo Jesús en ese terreno, parece extraño y desconcertante.

Además de hacernos perder potencialmente algunas partes esenciales de la narrativa bíblica, ignorar el papel y el poder del mal en nuestro mundo también tiene otras dificultades, en especial cuando se trata de procesar el amor de Dios. Tener las «categorías» adecuadas para el mal y el bien es esencial para crear el entendimiento humano, como señaló Driscoll. «Como iglesia, debemos estar dispuestos a tener esas categorías de maldad y santidad, porque muchas veces se puede culpar a Dios por el mal que sucede si no tenemos esas categorías», dijo. «Entonces, el peligro en eso es: "Oh, Dios me hizo esto o Dios me hizo aquello"».

Driscoll continuó: «No, vivimos en un mundo caído con un enemigo muy real al que le encanta tentar, robar, matar y destruir, por eso, tener esas categorías es muy útil porque entonces también podemos tener herramientas, la armadura de Dios en Efesios 6, para luchar contra las tácticas del enemigo. Pero si no tenemos esas categorías, como que se atasca en Dios, y no es él».

Además del secularismo obsesivo y el letargo bíblico, la apatía intelectual por parte de los cristianos profesos también puede ser bastante problemática. Hacer afirmaciones definitivas de que todo lo que existe tiene raíces demoníacas y que nada proviene de causas físicas, puede llevar al escepticismo y, lo que es peor, a la malversación física y espiritual.

Es necesario encontrar el equilibrio entre las aflicciones mentales y físicas, como lo demuestran casi todos los casos que se presentan en este libro. Desde líderes religiosos hasta proveedores de salud mental, el consenso parece claro: una investigación adecuada de las aflicciones de una persona es esencial antes de concluir que algo demoníaco está en la raíz.

Estamos lidiando claramente con tres formas de apatía que deben ser confrontadas: el fracaso de los secularistas para abrazar la verdad, la obligación espiritual de los cristianos de confrontar la verdad, y el enfoque obsesivo e hiperespiritual de los creyentes que aliena y excluye el intelecto. Al final, se trata de encontrar el equilibrio al aproximarnos a las Escrituras. Si ha estado leyendo *Cuando jugamos con fuego* con mucho escepticismo y tal vez incluso haciendo muecas en ocasiones, lo desafiaría a pensar más profundamente.

Sin que importe dónde se encuentre, reconocer las verdades de Efesios 6 es clave. El Señor es poderoso, y con «toda la armadura de Dios» podemos tomar nuestra posición para «hacer frente a las artimañas del diablo». Por último, la verdad nos llama a Cristo, y la fe en Cristo produce sanidad. Toda la argumentación sobre la guerra espiritual se reduce a la libertad, con la muerte de Cristo en la cruz y su resurrección como la medida más transformadora y curativa en la historia de la humanidad.

Uno de los hilos comunes en todos nuestros análisis en *Cuando jugamos con fuego* es que el poder del nombre de Jesús es lo que produce la verdadera libertad, una realidad que no debería sorprendernos cuando estudiamos las propias palabras de Cristo. Al dirigirse a los judíos que creían en él, les dio un mensaje pertinente: «Si se mantienen fieles a mis enseñanzas, serán realmente mis discípulos; y conocerán la verdad, y la verdad los hará libres» (Juan 8:31–32). Y: «Si el Hijo los libera, serán ustedes verdaderamente libres» (v. 36).

No importa dónde nos encontremos en la escala de la guerra espiritual, una cosa es universalmente cierta: todos necesitamos al Salvador, ya que su poder es el que nos ayuda a extinguir las llamas del mal.

Creer en la liberación no nos ofrece la salvación, sino que las Escrituras nos dicen que abrazar a Jesús y tener una relación personal con él puede ayudar a sanar nuestro corazón y alma, y puede garantizar que pasemos la eternidad con Cristo. Y eso es lo que realmente importa.

Jesús desglosó la importancia de esta dinámica:

Porque tanto amó Dios al mundo que dio a su Hijo unigénito, para que todo el que cree en él no se pierda, sino que tenga vida eterna. Dios no envió a su Hijo al mundo para condenar al mundo, sino para salvarlo por medio de él. El que cree en él no es condenado, pero el que no cree ya está condenado por no haber creído en el nombre del Hijo unigénito de Dios. Esta es la causa de la condenación: que la luz vino al mundo, pero la humanidad prefirió las tinieblas a la luz, porque sus hechos eran perversos. Pues todo el que hace lo malo aborrece la luz, y no se acerca a ella por temor a que sus obras queden al descubierto. En cambio, el que practica la verdad se acerca a la luz, para que se vea claramente que ha hecho sus obras en obediencia a Dios. (Juan 3:16-21)

La fe es un proceso hermoso que puede protegernos contra el caos espiritual.

Es mi esperanza y oración que *Cuando jugamos con fuego* provoque conversaciones sobre la diferenciación entre el bien y el mal, y sobre nuestro papel como cristianos para ayudar a las personas a procesar las realidades de estas dinámicas.

Concluiré con un versículo que resume perfectamente la libertad que está disponible para todos nosotros: «Por lo tanto, si alguno está en Cristo, es una nueva creación. ¡Lo viejo ha pasado, ha llegado ya lo nuevo!» (2 Corintios 5:17).

Y con eso digo: «Amén».

AGRADECIMIENTOS

Deseo agradecer profunda y formalmente a las siguientes personas y organizaciones, ya que este libro habría sido una imposibilidad sin su dedicación, trabajo duro, amabilidad y apoyo.

En primer lugar, gracias, Dios, por seguir asombrándome al pavimentarme una carrera profesional tan fascinante y gratificante que me sigue sorprendiendo. Si bien soy una persona imperfecta que continúo aprendiendo y creciendo cada día, me siento cada vez más bendecido al aprender la importancia de confiar verdaderamente en ti para que me muestres el camino que quieres y, lo que es más importante, lo que quieres que haga por ti.

A continuación, gracias a mi esposa, Andrea, y a mis dos increíbles hijas, Ava y Lilyana, por darme el tiempo para trabajar en este proyecto. Andrea: eres la esposa más paciente, amorosa y maravillosa. Aguantas horarios locos y conversaciones interminables, y eres mi mayor animadora. Doy gracias a Dios por ti todos los días.

A mi agente, Bill Jensen: tu orientación no solo ha sido informativa, sino también amable, misional y está por encima del deber. Gracias por las numerosas llamadas telefónicas, tus décadas de conocimiento y el apoyo que ofreces tan generosamente. Te estoy realmente agradecido.

Y gracias a Emanate Books y a Thomas Nelson por permitirme explorar un tema sumamente importante. *Cuando jugamos con fuego* aborda temas que podrían hacer que algunos guarden silencio; sin embargo, espero que, gracias a su voluntad de permitirme profundizar en dichos temas, se abran las compuertas de la discusión y la consideración teológica.

Quiero agradecer específicamente a mi editora, Janene MacIvor, por mantenerme en ritmo, a tiempo y a la par con nuestro objetivo final. Janene, eres una editora maravillosa, y agradezco el tiempo y la atención que le dedicaste a este proyecto.

Gracias a todos por su ayuda para que este libro llegara a ser una realidad.

NOTAS

Introducción: La obsesión de la cultura Pop con lo demoníaco

1. Richard Gallagher, «As a Psychiatrist, I Diagnose Mental Illness. Also, I Help Spot Demonic Possession», *Washington Post*, 1 julio 2016, https://www.washingtonpost.com/posteverything/wp/2016/07/01/as-a-psychiatrist-i-diagnose-mental-illness-and-sometimes-demonic-possession/.

2. Gallagher, «As a Psychiatrist».

3. «In U.S., Decline of Christianity Continues at Rapid Pace», Centro de investigación Pew, 17 octubre 2019, https://www.pewforum.org/2019/10/17/in-u-s-decline-of-christianity-continues-at-rapid-pace/.

4. «Decline of Christianity», Centro de investigación Pew.

5. Rebecca Rubin, «Diverse Audiences Are Driving the Horror Box Office Boom», *Variety*, 25 octubre 2018, https://variety.com/2018/film/box-office/horror-movies-study-1202994407/.

6. Rubin, «Diverse Audiences».

7. Rubin, «Diverse Audiences».

8. Jamie Ballard, «45% of Americans Believe That Ghosts and Demons Exist», YouGov, 21 octubre 2019, https://today.yougov.com/topics/lifestyle/articles-reports/2019/10/21/paranormal-beliefs-ghosts-demons-poll.

9. Ballard, «45% of Americans».

10. Ballard, «45% of Americans».

11. «CBS Poll: Could It Be Satan? Yes», Noticias CBS, 30 abril 1998, https://www.cbsnews.com/news/cbs-poll-could-it-be-satan-yes/.

12. «Encuesta CBS».

13. Katie Jagel, «Poll Results: Exorcism», YouGov, 17 septiembre 2013, https://today.yougov.com/topics/philosophy/articles-reports/2013/09/17/poll-results-exorcism.

14. Jagel, «Resultados de una encuesta».

15. Ballard, «45% of Americans».

16. Craig S. Keener, «Spiritual Possession as a Cross-Cultural Experience», *Bulletin for Biblical Research* 20.2 (2010), p. 215, http://www.pas.rochester.edu/~tim/study/Keener%20Possession%20.pdf.

17. Keener, «Spiritual Possession», p. 215.

18. Keener, «Spiritual Possession», p. 217.

19. Keener, «Spiritual Possession», pp. 217-18.
20. Keener, «Spiritual Possession», p. 218.
21. Keener, «Spiritual Possession», pp. 220-21.
22. Lauren Cahn, «12 Real Life Exorcisms That Actually Happened», *Reader's Digest*, 15 febrero 2020, https://www.rd.com/culture/real-life-exorcisms/.
23. Marisa Kwiatkowski, «Exorcism: The Story Behind the Story», *Indy Star*, actualizado 4 noviembre 2014, https://www.indystar.com/story / news/2014/10/31/exorcism-story-behind-story/18211747/.

Capítulo uno: *El exorcista*

1. *El exorcista*, dirigido por William Friedkin (Burbank, CA: Warner Bros., 1973).
2. Dr. Arnold T. Blumberg, «How "The Exorcist" Redefined the Horror Genre», Fandom.com, 25 octubre 2016, https://www.fandom.com/articles/exorcist-redefined-horror-genre.
3. Edward B. Fiske, «"Exorcist" Adds Problems for Catholic Clergymen», *New York Times*, 28 enero 1974, https://www.nytimes.com/1974/01/28/archives/-exorcist-adds-problems-for-catholic-clergymen.html.
4. Susan King, «William Peter Blatty Reflects on the 40th Anniversary of "The Exorcist"», *Los Angeles Times*, 8 octubre 2013, https://www.latimes.com/entertainment/movies/moviesnow/la-et-mn-william-peter-blatty-exorcist-20131008-story.html#axzz2jDSRIcjN.
5. John McGuire, «The St. Louis Exorcism of 1949: The Real-Life Inspiration for "The Exorcist"», *St. Louis Post-Dispatch*, 28 octubre 2019, https://www.stltoday.com/news/archives/the-st-louis-exorcism-of-the-real-life-inspiration-for/article_fbdecb6a-9d3c-5903-a12c-effd4f7a7713.html.
6. «SLU Legends and Lore: The 1949 St. Louis Exorcism», Saint Louis University News, 30 octubre 2019, https://www.slu.edu/news/2019/october/slu-legends-lore-exorcism.php.
7. «SLU Legends and Lore».
8. «SLU Legends and Lore».
9. «SLU Legends and Lore».
10. Bill Brinkley, «Priest Frees Mt. Rainier Boy Reported Held in Devil's Grip», *Washington Post*, 20 agosto 1949, https://www.washingtonpost.com/wp-srv/style/longterm/movies/features/dcmovies/exorcism1949.htm.
11. Brinkley, «Priest Frees Mt. Rainier Boy».
12. «SLU Legends and Lore».
13. Gregory J. Holman, «An Expert on the Real-Life Event That Inspired "The Exorcist" Is Coming to Springfield», *Springfield News-Leader*, 3 octubre 2017, https://www.newsleader.com/story/entertainment/2017/10/03/expert-real-life-event-inspired-the-exorcist-coming-springfield/693507001/.
14. «SLU Legends and Lore».
15. «SLU Legends and Lore».
16. McGuire, «St. Louis Exorcism of 1949».

17. «Front Page, 1949: Boy "Freed... of Possession by the Devil"», *Washington Post*, 15 febrero 2020, https://www.washingtonpost.com/archive/local/2000/10/21/front-page-1949-boy-freed-of-possession-by-the-devil/e3567d03-f076-400a-9fa4-af77f9791da2/.
18. Brinkley, «Priest Frees Mt. Rainier Boy».
19. Brinkley, «Priest Frees Mt. Rainier Boy».
20. Steve Head, «Interview with The Exorcist Writer/Producer William Peter Blatty», IGN, actualizado 20 mayo 2012, https://www.ign.com/articles/2000/09/20/interview-with-the-exorcist-writerproducer-william-peter-blatty.
21. Head, «Interview with the Exorcist Writer/Producer».
22. McGuire, «St. Louis Exorcism of 1949».
23. Head, «Interview with the Exorcist Writer/Producer».
24. McGuire, «St. Louis Exorcism of 1949».

Capítulo dos: El caso de Indiana

1. Marisa Kwiatkowski, «The Exorcisms of Latoya Ammons», *Indy Star*, 25 enero 2014, https://www.indystar.com/story/news/2014/01/25/the-dispossession-of-latoya-ammons/4892553/.
2. Kwiatkowski, «Exorcisms of Latoya Ammons».
3. Kwiatkowski, «Exorcisms of Latoya Ammons».
4. Kwiatkowski, «Exorcisms of Latoya Ammons».
5. Kwiatkowski, «Exorcisms of Latoya Ammons».
6. «Intake Officer's Report of Preliminary Inquiry and Investigation: Latoya Ammons», Departamento de policía del estado de Indiana, 20 abril 2012, https://www.documentcloud.org/documents/1004899-intake-officers-report.html.
7. «Intake Officer's Report».
8. «Intake Officer's Report».
9. Kwiatkowski, «Exorcisms of Latoya Ammons».
10. «Intake Officer's Report».
11. «Intake Officer's Report».
12. Kwiatkowski, «Exorcisms of Latoya Ammons».
13. Marisa Kwiatkowski, «Zak Bagans, Priest Disagree About "Demon House"», *Indy Star*, 12 marzo 2018, https://www.indystar.com/story/entertainment/2018/03/12/ghost-adventures-host-zak-bagans-demon-house-movie-set-indiana-home-warns-view-own-risk-trailer/407019002/.
14. Kwiatkowski, «Exorcisms of Latoya Ammons».
15. Kwiatkowski, «Exorcisms of Latoya Ammons».
16. Laura Collins, «Inside the "Portal to Hell": Relative Gives Investigators Tour of Haunted Indiana Home Where "Possessed" Children Were "Chanting Satanically" and Saw "Ugly, Black Monster"», *Daily Mail*, actualizado 31 enero 2014, https://www.dailymail.co.uk/news/article-2547224/

EXCLUSIVE-A-portal-hell-Police-chief-priest-examined-possessed-children-haunted-Indiana-home-official-reports-saying-no-hoax.html.

17. Collins, «Inside the "Portal to Hell"».

18. Billy Hallowell, «Priest Who Performed Reported Exorcisms in Terrifying Indiana Case Doubles Down—and the Reporter Who Broke the Story Speaks Out», *The Blaze*, 30 enero 2014, https://www.theblaze.com/news/2014/01/30/something-unworldly-indiana-exorcism-priest-doubles-down-on-demon-possession-story-as-bill-oreilly-presses-for-answers.

19. Kwiatkowski, «Exorcisms of Latoya Ammons».

20. «Exorcism», Conferencia de obispos católicos de Estados Unidos, 15 febrero 2020, http://www.usccb.org/prayer-and-worship/sacraments-and-sacramentals/sacramentals-blessings/exorcism.cfm.

21. «Alleged Demon Home Sells for $35,000», *Courier Journal*, 30 enero 2014, https://www.courier-journal.com/story/news/local/indiana/2014/01/30/alleged-demon-home-sells-for-35000/5058393/.

22. Kwiatkowski, «Exorcisms of Latoya Ammons».

23. Kwiatkowski, «Exorcisms of Latoya Ammons».

24. Sarah Bahr y Marisa Kwiatkowski, «Zak Bagans' "Demon House" the Real Story: 10 Things to Know About the Gary, Indiana, Case», *Indy Star*, actualizado 16 febrero 2019, https://www.indystar.com/story/news/2018/12/28/zak-bagans-demon-house-real-story-10-things-know-gary-indiana-latoya-ammons/2430585002/.

25. «Alleged Demon Home Sells».

Capítulo tres: Afirmaciones de Cranmer

1. Billy Hallowell, «A Horrific Death-like Stench: Family Claims Demon Infested Their Home and Nearly Destroyed Their Lives», *The Blaze*, 27 febrero 2014, https://www.theblaze.com/news/2014/02/27/a-horrific-death-like-stench-family-claims-demon-infested-their-home-and-nearly-destroyed-their-lives.

2. Hallowell, «A Horrific Death-like Stench».

3. *Diccionario de la lengua española*, Real Academia Española de la lengua. «infectar (v.)», 3 marzo 2021, https://www.rae.es/drae2001/infectar.

4. Sean D. Hamill, «Former Residents of Brentwood "Demon" House Dispute Book's Claims», *Pittsburgh Post-Gazette*, 25 octubre 2014, https://www.post-gazette.com/local/south/2014/10/26/Former-residents-of-Brentwood-demon-house-dispute-book-s-claims/stories/201410210213.

5. Stephanie Hacke, «Evidence Gives Support to Tales of Local History in South Hills Area,« *Trib Live*, 6 marzo 2013, https://archive.triblive.com/news/evidence-gives-support-to-tales-of-local-history-in-south-hills-area/.

6. Hacke, «Evidence Gives Support to Tales».

7. Hamill, «Former Residents of Brentwood».

8. Hamill, «Former Residents of Brentwood».
9. Hamill, «Former Residents of Brentwood».

Capítulo cuatro: Naturaleza e impacto de Satanás

1. Timothy Mackie, «Book of Job: What's Going on Here?», Bible Project (blog), 20 mayo 2017, https://bibleproject.com/blog/book-job-whats-going/.
2. Mackie, «Book of Job».
3. «Book of Job», GotQuestions.org, 20 febrero 2020, https://www.gotquestions.org/Book-of-Job.html.

Capítulo cinco: Qué son los demonios

1. David Jeremiah, «Angels and Demons Q&A», David Jeremiah (blog), 20 febrero 2020, https://davidjeremiah.blog/angels-and-demons-qa/.
2. Billy Hallowell, «Bible Scholar Explains Why Everything You've Been Taught About Demons Might Be Completely Wrong», *The Blaze*, 30 octubre 2015, https://www.theblaze.com/news/2015/10/30/bible-scholar-explains-why-everything-many-christians-have-been-taught-about-demons-is-completely-wrong.
3. Hallowell, «Bible Scholar Explains».
4. Hallowell, «Bible Scholar Explains».
5. Matt Slick, «Where in the Bible Does It Say That One-Third of the Angels Fell?», Christian Apologetics and Research Ministry, 9 agosto 2009, https://carm.org/where-bible-does-it-say-one-third-angels-fell.
6. Slick, «Where in the Bible?».
7. «Do Angels Have Free Will?», GotQuestions.org, 20 febrero 2020, https://www.gotquestions.org/angels-free-will.html.
8. «Do Angels Have Free Will?».
9. «Do Angels Have Free Will?».
10. Jeremiah, «Angels and Demons».
11. *Encyclopedia Britannica* , s. v. «Primer libro de Enoc», actualizado 12 febrero 2020, https://www.britannica.com/topic/First-Book-of-Enoch.
12. «Who Was Enoch in the Bible?», GotQuestions.org, 20 febrero 2020, https://www.gotquestions.org/Enoch-in-the-Bible.html.
13. Michael L. Brown, «Why Isn't the Book of Enoch in the Bible?», Pregunta a Dr. Brown (blog), 20 junio 2016, https://askdrbrown.org/library/why-isn%E2%80%99t-book-enoch-bible.
14. Brown, «Why Isn't the Book of Enoch in the Bible?».
15. Brown, «Why Isn't the Book of Enoch in the Bible?».
16. Brown, «Why Isn't the Book of Enoch in the Bible?».
17. Ellen White, «Who Are the Nephilim?», Biblical Archaeology Society, 30 septiembre 2019, https://www.biblicalarchaeology.org/daily/biblical-topics/hebrew-bible/who-are-the-nephilim/.
18. White, «Who Are the Nephilim?».

19. Michael S. Heiser, «Where Do Demons Come From?», Logos Talk (blog), 28 octubre 2015, https://blog.logos.com/2015/10/where-do-demons-come-from/.
20. White, «Who Are the Nephilim?».
21. Megan Sauter, «Rock Giants in Noah», Biblical Archaeology Society, 1 octubre 2019, https://www.biblicalarchaeology.org/daily/biblical-topics/hebrew-bible/rock-giants-in-noah/.
22. Sauter, «Rock Giants in Noah».
23. Sauter, «Rock Giants in Noah».
24. «Libro de Enoc», Centro wesleyano en línea, 21 febrero 2020, http://wesley.nnu.edu/index.php?id=2126.
25. «El libro de Enoc».
26. Hallowell, «Bible Scholar Explains».
27. Hallowell, «Bible Scholar Explains».
28. Heiser, «Where Do Demons Come From?».
29. Heiser, «Where Do Demons Come From?».
30. «Libro de Enoc».

Capítulo seis: Jesús y la posesión demoníaca

1. «Why Are There Two Demon-Possessed Men in the Gerasene Tomb in Matthew, but Only One in Mark and Luke?», GotQuestions.org, 21 febrero 2020, https://www.gotquestions.org/one-two-demoniacs.html.
2. «Why Are There Two Demon-Possessed Men?».
3. «Who Was Mary Magdalene?», GotQuestions.org, 21 febrero 2020, https://www.gotquestions.org/Mary-Magdalene.html.

Capítulo siete: Pasos hacia arenas movedizas espirituales

1. «Why Did God Send an Evil Spirit to Torment King Saul?», GotQuestions.org, 21 febrero 2020, https://www.gotquestions.org/evil-spirit-Saul.html.
2. «Why Did God Send an Evil Spirit?».
3. Richard McDonald, «"God Made Me Do It!" Why Did God Tempt Saul with an Evil Spirit?», The Gospel Coalition, 3 octubre 2019, https://www.thegospelcoalition.org/article/god-made-god-tempt-saul-evil-spirit/.
4. Matt Slick, «What Is Demonic Oppression?», Christian Apologetics and Research Ministry, 17 octubre 2014, https://carm.org/questions/about-demons/what-demonic-oppression.
5. Slick, «What Is Demonic Oppression?».
6. Slick, «What Is Demonic Oppression?».
7. Diccionario de la lengua española, Real Academia Española de la lengua, https://www.merriam-webster.com/dictionary/prophet.
8. Matt Slick, «Can Drug Use Cause Demonic Possession?», Ministerio de apologética e Investigación cristiana, 21 febrero 2020, https://carm.org/can-drug-use-cause-demonic-possession.

9. Slick, «Can Drug Use Cause Demonic Possession?».

Capítulo ocho: La güija

1. «Ouija Board Game Customer Review: Stephanie Bertrine», Amazon, 25 noviembre 2018, https://www.amazon.com/gp/customer-reviews/R3VO7HE2EE3GRU/ref=cm_cr_arp_d_rvw_ttl?ie=UTF8&ASIN=B01BDK1O64.

2. «Ouija Board Game Customer Review: Salman Rahman», Amazon, 31 enero 2018, https://www.amazon.com/gp/customer-reviews/RM64N6SSXVTOY/ref=cm_cr_getr_d_rvw_ttl?ie=UTF8&ASIN=B01BDK1O64.

3. «Ouija Board Game Customer Review: Taylor L.», Amazon, 14 enero 2018, https://www.amazon.com/gp/customer-reviews/R9ACXDXZ9FYW9/ref=cm_cr_getr_d_rvw_ttl?ie=UTF8&ASIN=B01BDK1O64.

4. «Ouija Game Description», Hasbro Shop, 21 febrero 2020, https://shop.hasbro.com/en-us/product/ouija-game:86117134-5056-9047-F5E1-46EB2553A56A.

5. «Ouija, or the Wonderful Talking Board», anuncio, *Pittsburgh Dispatch*, 1 febrero 1891, p. 12, accesado por las bibliotecas de la Universidad de Penn State, https://chroniclingamerica.loc.gov/lccn/sn84024546/1891-02-01/ed-1/seq-12/#date1=1836&sort=date&date2=1922&words=Board+Ouija&searchType=basic&sequence=0&index=0&state=&rows=20&proxtext=ouija+board&y=0&x=0&dateFilterType=yearRange&page=1.

6. Neil Tweedie, «Sales of Ouija Boards Up 300% and Threatening to Become a Christmas "Must Buy" Despite Warning from Churchmen», *Daily Mail*, 30 noviembre 2014, https://www.dailymail.co.uk/news/article-2855439/Sales-Ouija-boards-300-threatening-Christmas-buy-despite-Church-England-warning.html.

7. Tweedie, «Sales of Ouija Boards».

8. Tweedie, «Sales of Ouija Boards».

9. Linda Rodriguez McRobbie, «The Strange and Mysterious History of the Ouija Board», *Smithsonian*, 27 octubre 2013, https://www.smithsonianmag.com/history/the-strange-and-mysterious-history-of-the-ouija-board-5860627/?no-ist.

10. McRobbie, «Strange and Mysterious History».

11. McRobbie, «Strange and Mysterious History».

12. McRobbie, «Strange and Mysterious History».

13. «E. J. Bond: Toy or Game», Oficina de Patentes y Marcas de Estados Unidos, 10 febrero 1891, https://pdfpiw.uspto.gov/.piw?PageNum=0&docid=00446054&IDKey=538D3AFB15E8%0D%0A&HomeUrl=http%3A%2F%2Fpatft.uspto.gov%2Fnetahtml%2FPTO%2Fpatimg.htm.

14. «The Ouija: The Wonder of the Nineteenth Century», anuncio, *The Sunday Herald*, 21 diciembre 1890, p. 2, accesado por la Biblioteca del

NOTAS

Congreso, https://chroniclingamerica.loc.gov/lccn/sn82016373/1890-12-21/ed-1/seq-2/?date1=1890&index=0&date2=1891&searchType=advanced&proxdistance=5&rows=20&ortext=&proxtext=&phrasetext=&andtext=ouija+board&dateFilterType=yearRange#words=board%2BOUIJA.

15. Olivia B. Waxman, «*Ouija: Origin of Evil* and the True History of the Ouija Board», *Time*, 21 octubre 2016, https://time.com/4529861/ouija-board-history-origin-of-evil/.

16. «The Planchette Craze Has Broken Out Again», *The Morning Call*, 14 noviembre 1893, p. 8, accesado por la Universidad de California, https://chroniclingamerica.loc.gov/lccn/sn94052989/1893-11-14/ed-1/seq-8/?date1=1836&index=1&date2=1922&searchType=advanced&proxdistance=5&rows=20&ortext=&proxtext=&phrasetext=&andtext=seance+planchette&dateFilterType=yearRange#words=Planchette%2Bplanchette%2Bseances.

17. McRobbie, «Strange and Mysterious History».

18. «Ouija Board Inventor Dies in Fall off Roof; Fuld Loses His Balance While Placing New Flag Pole on His Baltimore Toy Factory», *New York Times*, 27 febrero 1927, https://www.nytimes.com/1927/02/27/archives/ouija-board-inventor-dies-in-fall-off-roof-fuld-loses-his-balance.html.

19. «Ouija Board Inventor Dies».

20. McRobbie, «Strange and Mysterious History».

21. Baynard Woods, «The Ouija Board's Mysterious Origins: War, Spirits, and a Strange Death», *The Guardian*, 30 octubre 2016, https://www.theguardian.com/lifeandstyle/2016/oct/30/ouija-board-mystery-history.

22. McRobbie, «Strange and Mysterious History».

23. Waxman, «*Ouija: Origin of Evil*».

24. Joseph P. Laycock, «How the Ouija Board Got Its Sinister Reputation», *Associated Press*, 18 octubre 2016, https://apnews.com/ddbdb09b485542ecac14758619674af2.

25. Laycock, «How the Ouija Board Got Its Sinister Reputation».

26. David J. Krajicek, «The Ouija Board Murder: Tricking Tribal Healer Nancy Bowen to Kill», *New York Daily News*, March 21 2010, https://www.nydailynews.com/news/crime/ouija-board-murder-tricking-tribal-healer-nancy-bowen-kill-article-1.175705.

27. Krajicek, «The Ouija Board Murder».

28. Krajicek, «The Ouija Board Murder».

29. Scott G. Eberle, «The Ouija Board Explained», *Psychology Today*, 16 mayo 2012, https://www.psychologytoday.com/us/blog/play-in-mind/201205/the-ouija-board-explained.

30. Eberle, «The Ouija Board Explained».

31. Eberle, «The Ouija Board Explained».

32. Aja Romano, «How Ouija Boards Work. (Hint: It's Not Ghosts)», *Vox*, actualizado 6 septiembre 2018, https://www.vox.com/2016/10/29/13301590/how-ouija-boards-work-debunked-ideomotor-effect.

33. Romano, «How Ouija Boards Work».

34. Julia Layton, «How Ouija Boards Work», *How Stuff Works*, accesado 21 febrero 2020, https://science.howstuffworks.com/science-vs-myth/unexplained-phenomena/ouija-boards4.htm.

35. William Fuld, según se cita en Mitch Horowitz, *Occult America: The Secret History of How Mysticism Shaped Our Nation* (Nueva York: Bantam Books, 2009), p. 72.

Capítulo nueve: ¿Existen realmente los fantasmas?

1. *Diccionario de la lengua española,* Real Academia Española de la lengua «fantasma (n.)», 3 marzo 2021, https://dle.rae.es/fantasma.

2. Jamie Ballard, «45% of People Believe That Ghosts and Demons Exist», *YouGov,* 21 octubre 2019, https://today.yougov.com/topics/lifestyle/articles-reports/2019/10/21/paranormal-beliefs-ghosts-demons-poll.

3. Russell Heimlich, «See Dead People», Pew Research Center, 29 diciembre 2009, https://www.pewresearch.org/fact-tank/2009/12/29/see-dead-people/.

4. Michael Lipka, «18% of Americans Say They've Seen a Ghost», Centro de investigación Pew, 30 octubre 2015, https://www.pewresearch.org/fact-tank/2015/10/30/18-of-americans-say-theyve-seen-a-ghost/.

5. Emily McFarlan Miller, «What Does the Bible Say About Ghosts?», *Relevant,* 31 octubre 2019, https://relevantmagazine.com/god/what-does-bible-say-about-ghosts-i/.

6. Miller, «What Does the Bible Say?».

7. «What Happens After Death?», GotQuestions.org, accesado 22 febrero 2020, https://www.gotquestions.org/what-happens-death.html.

8. Lipka, «18% of Americans».

9. Ron Rhodes, según se cita en Rick Barry, «Do You Believe in Ghosts?», *Answers,* 28 octubre 2014, https://answersingenesis.org/angels-and -demons/do-you-believe-in-ghosts/.

10. Miller, «What Does the Bible Say?».

11. «Does My Soul Sleep After Death?: Interview with John Piper», DesiringGod.org, 7 abril 2016, https://www.desiringgod.org/interviews/does-my-soul-sleep-after-death.

12. «Does My Soul Sleep After Death?».

13. «Does My Soul Sleep After Death?».

14. John Piper, «Split Rocks, Open Tombs, Raised Bodies: What Happened in the Graveyards Outside Jerusalem?», DesiringGod.org, 15 abril 2017, https://www.desiringgod.org/articles/split-rocks-open-tombs-raised-bodies.

15. John Greco, «The Other Resurrection: Matthew's Troubling Account of the Dead Who Were Raised on Good Friday», *In Touch Ministries,* 20 febrero 2016, https://www.intouch.org/read/magazine/margin-notes/the-other-resurrection.

16. «Did the Witch of Endor Really Summon Samuel from the Dead (1 Samuel 28: 7-20)?», GotQuestions.org, accesado 22 febrero, 2020, https://www.gotquestions.org/witch-of-endor.html.

17. Rick Barry, «Do You Believe in Ghosts?», *Answers*, 28 octubre 2014,https://answersingenesis.org/angels-and-demons/do-you-believe-in-ghosts/.

Capítulo diez: Exorcismo y Liberación

1. Peter Finney Jr., «Priest Says Exorcism Is Ministry of Healing That Helps Suffering People», *Crux Catholic Media*, 25 octubre 2017, https://cruxnow.com/church-in-the-usa/2017/10/priest-says-exorcism-ministry-healing-helps-suffering-people/.
2. Rebecca Traister, «The Exorcist», *Salon*, 18 enero 2005, https://www.salon.com/2005/01/18/peck_5/.
3. Traister, «The Exorcist».
4. «Exorcism», Conferencia de obispos católicos de Estados Unidos, accesado 15 febrero 2020, http://www.usccb.org/prayer-and-worship/sacraments-and-sacramentals/sacramentals-blessings/exorcism.cfm.
5. «Exorcism», USCCB.
6. Servicio Católico de Noticias, «US Bishops Publish English-Language Translation of Exorcism Ritual», *Catholic Herald*, 25 octubre 2017, https://catholicherald.co.uk/news/2017/10/25/us-bishops-publish-english-language-translation-of-exorcism-ritual/.
7. John Tagliabue, «The Pope's Visit: The Doctrine; Vatican's Revised Exorcism Rite Affirms Existence of Devil», *New York Times*, 27 enero 1999, https://www.nytimes.com/1999/01/27/us/pope-s-visit-doctrine-vatican-s-revised-exorcism-rite-affirms-existence-devil.html.
8. Catholic News Service, «US Bishops».
9. Tagliabue, «The Pope's Visit».
10. Tagliabue, «The Pope's Visit».
11. Catholic News Service, «FAQs: What Is an Exorcism?», *Catholic Herald*, 25 octubre 2017, https://catholicherald.co.uk/commentandblogs/2017/10/25/faqs-what-is-an-exorcism/.
12. «Exorcism», USCCB.
13. «Exorcism» USCCB.
14. Conor Gaffey, «What Is Exorcism? U.S. Catholic Bishops Have Just Translated Prayers to Cast Out Demons into English for the First Time», *Newsweek*, 18 febrero 2020, https://www.newsweek.com/what-exorcism-catholic-church-pope-francis-692410.
15. Nick Squires, «Exorcists from Across Christianity Gather to Trade Tips on Fighting Satan», *The Telegraph*, 6 mayo 2019, https://www.telegraph.co.uk/news/2019/05/06/exorcists-different-denominations-gather-firstz-time-trade-tips/.
16. «Exorcism», USCCB.
17. «Can a Christian Today Perform an Exorcism?», GotQuestions.org,
18. 20 febrero 2020, https://www.gotquestions.org/Christian-exorcism.html.
19. «Can a Christian Today Perform an Exorcism?».

20. «Can a Christian Today Perform an Exorcism?».
21. «Can a Christian Today Perform an Exorcism?».
22. Pat Robertson, "What Is Exorcism? How Can a Demon Be Cast Out?», *Christian Broadcasting Network*, accesado 20 febrero 2020, https://www1.cbn.com/questions/what-is-exorcism-demon-cast-out.
23. Robertson, «What Is Exorcism?».
24. Robertson, «What Is Exorcism?».
25. Traister, «The Exorcist».
26. Traister, «The Exorcist».
27. Barbie Latza Nadeau, «Vatican Assembles Avengers of Religion to Beat the Devil», *Daily Beast*, 8 mayo 2019, https://www.thedailybeast.com/vatican-exorcist-convention-tries-innovative-ways-to-beat-the-devil.
28. Nadeau, «Vatican Assembles Avengers».
29. Jack Wellman, «Are Deliverance Ministries Biblical?», *Christian Crier* (blog), 18 agosto 2017, https://www.patheos.com/blogs/christiancrier/2017/08/18/are-deliverance-ministries-biblical/.
30. Wellman, «Are Deliverance Ministries Biblical?»
31. Wellman, «Are Deliverance Ministries Biblical?».
32. Wellman, «Are Deliverance Ministries Biblical?».

Capítulo once: ¿Posesión de cristianos?

1. Paige Cushman, «"I Could See the Demons": An Exorcism in Arkansas», Noticias KATV, 29 octubre 2019, https://katv.com/news/local/i-could-see-the-demons-an-exorcism-in-arkansas.
2. Jack Wellman, «Are Deliverance Ministries Biblical?», *Christian Crier* (blog),18 agosto 2017, https://www.patheos.com/blogs/christiancrier/2017/08/18/are-deliverance-ministries-biblical/.
3. Wellman, «Are Deliverance Ministries Biblical?».
4. Ray Pritchard, «What Happened to Judas?», Crosswalk.com, 23 marzo 2007, https://www.crosswalk.com/church/pastors-or-leadership/what-happened-to-judas-11532302.html.
5. Matt Slick, «Was Judas Saved or Did He Lose His Salvation?», Ministerio de apologética e investigación cristiana, 17 octubre 2014, https://carm.org/was-judas-saved-or-did-he-lose-his-salvation.
6. Pritchard, «What Happened to Judas?».

Capítulo trece: Posesión versus enfermedad

1. John Blake, «When Exorcists Need Help, They Call Him», CNN Health, 4 agosto 2017, https://www.cnn.com/2017/08/04/health/exorcism-doctor/index.html.
2. Blake, «When Exorcists Need Help».
3. Richard Gallagher, «As a Psychiatrist, I Diagnose Mental Illness. Also, I Help Spot Demonic Possession», *The Washington Post*, 1 julio 2016,

https://www.washingtonpost.com/posteverything/wp/2016/07/01/
as-a-psychiatrist-i-diagnose-mental-illness-and-sometimes-demonic-
possession/?utm_source=reddit.com.

4. Gallagher, «As a Psychiatrist».

5. Gallagher, «As a Psychiatrist».

6. Blake, «When Exorcists Need Help».

7. Gallagher, «As a Psychiatrist».

8. Gallagher, «As a Psychiatrist».

9. Gallagher, «As a Psychiatrist».

10. Gallagher, «As a Psychiatrist».

11. Kay Bartlett, « "Encountered Satan" During Exorcisms: Psychiatrist Sees
Evil as Form of Mental Illness», *Los Angeles Times*, 15 diciembre 1985, https://
www.latimes.com/archives/la-xpm-1985-12-15-mn-499-story.html.

12. Description found on Amazon for M. Scott Peck, *Glimpses of
the Devil: A Psychiatrist's Personal Accounts of Possession* (Nueva
York: Simon and Schuster, 2005), https://www.amazon.com/
Glimpses-Devil-Psychiatrists-Personal-Possession/dp/1439167265/ref=pd_
cp_14_3/146-8870870-8172968?_encoding=UTF8&pd_rd_i=1439167265&pd_
rd_r=2f457d07-be26-4287-98bd-93f2929cb4fa&pd_rd_w=MAks6&pd_rd_
wg=L9usD&pf_rd_p=0e5324e1-c848-4872-bbd5-5be6baedf80e&pf_rd_
r=PH3YR2JYW06PY6PB5SXY&psc=1&refRID=PH3YR2JYW06PY6PB5SXY.

13. La descripción encontrada en Amazon para M. Scott Peck, *Glimpses of the
Devil*.

14. Rebecca Traister, «The Exorcist», *Salon*, January 18 2005, https://www.salon.
com/2005/01/18/peck_5/.

15. Bartlett, «"Encountered Satan" During Exorcisms».

16. Traister, «The Exorcist».

17. Bartlett, «"Encountered Satan" During Exorcisms».

18. Traister, «The Exorcist».

19. Traister, «The Exorcist».

20. Traister, «The Exorcist».

21. Blake, «When Exorcists Need Help».

22. Blake, «When Exorcists Need Help».

23. Mary D. Moller, «Incorporating Religion into Psychiatry: Evidence-Based
Practice, Not a Bioethical Dilemma», *Narrative Inquiry into Bioethics* 4.3,
(2014), pp. 206-208, https://muse.jhu.edu/article/562724.

24. Moller, «Incorporating Religion into Psychiatry».

25. Moller, «Incorporating Religion into Psychiatry».

26. Moller, «Incorporating Religion into Psychiatry».

27. Moller, «Incorporating Religion into Psychiatry».

28. Moller, «Incorporating Religion into Psychiatry».

29. Marisa Iati y Kim Bellware, «A Man Drowned His 6-Year-Old Son
While Trying to Cast Out a "Demon," Police Say," *The Washington Post*,

4 octubre 2019, https://www.washingtonpost.com/nation/2019/10/02/man-drowned-his-year-old-son-while-trying-cast-out-demon-police-say/.

30. Vicky Baker, «The "Exorcism" That Turned into Murder», *BBC News*, 28 febrero 2018, https://www.bbc.co.uk/news/resources/idt-sh/nicaragua_exorcism_vilma_trujillo_murder.

31. Baker, «The "Exorcism"».

32. «Exorcism», Conferencia de obispos católicos de Estados Unidos, accesado 15 febrero 2020, http://www.usccb.org/prayer-and-worship/sacraments-and-sacramentals/sacramentals-blessings/exorcism.cfm.

33. «Article 1: Sacramentals», parte 2, sección 2, *Catechism of the Catholic Church*, 20 febrero 2020, https://www.vatican.va/archive/ccc_css/archive/catechism/p2s2c4a1.htm.

34. «Article 1: Sacramentals».

35. Billy Hallowell, «Mark and Grace Driscoll Prepare You for "Spiritual Battle"», *The Pure Flix Podcast*, 15 noviembre 2019, https://anchor.fm/pureflixpodcast/episodes/Mark-and-Grace-Driscoll-Prepare-You-for-Spiritual-Battle--and-the-Author-of-the-God-Gave-Us-Series-Drops-By-e911rh.

36. Joseph T. English, «Letter to the Editor: Demons and Posessions», *New Oxford Review*, Junio 2008, https://www.newoxfordreview.org/documents/letter-to-the-editor-june-2008/.

37. Hallowell, «Mark and Grace Driscoll».

Capítulo catorce: Impacto espiritual en nuestra cultura

1. Billy Hallowell, «Mark and Grace Driscoll Prepare You for "Spiritual Battle"», *The Pure Flix Podcast*, 15 noviembre 2019, https://anchor.fm/pureflixpodcast/episodes/Mark-and-Grace-Driscoll-Prepare-You-for-Spiritual-Battle--and-the-Author-of-the-God-Gave-Us-Series-Drops-By-e911rh.

2. Hallowell, «Mark and Grace Driscoll».

3. Justin McCarthy, «About Half of Americans Say U.S. Moral Values Are "Poor"», Gallup, 1 junio 2018, https://news.gallup.com/poll/235211/half-americans-say-moral-values-poor.aspx.

4. «Moral Issues», Gallup, 21 febrero 2020, https://news.gallup.com/poll/1681/moral-issues.aspx.

5. «Moral Issues», Gallup.

6. Megan Brenan, «Slim Majority Against Government Pushing Traditional Values», Gallup, 6 octubre 2017, https://news.gallup.com/poll/220235/slim-majority-against-government-pushing-traditional-values.aspx.

7. Brenan, «Slim Majority».

8. «Competing Worldviews Influence Today's Christians», Barna Research, Cultura y medios de comunicación, 9 mayo 2017, https://www.barna.com/research/competing-worldviews-influence-todays-christians/.

9. «Competing Worldviews», Barna Research.

10. «Competing Worldviews», Barna Research.

Conclusión: Extinguiendo los fuegos del maligno

1. Billy Hallowell, «Mark and Grace Driscoll Prepare You for "Spiritual Battle"», *The Pure Flix Podcast*, 15 noviembre 2019, https://anchor.fm/pureflixpodcast/episodes/Mark-and-Grace-Driscoll-Prepare-You-for-Spiritual-Battle--and-the-Author-of-the-God-Gave-Us-Series-Drops-By-e911rh.

ACERCA DEL AUTOR

Billy Hallowell ha trabajado en periodismo y medios durante más de dos décadas. Sus escritos, entrevistas y comentarios sociales han aparecido, entre otros, en el *Washington Post, Deseret News, TheBlaze, Human Events, Christian Post, Mediaite* y *FoxNews.com.* En la actualidad es el director de comunicaciones y contenidos de *Pure Flix.* Billy se ha desempeñado como editor de fe y cultura de *TheBlaze,* como editor jefe de *Faithwire,* y ha escrito cuatro libros. Tiene una licenciatura en periodismo y radiodifusión del Mount Saint Vincent College en Riverdale, Nueva York, y una maestría en investigación social en el Hunter College de Manhattan, Nueva York. Él y su familia viven en las afueras de la ciudad de Nueva York.